JN410056

이 '행복론'을 우리 한국인들에게 바칩니다.

국립중앙도서관 출판시도서목록(CIP)

행복의 깊이. 4, 사색인의 십계명 / 지은이: 반경환. -- 대전 : 지혜
, 2012
p. ; cm. -- (반경환 문학전집 ; 04)

ISBN 978-89-97386-07-9 04810 : ₩13000
ISBN 978-89-97386-03-1(세트) 04810

행복론[幸福論]

191.6-KDC5
171.4-DDC21 CIP2012000324

행복의 깊이 4

사색인의 十戒命

행복의 깊이 4

사색인의 十戒命

반 경 환

지혜

행복의 깊이 4 – 사색인의 十戒命

나는 낙천주의의 사상가로서 지혜, 용기, 성실을 나의 철학적인 화두로 삼아왔다. 지혜, 용기, 성실은 그러나 낙천주의자의 핵심적인 사상이 아니라, 학문을 연구하는 방법, 즉 낙천주의자의 생활의 태도를 말한다. 좋은 생활의 태도는 좋은 학자의 태도를 낳고, 좋은 학자의 태도는 좋은 생활의 태도를 낳는다. 지혜는 이 세상의 만물의 이치를 밝혀주는 빛이며, 지혜를 추구하는 자는 두뇌가 명석하지 않으면 안 된다. 두뇌가 명석하지 않은 자에게는 모든 지혜가 눈 먼 소경 앞의 그것에 지나지 않지만, 두뇌가 명석한 자에게 있어서의 지혜란 그의 두 발에 날개를 달아주고, 그 모든 것을 발밑으로 내려다 볼 수 있는 종합적인 시야를 가져다가 준다. 보다 큰 그림, 보다 넓은 종합적인 시야는 지혜로운 자의 덕목이지만, 그러나 그 덕목이 곧바로 그를 대사상가의 반열에 올라서게 하고 있는 것은 아니다. 왜냐하면 지혜로운 자의 지혜가 그 실천적인 용기와 결합되지 않는다면, 그의 지혜는 지혜가 아니라 곧바로 그 주체자와 타인들에게 치명적인 독이 되기 때문이다.

— 본문 중에서

플라톤의 「향연」의 동성애는 고대 그리스 사회 속의 상류계급 인사들의 변태적인 사랑에 불과하며, 좀 더 나쁘게 말한다면, 상류계급 인사들이 '애자'와 '애소년'의 관계를 통하여 그 지배계급의 구조를 재생산해 내는 사악한 관계에 지나지 않는다. 돈과 명예와 권력을 다 가진 어른들은 그 美소년과의 사랑을 통하여 그 소년의 미래의 인도자가 되어주고, 또 그 美소년은 미래의 '애자'가 되어서 또다른 소년의 미래의 인도자가 되어준다. 나의 이와도 같은 사랑의 의미에 대한 천착은 이미, 앞에서, 제기한 두 번째 질문에 대한 답변이 될 것이다.

— 본문 중에서

모든 문화가 힘에 의해서 구축되고 그 힘에 의해서 성장해 나가듯이, 비평 역시도 힘에 의해서 구축되고 그 힘에 의해서 성장해 나간다. 실증주의 비평, 현실주의 비평, 정신분석 비평, 구조주의 비평, 탈구조주의 비평, 현상학적 비평, 그리고 나의 낙천주의 비평 등이 바로 그것이다. 하지만 비평이란 모든 분야에서 그 힘을 기르는 수단으로 작용을 하며, 어떠한 총과 칼과 화약 냄새도 없이 힘과 힘이 맞부딪치는 처절한 생존경쟁의 장이 된다. 정치, 경제, 문화, 예술, 역사, 스포츠, 오락, 심지어는 연애까지도 그 비평의 장을 통하지 않고는 결코 성장해 나갈 수가 없다. 비평만이 위대하고 비평만이 고급문화의 최종적인 심급인 것이다. 신생아의 첫 울음 소리는 그 비평의 장에 내던져진 것에 대한 두려움의 산물일는지도 모른다. 아아, 우리 학자들이여, 어서 빨리 그대의 날카롭고 예리한 '비판의 칼날'(질문의 칼날)을 들고 비평의 장에 나서 보아라! 바로 그러면, 그때에는, 그대는 소크라테스처럼, 플라톤처럼, 가장 위대하고 가장 훌륭한 철학자가 될 수도 있을 것이다. 깊이 있게 배우고 잘 질문한다는 것은 상대방을 막다른 골목으로 몰아 넣는다는 것이며, 자기 자신만이 최종적인 승리자가 되겠다는 것이다.

— 본문 중에서

쇼펜하우어와 니체가 비판하고 있는 낙천주의는 이제까지의 통속적인 낙천주의이지, 신성모독자로서의 내가 주창하고 있는 낙천주의가 아니다. 너무나도 쉽고 안이한 결말과 가짜 화해, 그리고 모든 비극적인 사건들과 그 원인들을 외면하고 무사안일 속의 쾌락만을 추구하고 있는 낙천주의자들은, 좀 더 명확하게 말한다면, 그들은 모두가 다같이 퇴폐주의자들이라고 할 수밖에 없는 것이다. 도덕이 도덕인 것은 공동체 사회의 구성원으로서 마땅히 지켜야 할 것들을 규정하고 그것이 사회적인 힘으로서 강제력을 지니고 있기 때문일 것이다. 퇴폐주의자들은 근본적으로 도덕을 부정하고 그가 소속된 공동체 사회를 붕괴시키고 있는 자들에 지나지 않는다. 따라서 쇼펜하우어와 니체가 비판하고 있는 낙천주의는 더 이상 내가 주창하고 있는 낙천주의가 아니며, 그것은 하루바삐 퇴폐주의로 폐기처분해 버려야 할 쓰레기 더미에 지나지 않는다. 낙천주의는 이 세상과 우리 인간들의 삶을 즐겁고 기쁘게 긍정하는 사상이다. 낙천주의는 불쾌를 피하고 쾌락을 추구하는 사상이며, 궁극적으로는 행복한 삶을 추구하는 사상이다. 나의 사상의 신전, 낙천주의 속에는 우리 인간들의 꿈과 행복이 들어 있고, 언제나 행운의 여신이 미소를 짓고 있다.

— 본문 중에서

진정한 스승은 하늘의 태양과도 같지만, 그렇지 못한 스승은 이내 그 수명을 다해버리는 촛불과도 같다. '네, 그렇습니다'라는 말을 들으면 우리의 스승은 기분이 좋아지고 어느덧 우쭐해 진다. '네, 그렇습니다'라는 말은 스승에 대한 긍정과 그리고 그 긍정을 넘어선 존경을 포함하고 있기 때문이다. 그러나 '아니오, 그렇지 않습니다'라는 말을 들으면 우리의 스승은 기분이 나빠지고 어느덧 모욕감을 느낀다. 왜냐하면 '아니오, 그렇지 않습니다'라는 말은 스승에 대한 존경은커녕, 스승의 존재에 대한 강한 부정과 그 부정을 넘어서서 경멸감을 포함하고 있기 때문이다. 하지만 진정으로 고귀하고 위대한 스승은 간이 크고 대범하지 않으면 안 된다. 그는 끊임없이 이의를 제기하고 반박할 수 있는 제자만을 사랑해야 하고, '아니오, 그렇지 않습니다'라는 말을 통해서 가장 화려하고 찬란한 문화의 새싹들을 길러내지 않으면 안 된다. '네, 그렇습니다'만을 듣기 좋아하는 스승은 자기 자신의 손바닥만한 권위와 행복을 위해서 제자들의 장래를 갉아먹는 기생충에 불과하지만, '아니오, 그렇지 않습니다'를 듣기 좋아하는 스승은 자기 자신의 육체를 희생하여 제자들의 미래의 희망을 길러내는 순교자라고 할 수가 있다.

— 본문 중에서

너희들은 도덕을 숭배하며, 도덕의 군자로서 죽어간다. 그러나 삶은 도덕 너머에 있고, 그 도덕 너머의 삶은 어떠한 침략전쟁마저도 신성화시킨다. 나는 너희들에게 낙천주의를 가르쳐 주고 싶다. 우리는 죽어갈 수가 있어서 권태롭지 않고 또다시 태어날 수가 있어서 허무하지 않다.

— 본문 중에서

모든 교육의 목표가 '전인 교육'이라면 지금까지의 교육의 역사는 실패의 역사이며, 이 세상의 어중이 떠중이들만을 양산해온 역사이다. 알렉산더 대왕은 그처럼 뛰어난 두뇌와 행운의 여신의 은총을 입었음에도 불구하고 그토록 소망했던 문화제국, 즉 '알렉산드리아'를 건설하지 못했고, 나폴레옹 역시도 그처럼 뛰어난 두뇌와 '불가능은 없다'라는 영웅정신으로 무장했음에도 불구하고 그토록 소망했던 '유럽 연방의 건설의 꿈'을 실현시키지 못했다. 요컨대 보들레르, 랭보, 모짜르트, 반 고호, 폴 고갱, 호머, 괴테, 셰익스피어 등도 마찬가지이다. 인류의 역사는 실패의 역사이며, 실패의 역사는 인류의 역사이다

— 본문 중에서

플라톤의 이상국가의 꿈과 그 좌절에는 얼마나 엄청난 아픔이 배어 있었던 것일까? 세계적인 대사상가로서의 투옥은 씻을 수 없는 치욕이었음에도 불구하고, 그 아픔, 그 죽음의 위험을 염두에 두지 않고, 두 번씩, 세 번씩 연거푸 시라쿠사를 방문하고, 이미 이승의 생을 다한 것

같은 77세의 몸으로도 또다시 투옥되었던 그의 좌절에는 얼마나 엄청난 아픔이 배어 있었던 것일까? 라파엘로의 「아테네 학당」이라는 그림에는 플라톤이 이상주의자로, 그의 제자 아리스토텔레스가 현실주의자로 그려져 있지만, 그러나 플라톤은 이처럼 현실주의자이기도 했던 것이다. 그는 모든 사람들이 행복하고 평화로운 공산국가를 건설하기 위하여, 단 하나뿐인 그의 목숨까지도 바쳤던 것이다. 그는 불가능한 현실 속에서, 그 불가능한 현실을 외면하지 않고, 그 불가능의 꿈을 온몸으로 밀고 나갔던 것이다. 그의 실패는 그 어떤 승리보다도 더 아름답고 값진 실패일 수밖에 없다.

— 본문 중에서

흔히들 독일 정신은 뿌리로, 이태리 정신은 잎으로 만든 월계관으로, 프랑스 정신은 꽃으로, 영국 정신은 열매로 표상된다고 말한다. 그렇다면 미국과 중국과 일본과 우리 대한민국의 정신은 어떻게 표상할 수가 있는 것일까? 미국과 중국은 세계적인 대제국을 꿈꾸고 있는 만큼, 그들의 정신은 이 뿌리와 왕관과 꽃과 그리고 그 열매로 표상할 수도 있을 것이다. 그러나 일본은 영원한 대제국을 꿈꾸고는 있지만, 그 제국을 결코 건설하지 못할 것이라는 점에서, 일본 정신은 '벌레먹은 낙과'로 표상되고, 우리 대한민국의 정신은, 대한민국의 國號가 부끄러울 정도로 그 어떤 목표도 없는 만큼, 그 어떤 새싹도 틔워볼 수 없는 '쭉정이'로 표상될 수 있을 것이다.

여기는 대한민국, 좀도둑질로 유명한 국민의 나라요!

— 본문 중에서

리얼리즘은 삶의 본능의 옹호이며, 공산주의의 산물이다. 그러나 리얼리즘을 지나치게 경직되고 실현 가능성도 없는 사회주의의 리얼리즘으로만 이해하고 해석하는 것은 적절하지 않다. 만인평등과 부의 공정한 분배가 가능한 공산주의는 건설할 수도 없지만, 플라톤이 저마다의 능력의 차이에 따라서 평민계급, 군인계급, 철인정치가 계급으로 규정한 바가 있듯이, 언제나 그 구성원의 능력의 차이에 따라서 사회적인 위계질서가 세워진 공산주의는 가능하다. 개인의 자유와 창의성, 그리고 사유재산제도는 공동체 사회가 규정하고 있는 법률과 제도의 한계 내에서, 가능하면 최대한도로 보장해 주지 않으면 안 된다. 다양성과 복잡성, 그리고 무모순의 원리로서의 일관성은 나의 리얼리즘의 전제조건이며, 나의 현실주의는 삶의 본능의 옹호로서의 현실주의이다. 신화적 리얼리즘과 역사적 리얼리즘, 그리고 성적인 리얼리즘과 내면 의식의 리얼리즘이 바로 그것이다. 신화적 리얼리즘은 초월성의 세계를 다루고, 역사적인 리얼리즘은 인간의 구체적인 현실을 다룬다. 성적인 리얼리즘은 우리 인간들의 성적 욕망을 다루고, 내면 의식의 리얼리즘은 우리 인간들의 심리, 즉 내면 의식을 다룬다.
— 본문 중에서

그러나 장 자크 루소는 어느 누구보다도 착하고 선량한 마음씨로 그의 도덕철학을 무장시켰지만, 그 도덕철학이 개인의 자유를 억압하고 구속한다는 점에서 몹시도 괴로워했던 인물이다. 타인에 대한 끊임없는 배려와 친절은 만인평등주의에 입각한 사회계약론자로서의 너무나도 당연한 처세술이었지만, 『에밀』을 출간한 이후, 그가 주변인으로 밀려나서 그처럼 가혹하게 박해를 받을 수밖에 없었던 것은 개인으로서의 독창성과 그 자유를 극대화시킨 결과이다. 사회계약론자가 그 사회성을 잃어버리고 끊임없이 떠돌아 다녀야만 했던 부적격자라고 하니, 이보다 더한 역설과 그 비극적인 참상이 어디에 있단 말인가? 나는 장 자크 루소의 천재성은 인정을 하지만, 때때로 그의 선악의 이분법에 사로잡혀 있는 도덕성은 도저히 인정해줄 수가 없다. 그는 "나는 악을 행할 때는 노예가 되며 뉘우칠 때는 자유인이 된다"라고 값싼 도덕주의의 함정에서 벗어나지 못할 때도 있으며, 이런 점에 있어서 그의 제자 에밀은 도덕적인 기계 인간이며, 아무 짝에도 쓸모가 없는 노예에 지나지 않는다. 우리 인간들, 즉 낙천주의자는 신성모독자이며, 그가 악을 행할 때에는 자유인이 되며, 뉘우칠 때는 노예가 된다는 것이 나의 신념인 것이다. 아무튼 나는 사회계약론자로서의 루소를, 고독한 산보자로서의 루소를, 범신론자로서의 루소를, 그리고 신성모독자로서의 루소를 사랑하고 있으며, 나는 그를 나의 낙천주의 사상으로 더욱더 크게 끌어안을 수가 있었던 것이다.
— 본문 중에서

나는 지금 이 순간에도, 이 세상에 태어나는 것은 최고의 축복이며, 전지전능한 신이 된다는 것은 우리 인간들의 궁극적인 목표라고 그 어느 누구보다도 가장 자신 있게 말할 수가 있다. 에덴동산은 머나먼 곳에 있고, 극락의 세계도 머나먼 곳에 있다. 그 지상낙원으로 가는 길은 끊임없는 형극의 가시밭길이며, 수많은 희생자들만을 양산해 내고 있다. 하지만, 그러나, 중요한 것은 대부분의 우리 인간들이 그 지상낙원의 꿈(목표)을 버리지 않고 있는 것이며, 그 형극의 가시밭길 속의 고통을 결코 포기하지 않고 있다는 점일 것이다. 생살이 찢어지는 고통, 십자가에 못 박혀서 죽는 고통, 이글이글 타오르는 장작불 속에 던져지는 고통, 모든 손마디가 갈라지고 온몸의 뼈가 바스라지는 고통—. 하지만 이러한 고통들을 더욱더 크게 끌어 안을 수만 있다면 그 모든 권태가 종적을 감추게 되고, 더없이 아름답고 찬란한 축제가 가능해질 것이다.
— 본문 중에서

쇼펜하우어의 염세주의는 그의 지나치게 편협한 도덕철학의 산물이면서도 그가 살다가 갔던 동시대의 산물이다. 쇼펜하우어는 염세주의자로서 자살자의 삶을 옹호하지 않고 부처와도 같은 성자의 삶을 옹호한 바가 있지만, 그러나 교육자로서의 쇼펜하우어는 우리 인간들의 삶의 의지를 찬양하고, 그것의 궁극적인 목표인 지상낙원의 삶을 찬양한 바가 있다. 그의 삶의 본능의 옹호와 지상낙원에 대한 찬양은 그가 거꾸로, 언제나 희망을 잃지 않고 낙천적으로 살아갔다는 것을 뜻한다. 이러한 점에 있어서 그의 염세주의는 낙천주의로 설명이 가능한 염세주의이며, 그는 영원히 나의 낙천주의 사상의 臣民에 지나지 않는다.
— 본문 중에서

오늘날 세계화는 미국의 이익을 세계의 이익과 동일시하는 미제국주의의 공식적인 이데올로기가 되어버렸고, 바로 거기에는 선악을 넘어선 강자의 논리만이 횡행을 하게 된다. "우리와 함께 하지 않으면 우리 적이다"라는 레닌식의 흑백논리는 영원한 제국의 논리이며, 미국의 이익에 반하는 그 어떤 행위도 절대로 용납하지 않겠다는 군사적인 힘에의 의지가 각인되어 있는 것이다. 오늘날 미국은 그 모든 것이 제멋대로이다. 이웃 민족국가의 주권은 무차별적으로 짓밟으면서도 자국의 주권은 절대적으로 강조하고, 자유시장 경제논리를 역설하면서도 철강업과 섬유업, 그리고 농업 부문에서는 보호무역주의로 일관한다. 개인의 자유와 민주주의(휴머니즘)는 그처럼 역설하면서도 절대적인 빈곤과 기아선상에서 벗어나지 못하고 있는 제3세계인들에게는 너무나도 무관심하고, 항상 국제법의 준수를 주창하면서도 UN의 합법적인 승인 없이 이라크를 침략한다. 또, 그리고, 유럽연합이나 유라시아의 통합은 옹호하면서도 언제, 어느 때나 미제국주의의 통치질서를 강요하고, 교토의정서와 국제형사재판소의 조약에는 끝끝내 서명하기를 거부한다. 제국의 힘은 옳든 그르든 미국의 일방주의를 가능하게 하고, 따라서 미국은 자기 만족적인 독트린을 선택적으로 사용하게 된다.
— 본문 중에서

날이면 날마다 '독도는 우리 땅'이라고 외친다고 해서 일본인들이 제국의 꿈을 접을 리도 없고, 어떠한 외교적인 노력으로도 그들의 제국의 꿈을 좌절시킬 수도 없다. 일본의 힘은 대한민국보다도 훨씬 더 강하고,

이제는 세계적인 초강대국의 문턱을 올라 가려고 하고 있다. 만일, 우리 대한민국이 일본보다도 더 잘 살거나, 적어도 그 힘이 대등해 지지 않는다면, 우리 한국인들은 또다시 식민지배의 치욕을 면할 수가 없을 것이다. 요컨대 우리 대한민국이 일본보다도 더 잘 살거나, 적어도 그 힘이 대등해질 때, 바로 그때만이 일본인들은 대한민국에 대한 식민지배의 야욕을 접게 될 것이다. 우리 한국인들은 일본인들을 무조건 미워하거나 배척하지 말고, 가깝고도 먼 나라가 아닌, 가깝고도 사이 좋은 이웃나라를 위해서 오늘도 전진하고, 또 전진해 나가지 않으면 안 된다

— 본문 중에서

성실함은 문화적 영웅의 모태이며, 게으름은 이 세상의 어중이 떠중이들(사기꾼들)의 모태이다. 자본주의 사회는 사기꾼들의 양성소이며, 그들이 강조하는 근면은 광기가 되고, 또한 그들이 강조하는 성실함은 맹목이 된다. 성실한 자의 목표는 하늘의 태양이며, 그의 약속은 늘 푸른 소나무이다. 게으른 자(사기꾼)의 목표는 언제, 어느 때나 밤하늘의 먹구름이며, 그의 약속은 썩은 고사목枯死木의 그루터기에 지나지 않는다.

오오, 이 세상의 모든 사람들이여! 언제, 어느 때나 성실하게 생활을 하라!

— 본문 중에서

나는 낙천주의 사상가로서 우리 한국인들의 백만 두뇌를 양성하고 우리 한국인들을 '사상가와 예술가의 민족'으로 육성시키고자 최선의 노력을 다해 왔다고 자부한다. 사상은 모든 학문의 열매이며, 예술은 모든 학문의 꽃이다. 우리가 그토록 오랜 시간 동안 학문 연구에만 매달리고 있는 것은 이처럼 예술을 꽃 피우고, 사상이라는 열매를 수확하기 위해서라고 해도 틀림이 없다. 꽃 중의 꽃인 예술도 앎에의 의지의 소산이고, 열매 중의 열매인 사상도 앎에의 의지의 소산이다. 아름다운 꽃(예술)이 만발하는 지상낙원, 아름답고 풍요로운 열매(사상)들이 주렁주렁 열려 있는 지상낙원—.

그렇다. 이 세상을 아름답고 풍요롭게 바라다 보는 낙천주의자만이 우리 한국인들을 지상낙원으로 인도해 줄 수가 있는 것이다.

왜, 우리 한국인들은 지난 수천 년 동안 단 한번도 주권국가의 주체적인 민족이 되어보지 못하고, 그처럼 오랫동안 당나라의 노예, 원나라의 노예, 명나라의 노예, 청나라의 노예, 일본의 노예, 미국의 노예들로 살아왔던 것일까? 그것은 작디 작은 영토의 문제이며, 우리 한국인들의 머리숫자의 문제였던 것일까? 적어도 한 국가의 위대함은 영토의 크기에 있지도 않고, 또한 그 나라의 국민의 머리숫자에 있지도 않다. 과연 우리 한국인들은 중국과 일본과 미국을 향해서 원한 맺힌 저주감정을 퍼부어 대고, 또한 그들을 그처럼 욕할 자격이나 있는 것일까? 우리 한국인들이 이민족의 노예가 된 것은 자기 땅과 자기 영토를 지키지 못한 나약함과 비천함에 있는 것이지, 이 제국주의자들의 야수와도 같은 공격성과 그 침략성에 있는 것이 아니다. 오늘날 문화선진국은 부처, 예수, 시바, 마호메트, 알렉산더, 나폴레옹, 호머, 셰익스피어, 괴테, 소크라테스, 플라톤, 아리스토텔레스, 마르크스, 헤겔, 칸트처럼, 어떠한 사상가와 예술가들을 배출해 냈는가에 달려 있다고 해도 과언이 아니다. 사상가와 예술가들은 새로운 앎(지식)들을 창출해 내고, 그 앎의 소유권을 통해서, 이 세계를 지배할 수 있는 사람들을 말한다. 모든 전쟁이나 내란보다도 사상의 혁명이 먼저 일어나고, 모든 인간의 행동의 기원에는 사상의 혁명이 자리를 잡고 있는 것이다. 모든 사상가와 예술가는 전제군주이며, 최초의 입법자와도 같다고 하지 않을 수가 없다.

우리 한국인들이 지난 수천 년 동안 이민족의 지배를 받으며, 인간 이하의 짐승들처럼 살아온 것은 우리 한국인들이 주체적으로 사유하지 못하고, 주체적으로 우리의 언어(앎)를 소유하지 못했기 때문이다. 세종대왕의 한글의 창제는 '세계적인 사건'이기는 하지만, 그러나 우리 한국인들은 이 한글의 우수성마저도 영어와 중국어와 일본어에 종속시켜버리고, 우리들 스스로가 우리 한국어를 천민의 언어로 학대를 하고 짓밟아 버리고 있는 것이다. '글로벌', '월드스타', 'BK', 'MB', '스마트', '갤럭시', '트위터', '웰빙', '플러스', '에듀팟', '소프트 웨어', '하드웨어', '멘토', '롤모델', '자이언트', '시크릿 가든' 등—. 이처럼 외국어(외래어)의 홍수는 우리 한국어는 천민(노예)의 언어이며, 외국어는 귀족(주인)의 언어임을 뜻하게 된다. 만일 가까운 장래에, 한국의 마르크스, 한국의 칸트, 한국의 호머, 한국의 셰익스피어, 한국의 뉴턴, 한국의 아인시타인이 나온다면, 바로 그때에는 우리 한국어도 오늘날의 영어의 지위와도 같게 될 것이다. 우리는 우리 한국어를 통하여 새로운 앎(지식)을 창출해 내야만 하고, 또한 그것을 사상과 이론으로 정립해 내지 않으면 안 된다. 요컨대 최초의 사물, 최초의 사건, 최초의 지상낙원, 최초의 행복은 이 사상과 이론의 성과임을 명심하지 않으면 안 된다. 우리 한국인들이 이 노예민족의 신분을 벗어버리고 진정으로 고귀하고 위대한 민족이 되는 지름길은 사색을 하고, 또 사색을 하는 길밖에는 없는 것이다.

'나는 신성모독을 범한다, 고로 존재한다'와 '세계는 나의 범죄의 표상이다, 고로 행복하다'라는 두 개의 명제를 우리 한국인들이 진정으로 이해하게 될 때, 바로 그때에는 우리 한국인들이 '사상가와 예술가의 민족', 즉, '고급문화인의 민족'으로 그 출발선상에 서게 될 것이다.

나는 철학을 예술의 관점에서 이해하고, 또한, 나는 예술을 철학의 관점에서 이해한다. 왜냐하면 철학은 지나치게 논리적(비감성적)이기 때문이고, 또한 예술은 지나치게 감성적(비논리적)이기 때문이다. 나는 철학과 예술을 상호보완적으로 결합시킨 '철학예술가'이며, 낙천주의의 사상가이다. 철학자는 철학예술가의 충신이 되지 않으면 안 되고, 예술가는 또한 철학예술가의 충신이 되지 않으면 안 된다.

나는 1960년대 판『탈무드』—지금은 비록, 그 낡고 다 헤진 그 책을 가지고 있지 않지만—에서 다음과도 같은 교훈을 읽고, 또 그것을 나의 수첩에다가 필사해 둔 적이 있었다.

1, 잘 배운다.

2, 잘 질문한다.

3, 모든 권위를 인정하지 말라.

4, 자기를 세계의 중심에 놓아라.

5, 폭넓은 지식을 가져라.

6, 실패를 두려워하지 말라.

7, 현실적이어야 한다.

8, 낙관적이어야 한다.

9, 풍부한 유우머를 가져라.

10, 대립을 두려워하지 말라.

11, 창조적 휴일을 보내라.

12, 가정을 중히 여기라.

—「탈무드의 마음」에서

나는『탈무드』의 이 교훈을 수없이 되풀이 읽으면서 낙천주의 사상가로서 나의 '사색인의 십계명'을 명명해 보고 싶은 욕망을 어쩔 수가 없었다. 그 결과,『행복의 깊이』 제3권—이 책은『어느 철학자의 행복』(국학자료원, 2000년)으로 출간된 적이 있었다—제2장,「산책에 대하여」에서 '사색인의 십계명'을 명명하게 되었던 것이다. 나의 '사색인의 십계명'은 '탈무드의 마음'을 수용하고 그것을 철학예술가의 관점에서 변형시킨 것이라고 할 수가 있다. 나는 나의 정언적 명제들에게 그 육체와 살을 부여하고, 또 그것을 나의 사색인의 십계명으로 완성해야 되겠다는 결심을 하게 되었던 것이다.

이 '사색인의 십계명'은 세계 최초의 '사색인의 십계명'이며, 낙천주의 사상가로서 나의 '실천철학'이라고 할 수가 있다. 깊이 있게 배우는 법, 잘 질문하는 법, 신의 권위를 인정하지 않는 법, 사상의 신전을 짓고 모든 사람들을 초대하는 법, 최고급의 인식의 제전을 펼쳐 보이는 법, 언제나 실패의 여신께 감사의 기도를 드리는 법, 역사의 감각이 마비되지 않는 법, 언제나 낙천적으로 생활하는 법, 더욱더 강력한 적을 찾아나서는 법, 그리고 언제나 성실하게 생활하는 법이 바로 그것이라고 할 수가 있다. 인간은 미래의 인간이며 신에 대한 예배는 그 미래의 인간(이상적 인간)에 대한 예배에 지나지 않는다.

모든 계율은 잠언적이고 경구적인 문체로 나타나고, 그것은 인류 전체의 역사와 모든 미래의 역사가 압축되어, 돌부처의 내장 속을 뚫고 들어가 만인들의 심금을 울릴 수 있는 말이 되지 않으면 안 된다. 사상과 예술이 육체라면 계율은 그 육체에 피어난 꽃이다. 나의 철학예술은 열 개의 아름다운 꽃송이이며, 이처럼 모든 철학과 예술을 타고 올라가 어느 여름날의 능소화처럼 밝고 환하게 피어난 것이다. '만인 대 일인의 싸움', 그 일인의 위대함은 이 세상의 어중이 떠중이들은 도저히 이해할 수 없을만큼 장중하고 깊이 있는 울림을 울리게 될 것이다.

오오, 아름답고 또 아름다운 우주여!

오오, 행복하고 또 행복한 낙천주의자의 삶이여!

사색인의 십계명

제1계: 깊이 있게 배운다;

우리는 타인의 말과 타인의 사유와 함께, 오래 오래 살아볼 필요가 있다.

內面化의 오랜 과정—.

우리에게 필요한 것은 앎에 의한 제이의 천성이지, 앎 이전의 제일의 천성이 아니다.

제2계: 잘 질문한다;

외디프스가 그의 수수께끼를 풀었을 때에도 스핑크스는 자살을 할 수밖에 없었고, 오딧세우스가 그녀의 노래 소리를 들었을 때에도 사이렌은 자살을 할 수밖에 없었다.

우리에게는 영웅적인 용기와 匕首가 필요하다.

모든 진리는 시간과 장소에 의해서 규정되는 잠정적인 진리에 불과하다.

우리 학자님들, 그대들은 왜 노벨상을 타지 못하고, 한국문학 이론을 정립하지 못하는 즐거움만을 만끽하고 계시는지요? 도대체가 아무런 명명의 힘도 없는 그대들이 한국 사회의 파산 상태의 주범들이 아니시던가요?

제3계: 神의 권위도 인정하지 말라;

신은 우리 인간들에게 무조건의 예배와 복종을 강요하지만, 나는 그가 발기부전증의 환자라고 생각한다. 하나님은 동정녀 마리아와의 간통으로 예수를 얻었지만, 바로 그때, 치명적인 매독으로 성 기능의 장애를 입었다는 것을 우리 신성모독자들은 누구나 잘 알고 있다.

예수 이후, 하나님이 아들을 얻었다는 증거는 그 어디에도 없다.

神正論은 우리 인간들을 개나 돼지처럼 학대하는 관점에 불과하다.

제4계: 사상의 신전을 짓고 모든 사람들을 초대하라;

우리는 자기 자신을 세계의 중심에 놓을 필요가 있다.

나는 낙천주의자로서 '세계는 나의 범죄의 표상이다'라고 역설한 바가 있다. 이 말은 나의 범죄 행위가 있고, 그 다음에 세계가 있다라는 뜻이다.

創字에는 칼 도刀字가 들어 있다.

나의 사상의 신전, 낙천주의 속에는 우리 인간들의 꿈과 행복이 들어 있고, 언제나 행운의 여신이 미소를 짓고 있다.

제5계: 최고급의 인식의 제전을 펼쳐 보아라;

넓고 깊은 바다에는 모든 강물들이 다 흘러 들어오고 있다.

오늘도 파도와 파도가 부서지고 있다.

모든 물고기들은 '논쟁의 문화'를 향유하고 있다.

장미 같은 지식, 언제나 충직한 개 같은 지식, 화류계 여자 같은 지식, 기생 오래비 같은 지식, 사이비 학자 같은 지식, 일본 병정이나 독일 병정 같은 지식, 유태인이나 중국인 같이 돈만 아는 지식, 단 하나의 진리만을 선호하는 기독교인이나 공산주의자 같은 지식, 공공복리와 애국심만을 떠들어 대는 지식, 언제나 인간이라는 종의 건강을 위해서 고군분투하고 있는 지식 등—.

우리들이 진정으로 소망하고 있는 최고급의 인식의 제전의 전사는 부분을 전체와 관련시켜 이해하고, 전체를 부분과 관련시켜 볼 줄 아는 깊이 있고 종합적인 시야를 확보한 지식인일 수밖에 없다.

제6계: 언제나 '실패의 여신'께 감사의 기도를 드려라;

우리는 실패를 할 때마다 더욱 더 독수리처럼 자유롭게 날아다닌다.

제7계: 역사의 감각이 마비되지 않도록 조심하고 또 조심하라;

세목의 진정성 이외에도 전형적인 상황에서의 전형적인 인물의 창조—.

마르크스와 엥겔스의 말대로, 리얼리티, 혹은 역사의 감각이 마비되면 우리 인간들의 삶과는 무관한 뜬구름 속의 이야기가 되거나 언제나 부재하는 신들의 이야기가 될 것이다.

우리 사색인들의 지식은 언제나 땅 속 깊이 뿌리를 박고 하늘 높이 그 줄기를 뻗어가야 하며, 수많은 가지와 무성한 잎들로 넓게 넓게 퍼져 나가지 않으면 안 된다. 마치, 이그드라실 나무처럼—.

제8계: 언제나 낙천적이어야 한다;

고통도 두렵지가 않고 불행도 두렵지가 않다.

이 세상의 어중이 떠중이들, 혹은 의지박약한 자들만이 고통과 불행을 두려워 한다.

모든 시와 신화와 종교는 낙천주의를 양식화시킨 것이다.

제9계: 더욱더 강력한 적을 찾아 나서라;

나는 오늘도 나를 더욱더 호된 채찍질로 궁지에 몰아넣고 있다.

내가 존경하고 사랑하는 호머, 괴테, 셰익스피어, 니체, 쇼펜하우어, 부

처, 예수……,

나는 언제나 더욱더 강력한 적들을 발견하고 최고의 행복을 느낀다.

제10계: 언제나 성실하게 생활을 하라;

우리 한국인들은 어떤 말을 해도 알아 듣지 못하고, 또 그것을 실천해낼 능력도 없다.

만인 대 일인의 싸움—,

무지몽매한 한국인들과 철학자와의 싸움—,

나는 오직, 고립무원의 단 한 사람의 성실성을 믿을 수밖에 없다.

2012년 1월 '愛知의 숲'을 거닐면서…

* 이 『행복의 깊이—사색인의 십계명』은 2005년도에 완성했고, 『애지』에 연재중이었지만, 제5장, 즉, 나의 일본문화론 때문에, 이처럼 뒤늦게 출간을 하게 되었다. 아아, 조국에 대한 어떠한 무관심도 허용이 되고 있는 문화선진국민이란 얼마나 좋을 것이란 말인가? 나에게 있어서 대한민국이란 원죄와도 같은 씻을 수 없는 치욕일 뿐이라고 하지 않을 수가 없다.

|차례|

일러두기

참고문헌은 각 장의 말미에 표기했으며, 본문 중 인용문 표기는 (1: 23)으로 표기했다.

(1: 23)은 1권의 책 23면을 말한다.

제1장 사색인의 十戒命

— 제1계: 깊이 있게 배운다

— 제2계: 잘 질문한다

철학이란 무엇인가? 철학이란 말은 그리스어로 필로소피아philosophia이며, 그것은 '지혜를 사랑한다'는 뜻으로 풀이 된다. 소크라테스는 항상 철학자들을 '愛知者', 즉 '지혜를 사랑하는 사람'이라고 불렀으며, 그 지혜 사랑을 통하여 우리 인간들의 행복을 추구해 왔다고 하지 않을 수가 없다. 신은 전지전능하며 영생불사의 존재이고, 인간은 불완전하며 유한한 존재이다. 따라서 신에게는 그 어떤 것도 부족함이 없지만, 우리 인간들에게는 그 어느 것 하나 제대로 충족된 것이 없다. 우리 인간들의 궁극적인 소망은 전지전능한 신이 되는 것이며, 그 신적인 존재로서 그 모든 것이 가능한 한, 행복한 삶을 향유하는 것이다. 지혜 사랑은 불완전성의 소산이며, 그리고 지혜는 그 불완전성을 극복해낼 수 있는 유일무이한 수단일 뿐이다. 철학이란 지혜를 사랑하는 것이며, 그것의 궁극적인 목표는 우리 인간들을 신적인 존재로 끌어 올리는 것이다. 기독교, 불교, 이슬람교, 힌두교, 유태교, 그리고 수많은 신화와 샤머니즘들이 바로 그 철학의 토대에서 생겨난 것이다. 철학이란 지혜 사랑을 통하여 이 세상의 모든 이치를 탐구하는 것이다. 우주란 무엇인가? 신이란 무엇인가? 그리고 또한 인간이란 무엇인가? 고대 그리스 사회에서는 우주론에 입각한 '자연의 철학'이 주조를 이루었으며, 중세기까지는 기독교 사상에 입각한 '신의 철학'이, 그리고 근대사회에서는 인간의 자기 발견을 뜻하는 '인간의 철학'이 주조를 이루었다. 고대의 자연의 철학, 중세의 신의 철학, 그리고 근대의 인간의 철학으로 서양의 철학사를 정리할 수가 있지만, 그러나 그 모든 것은 아직도 여전히 유효하지, 그 어느 것이 폐기되거나 소멸된 것이 아니다. 다만 근대에는 자연과 신에 대한 관심이 줄어들고, 인간에 대한 관심이 증폭되었을 뿐인 것이다.

내 몸에는 어머니의 뱃 속에서
나를 따내온 흔적이 감꼭지처럼 붙어 있다
내 출생의 비밀이 저장된 아이디이다

몸 중심부에 고정되어
어머니의 양수 속을 떠나온 후에는
한 번도 클릭해본 적이 없는 사이트다

사물과 나의 관계가 기우뚱거릴 때
감꼭지를 닮은 그곳에 마우스를 대고
클릭, 더블 클릭을 해보고 싶다

감꼭지와 연결된 신의 영역에서
까만 눈을 반짝일 감의 씨앗들을 떠올리며
오늘도 나는 배꼽을 들여다 본다

열어볼 수 없는 아이디 하나
몸에 간직하고 이 세상에 나온 나

— 최금녀, 「감꼭지에 마우스를 대고」 전문

최금녀의 「감꼭지에 마우스를 대고」라는 시에는 '자연의 철학'과 '신의 철학', 그리고 '인간의 철학'이라는 세 관점이 절묘하게 혼융되어 있다. 그는 현대 문명사회에서 자신의 존재에 대한 의문을 제기하며, 그 '감꼭지(배꼽)에 저장된 출생의 비밀을 알고 싶어 한다. 예전에는 신의 영역에서 종교가 그 비밀을 풀어주었지만, 이제는 신은 죽었고, 그 결과, 인간 존재의 비밀은 인간 스스로가 밝혀내야만 하는 과제가 되었을 뿐인 것이다. 따라서 그 고립된 개인은 그 외로움 속에서 "어머니의 양수 속을 떠나온 후에는/ 한 번도 클릭해본 적이 없는 사이트"를 클릭해 보고 싶다고 말하며, 감히 "감꼭지와 연결된 신의 영역"으로까지 거슬러 올라가 본다. 그리고 그 신의 영역에서 자신의 출생의 비밀이 담겨 있는 "까만 눈을 반짝일 감의 씨앗들"을 떠올려 보고 있는데, 왜냐하면 그 감의 씨앗들은 신의 출현 이전의 자연의 산물이기 때문이다. 고립된 개인은 '인간의 철학'의 주인공이며, 신은 '신의 철학'의 주인공이고, 까만 눈의 감의 씨앗들은 '자연의 철학'의 주인공이다. 이 세계에서는 자연(우주)이 제일 먼저 창조되었고, 그 다음에는 모든 동식물과 인간들이, 또 그리고 그 다음에는 신이 창조되었다. 최초의 인간은 자연의 터전 속에서 '자연의 신비'를 파헤쳐보고 싶었지만, 그 지적 능력의 한계로 말미암아 전지전능한 신을 창조해 놓고 그 신앙(종교) 속에다가 그 해답을 마련해 두었던 것이다. 그러나 이제는 우리 인간들의 지적 수준이 '인간게놈지도'를 해독해낼 수 있을 만큼 향상되었고, 그 결과, 신은 최종적인 사망신고를 기록하게 되었던 것이다. 더욱더 가관인 것은 슬픔의 유전자, 기쁨의 유전자, 범죄의 유전자, 행복의 유전자들을 밝혀내겠다는 자연과학자들의 헛된 망상이 우리 인간들의 삶과 그 존재 자체를 처형해 가고 있다는 사실일 것이다. 만일, 성공과 실패, 승리와 패배, 기쁨과 슬픔, 고통과 쾌락 등, 우리 인간들의 희로애락의 감정들이 사라지게 된다면, 이 세계는 로버트와 기계인간들만이 살아남게 될는지도 모른다. 최금녀는 그 고립된 개인의 공간에서, 신의 영역과 우주의 영역으로 그 존재의 기원을 찾아나서는 존재론적 모험을 선보이고 있다. 그 존재론적 모험은 인간의 정체성을 해명하고자 하고 있는 모험이며, 우리 인간들의 행복한 삶을 구상해 보고자 하는 도전적이고 야심만만한 모험이라고 하지 않을 수가 없다. 한국문단에서는 아직 낯설고 생소한 이름인 최금녀, 문학 외적으로는 상당한 경륜과 그 중후한 삶을 살아왔을 최금녀, 이 최금녀의 「감꼭지에 마우스를 대고」라는 시는 그의 시적 천재성과 그 철학적인 예지가 한줄기의 서광처럼 그 빛을 발하고 있다고 하지 않을 수가 없다. 인간 존재론적 모험은 '자연의 철학'과 '신의 철학', 그리고 '인간의 철학'의 영역을 벗어나서는 결코 이루어질 수가 없다.

철학이란 학문 중의 학문이며, 그 어느 학문도 철학의 영향 아래서 벗어날 수가 없다. 문학, 역사, 사회, 법학, 정신분석학, 그리고 자연과학까지도 그 본질적인 토대가 철학이며, 이 모든 학문들은 철학이 표방하고 있는 양생술, 즉 행복론의 범주에서 벗어날 수가 없다. 인간 존재의 성숙과 그 문명과 문화의 삶, 즉 행복한 삶에 기여하지 못하는 학문이 무슨 소용이 있겠으며, 그 모든 학자들이 자기 자신만의 철학이 없다면 어떻게 그의 존재가치가 증명될 수가 있겠는가? 모든 학자들의 궁극적인 목표는 사상가이며, 그 사상가는 자기 자신만의 독특한 행복론을 연출해 놓고 있는 것이다. 예수와 부처의 만인평등주의, 뉴턴의 역학이론, 아인시타인의 상대성 이론, 막스 플랑크의 양자역학, 스티븐 호킹의 블랙홀이론, 마르크스의 공산주의, 헤겔의 정신현상학, 칸트의 도덕철학 등이 바로 그것이다.

우리 시대의 문학 제대로 가고 있는가? 우리 대한민국은 학문 중의 학문인 철학을 가르치지 않는 야만의 국가이며, 아직도 문맹 이전의 암흑기에서 벗어나지 못하고 있다. 나는 배재대학교 철학과 교수인 서정욱의 『만화 서양철학사』(자음과 모음, 2003년)를 읽다가 다음과 같은 문장을 보고 쓰디쓴 웃음을 금할 수가 없었다.

과학은 먼저 발견된 것을 바탕으로 하여 새로운 것을 만듭니다. 과학은 그 전의 것보다 더 좋고 편리한 것을 만듭니다. 하지만 철학은 과학과 달리 그전의 것을 이어받지 않습니다. 과학자는 먼저 발견된 지식을 이용하지만, 철학자는 먼저 말해진 내용이나 주장을 인정하지 않습니다. 철학자는 먼저 말해진 것들을 부정하고 대신 자신의 새로운 이론을 주장합니다. 철학자는 자신보다 앞서 나왔던 철학자의 이론을 부정합니다.

철학자는 항상 새로운 것을 이야기합니다. 이런 이유로 철학이 시작된 지 2500년이라는 시간이 지났지만, '철학이 무엇이다'고 명확하게 답할 수 없습니다. 심지어 어떤 사람은 철학은 학문이 아니라고까지 합니다. 하지만 철학은 분명히 하나의 학문입니다. 그것도 이 세상에서 가장 먼저 생긴 학문입니다.

모든 학문은 있는 것을 토대로 하여 새로운 것을 창출해 내기도 하며, 그 반대 방향에서, 기존의 모든 것을 부정함으로써 새로운 것을 창출해 내기도 한다. 과거의 전통이 계승될 때 그 전통은 긍정적인 것이며, 그것이 부정될 때 그것은 부정적인 것이다. 전통은 긍정적일 수도 있고 부정적일 수도 있다. 전자는 연속적이며 후자는 단절적이다. 그러나 따지고 보면, 모든 전통은 긍정적인 요소와 부정적인 요소가 겹쳐져 있는 것이지, 그것이 그처럼 긍정(연속)과 부정(단절)으로 나뉘어질 수 있는 것이 아니다. 아인시타인의 상대성 이론은 뉴턴의 역학 이론을 부정했다는 점에서 전통의 부정이지만, 다른 한편, 뉴턴의 역학 이론을 토대로 하여 상대성 이론을 창출해 냈다는 점에서 긍정적이다. 마르크스의 공산주의는 자본주의를 극단적으로 부정했다는 점에서 전통의 부정이지만, 다른 한편, 자본주의의 이론을 토대로 하여 공산주의를 창출해 냈다는 점에서 긍정적이다. 헤겔은 사유의 대상을 생산해 낸다는 점에서 모든 물질들마저도 정신적인 생산물이라고 말한 바가 있고, 마르크스는 노동의 대상들을 생산해 낸다는 점에서 모든 물질들마저도 육체적인 생산물이라고 말한 바가 있다. 마르크스의 유물론은 헤겔의 유심론을 부정했다는 점에서 전통의 부정이지만, 다른 한편, 유심론을 토대로 하여 유물론을 창출해 냈다는 점에서 긍정적이다. 상대성 이론, 역학 이론, 공산주의, 자본주의, 유물론, 유심론 등은, 그것이 비록, 극단적으로 부정되었다고 하더라도, 아직도 여전히 그 빛을 발하고 있다고 하지 않을 수가 없다. 따라서 역사나 전통에서의 참다운 부정과 단절은 기술할 수가 없는 것이다. 그 단절의 역사를 기술하는 것은 다만 역사가의 무지이거나 시간과 공간의 한계 내에서의 잠정적인 현상일 뿐인 것이다. 그런데도 서정욱은 과학과 철학을 제대로 이해하지도 못한 채, 과학은 전통의 계승으로, 철학은 전통의 부정으로 그릇되게 기술해 놓고 있는 것이다. 철학과 과학은 다 같이 전통을 계승하면서도 동시에 그 전통을 부정하고 있는 것이다. 그리고 그는 이 세계란 무엇인가, 신화와 종교란 무엇인가, 그리고 또한, 인간이란 무엇인가라는 철학적 질문에는 제대로 답변도 하지 못한 채, "철학이 시작된 지 2500년이라는 시간이 지났지만 아직도 철학이 무엇이다라고 명확하게 답할 수가 없다"고 설명을 하고 있다. 나는 그 서정욱 교수에게 이렇게 말해주고자 한다. '철학이란 이 세계의 근본적인 이치를 밝혀주는 학문이며, 그 궁극적인 목표는 이 세계에서의 지상낙원을 연출해 내는 것이다'라고—.

나는 낙천주의의 사상가로서 지혜, 용기, 성실을 나의 철학적인 화두로 삼아왔다. 지혜, 용기, 성실은 그러나 낙천주의자의 핵심적인 사상이 아니라, 학문을 연구하는 방법, 즉 낙천주의자의 생활의 태도를 말한다. 좋은 생활의 태도는 좋은 학자의 태도를 낳고, 좋은 학자의 태도는 좋은 생활의 태도를 낳는다. 지혜는 이 세상의 만물의 이치를 밝혀주는 빛이며, 지혜를 추구하는 자는 두뇌가 명석하지 않으면 안 된다. 두뇌가 명석하지 않은 자에게는 모든 지혜가 눈 먼 소경 앞의 그것에 지나지 않지만, 두뇌가 명석한 자에게 있어서의 지혜란 그의 두 발에 날개를 달아주고, 그 모든 것을 발밑으로 내려다 볼 수 있는 종합적인 시야를 가져다가 준다. 보다 큰 그림, 보다 넓은 종합적인 시야는 지혜로운 자의 덕목이지만, 그러나 그 덕목이 곧바로 그를 대사상가의 반열에 올라서게 하고 있는 것은 아니다. 왜냐하면 지혜로운 자의 지혜가 그 실천적인 용기와 결합되지 않는다면, 그의 지혜는 지혜가 아니라 곧바로 그 주체자와 타인들에게 치명적인 독이 되기 때문이다. 지혜는 명약이면서도 독약이다. 지혜가 명약이 되는 것은

모세가 바다 위로 손을 내어민대 여호와께서 큰 동풍으로 밤새도록 바닷물을 물러가게 하시니 물이 갈라져 바다가 마른 땅이 된지라

이스라엘 자손이 바다 가운데 육지로 행하고 물은 그들의 좌우에 벽이 되니

—「출애굽기」, 14장 21—2절에서

이스라엘 온 회중會衆이 그 광야에서 모세와 아론을 원망하여

그들에게 이르되 우리가 애굽땅에서 고기 가마 곁에 앉았던 때와 떡을 배불리 먹었던 때에 여호와의 손에 죽었더라면 좋았을 것을 너희가 이 광야로 우리를 인도하여 내어 이 온 회중으로 주려 죽게 하는도다

때에 여호와께서 모세에게 이르시되 보라 내가 너희를 위하여 하늘에서 양식을 비같이 내리리니 백성이 나가서 일용할 것을 날마다 거둘 것이라 이같이 하여 그들이 나의 율법을 준행遵行하나 아니하나 내가 시험하리라

—「출애굽기」, 16장 2—4절에서

여호와께서 모세에게 이르시되 백성 앞을 지나가서 이스라엘 장로들을 데리고 하수河水를 치던 네 지팡이를 손에 잡고 가라

내가 거기서 호렙산 반석磐石 위에 너를 대하여 서리니 반석을 치라 그것

에서 물이 나리니 백성이 마시리라 모세가 이스라엘 장로들의 목전에서 그대로 행하니라

—「출애굽기」, 17장 5—6절에서

라는 모세와, 또, 그리고

소녀 황태자 전하, 저는 목양자牧羊者의 딸로 태어나서, 아무 재간도 배운 것도 없습니다. 다만 하느님과 인자하신 성모님이 이런 미천한 신분의 제게도 빛을 주셨습니다. 들어 보십시오. 제가 귀여운 새끼양들을 돌보면서 태양의 따가운 햇볕에 두 볼을 드러 내놓고 있을 때, 성모님이 나타나셔서 위엄있는 모습으로 제게 이렇게 말씀하셨습니다. "너의 천한 일을 버리고 조국을 재난으로부터 구해내라고, 그리고 반드시 도와 주겠다, 성공은 틀림없다"라고 말씀하셨습니다. 그때의 그 모습은 완전히 영광에 싸여 계셨습니다. 그리고 그전까지는 햇볕에 꺼멓게 타 있는 저도 성모님이 내려주신 맑은 빛을 온몸에 받자, 보시는 바와 같이 이렇게 아름다운 모습으로 달라졌습니다.

(……)

소녀 나는 잉글란드인을 응징하기 위해 태어난 사람입니다. 오늘밤 반드시 포위망을 뚫어 보이겠습니다. 늦가을의 여름 같은 화창한 날씨, 폭풍 후의 고요가 꼭 찾아옵니다. 내가 이 전쟁에 참가했으니까요. 영광이란 수면에 퍼지는 파문과 같은 것, 점점 넓게 퍼져가서 사라지고 말 때까지는 그치지 않습니다. 잉글란드의 영광은 헨리의 죽음으로 끝이 나고, 왕년의 영광은 거품같이 사라지고 말았습니다. 지금의 나는 시이저와 그의 행운을 싣고 당당히 격랑을 헤치고 갔다는 저 배와도 같습니다.

— 셰익스피어, 「헨리 6세」, (『셰익스피어 전집』 5, 휘문출판사, 1974년)에서

라는 잔 다르크처럼, 이민족의 압제로부터 그 민족을 구원해낼 수 있었던 용기와 결합될 때이고, 지혜가 독이 되는 것은 뉴턴이 라이프니

츠를 고발—'미적분 방정식'은 라이프니츠가 최초로 정립한 이론이다. 하지만 그것을 뒤늦게 정립한 뉴턴은 오히려, 거꾸로 라이프니츠가 자기의 이론을 표절한 것이라고 그를 고발한 바가 있다—하고 매국노 이완용이 일제에게 자기 조국을 팔아먹은 것처럼, 그 지혜와는 상반되게, 눈 앞의 사적인 이익을 위하여 전체의 이익을 훼손시켰을 때이다. 지혜로운 사람은 용기가 있고, 용기가 있는 사람은 지혜롭다. 이론이란, 사르트르의 말대로, 기껏해야 행동의 한 동기가 아니라, 행동 그 자체이다. 사르트르의 말은 상아탑 속에 갇힌 자들의 지혜를 비꼬아준 말에 불과하지만, 지혜와 용기(앎과 행동)란 그처럼 분리가 가능한 어떤 것이 아니다. 지혜는 용기이며, 용기는 지혜이다. 아무도 제멋대로 행동하지 않으며, 그의 행동(용기) 속에는 지혜가 내포되어 있는 것이다. 그리고 지혜와 용기를 갖고 있는 사람은 성실하다. 또한 성실함은 근면함과 정직함을 말하고 있는 것이지, 우이독경의 바보짓을 가리키고 있는 것은 아니다. 성실함은 지혜롭고 용기가 있는 자에게 도덕적인 정결성을 부여해 주고, 그 도덕적인 정결성은 그 지혜로운 자에게 보다 큰 그림, 보다 넓은 종합적인 시야를 가져다가 준다.

색깔 만드는 게 직업인 나는
먹고 사는 일도 색깔에 의존합니다
나는 색깔 만들고
색깔은 사는 방법 알려 줍니다
만들 때마다 제 마음 들려줍니다
검정색 만들 때는
모든 파장 받아들이는 大德
어머니 마음 들려주고
흰색은 모든 파장 반사하는
순결한 소녀 마음 들려주고

파랑은 꿈속 이야기
노랑은 나만의 행복한 마음
보라색은 고통을 견디는 방법 들려줍니다
색깔 만들 때마다
옛날부터 전해 내려오는 전언을 듣습니다
내가 듣는 자연의 말입니다
나를 각성시키며 이끌어 가는
색깔 속에는 내 생이 들어 있어
오늘도 열심히 만듭니다

사람보다 훨씬 더 사람같이 말하는
색깔 만듭니다
— 박종국, 「색깔은 말이다」 전문

아뤼트르 랭보는 그의 「언어의 연금술」이라는 산문시에서, "나는 십자군을, 알려지지 않은 곳으로의 탐험여행을, 역사 없는 공화국을, 종식된 종교전쟁을, 풍속의 혁명을, 민족과 대륙의 이동을 꿈꾸었다. 나는 그 모든 매혹들이 존재하리라 믿었다. 나는 모음의 빛깔을 발명했다! —A 검정, E 하양, I 빨강, O 파랑, U 초록—나는 각 자음의 형태와 운동을 해결하였고, 그리고 본능적인 리듬들을 가지고 언젠가는 모든 감각이 다다를 수 있을 어떤 시 언어를 창조하리라 스스로 기대하였다(랭보, 『지옥에서 보낸 한 철』, 민음사)"라고, 가장 가볍고 경쾌하게, 또는 그만큼 가장 야심만만하고 대범하게 그의 시적 혁명을 선언한 바가 있었다. 아뤼트르 랭보는 모음의 빛깔과 자음의 형태와 운동을, 그리고 그 감각적인 언어들을 선보인 바가 있었고, 인류 전체의 역사 속에다가 그 시적인 금자탑을 쌓았다고 해도 과언이 아니다. 나는 박종국의 「색깔은 말이다」라는 시를 읽으면서 20세기의 최고의 시인인 아뤼트르 랭보를 떠올려 보지 않을 수가 없었다. 그는 색채 제조업자로서, "검정색 만들 때는 모든 파장 받아들이는 大德/ 어머니의 마음을 들려주고", 흰색을 만들 때는 "모든 파장 반사하는 순결한 소녀의 마음"을 들려준다. 또한 파랑색을 만들 때는 "꿈 속 이야기"들을 들려주고, 노란색을 만들 때는 "나만의 행복한 마음"을, 그리고 보라색을 만들 때는 온갖 "고통을 견디는 방법"을 들려준다. 그는 색깔을 만들 때마다 옛날부터 전해 내려오는 전언, 즉 최고급의 교훈을 상기하고 있는데, 왜냐하면 그 색깔 속에는 자연의 말(지혜)이 내포되어 있기 때문이다. 그는 자연의 지혜를 스스로 터득하고, 그 모든 색깔들의 의미를 명명하게 되었던 것이다. 검정색은 어머니의 마음, 흰색은 순결한 소녀의 마음, 파란색은 꿈 속의 이야기, 노란색은 나만의 행복한 마음, 보라색은 온갖 고통을 견디는 방법 등이 바로 그것이다. 이제 모든 색채들은 언어이며, 그 언어는 나의 존재의 근거가 되어준다. 우리는 그 색채들의 아름다운 목소리를 들으며, 모진 비바람과 거친 풍파 속에서도 그 고통을 극복해낼 수 있는 삶의 지혜를 터득하게 된다. 박종국의 지혜는 자연의 빛(색깔)을 터득할 수 있는 원동력이 되어주었고, 그의 용기는 최초의 명명자로서 그 색깔들의 의미를 명명할 수 있게 해주었고, 그의 성실함은 그 도덕적인 정결함으로 색채론의 대가의 길을 걸어가게 해주었던 것이다. 박종국의 색채론은 그의 언어론이며, 그의 언어론은 그의 존재론이다. 그는 색채론의 대가이며, 행복한 언어의 사제이다. 지혜, 용기, 성실은 그의 존재론(행복론)을 떠받쳐주는 세 기둥이다. 나는 낙천주의자로서 감히 장담하거니와, 박종국은 대한민국 최초의 행복론을 연출해낼 수 있는 시인이라고 해도 과언이 아니다.

만일 나의 말대로, 사상이 고귀한 명예이며, 삶의 완성이며, 보다 완전한 인간의 표지이라면, 지혜와 용기와 성실함을 갖춘 인간만이 그 사상의 주체자가 되어 갈 수가 있다. 사상의 신전은 이 세상에서 가장 찬란하고 아름다운 신전이며, 언제, 어느 때나 그 소멸을 모르는 불후의 신전이다. 우리는 오늘도 그 사상가의 신전 앞에서, 우리 인간들의 존엄성을 바치고, 가장 좋은 예물을 바치고, 하늘을 우러러보며, 항상 자기 자신을 갈고 닦으면서, 그 사상의 위업을 이어나갈 것을 맹세를 하게 된다. 나의 사상의 신전, 낙천주의 속에는 우리 인간들의 꿈과 행복이 들어 있고, 언제나 행운의 여신이 미소를 짓고 있다. 모든 사상의 신전은 지혜, 용기, 성실함으로 구축되어 있고, 언제, 어느 때나 수많은 사람들로 문전성시를 이루고 있다.

오늘도 소크라테스의 사상의 신전에는 수천 년의 시간과 그 문화적 환경의 변화에도 불구하고 수많은 사람들로 문전성시를 이루고 있다. 하늘 아래 새로운 것이 없다는 말이 있듯이, 소크라테스 이전에, 킬론이 '너 자신을 알라'라고 외쳤지만, 소크라테스는 그의 명제를 받아들여, 그의 지혜와 용기와 성실함으로, 그 철학적인 명제를 육화시켜 나갔다. 그의 명석한 두뇌는 '너 자신을 알라'라는 지혜를 받아들였고, 그는 그 지혜를 통하여, 아테네의 제일급의 명사들, 이를테면 대정치인, 대서사시인, 대수사가 등, 그 모든 명사들을 때려 눕혔고, 그 용기에 수반하는 성실함으로, 전체 인류문화사 속의 영원한 스승이자 대철학자의 반열에 올라섰던 문화적 영웅이다. 소크라테스는 알키비아데스의 말에 따르면, "신이건 사람이건 그분 이외의 누구를 찬양하면" 절대로 가만두지 않는 사람이며, "온 세상을 언변으로" 때려 눕히는 사람이다. 그의 지혜, 용기, 성실함은 그의 비판철학의 근간이 되어주었고, 우리들은 아직도 소크라테스의 옷깃만을 스쳐도 지혜로워지고 있다고 믿고 있는 것이다.

소크라테스는 곧잘 그의 친구들과 비판적인 대화를 나누다가도 밤하늘의 별들을 우러러보며, 다음날 아침 해가 떠오를 때까지 명상에 잠겼다고 한다. 그 명상의 힘이 '너 자신을 알라'라는 철학적 명제로 나타났고, 그는 그 사상의 신념에 따라 한 사발의 독배를 마시고 이승의 삶을 마감하게 되었던 것이다. 그렇다면 어떻게 공부를 해야 할 것인가? 그것은 두말할 것도 없이 독창적인 명명의 힘으로 사상의 신전을 지은 사람들의 책을 읽는 것이다. 한 번 읽고, 두 번 읽고, 바로 그렇게, 그 사람의 사상의 뿌리를 더듬어 가면서, 그 사상의 장점과 단점을 가장 날카롭고 예리하게 지적해 내는 것이다. 수없이 되풀이 읽는다는 것은 깊이 있게 배운다는 것이며, 깊이 있게 배운다는 것은 가장 날카롭고 예리하게 질문을 한다는 것이다. 나는 「사색인의 십계명」 '제1계', '제2계'(『행복의 깊이』 3)에서 다음과 같이 역설한 바가 있다.

제1계: 깊이 있게 배운다;

우리는 타인의 말과 타인의 사유와 함께, 오래 오래 살아볼 필요가 있다.

內面化의 오랜 과정—.

우리에게 필요한 것은 앎에 의한 제이의 천성이지, 앎 이전의 제일의 천성이 아니다.

제2계: 잘 질문한다;

외디프스가 그의 수수께끼를 풀었을 때에도 스핑크스는 자살을 할 수밖에 없었고, 오딧세우스가 그녀의 노래 소리를 들었을 때에도 사이렌은 자살을 할 수밖에 없었다.

우리에게는 영웅적인 용기와 匕首가 필요하다.

모든 진리는 시간과 장소에 의해서 규정되는 잠정적인 진리에 불과하다.

우리 학자님들, 그대들은 왜 노벨상을 타지 못하고, 한국문학 이론을 정립하지 못하는 즐거움만을 만끽하고 계시는지요? 도대체가 아무런 명명의 힘도 없는 그대들이 한국 사회의 파산 상태의 주범들이 아니시던가요?

우리 시대의 문학 제대로 가고 있는가? 아니, 천만의 말씀이다. 나는 나의 '사색인의 십계명'의 제1계와 제2계를 깊이 있게 천착하면서,

그러나 지극히도 유감스러운 일이기는 하지만, 반애지적이며, 반학문적인 대한민국의 제3세계의 문화적 풍토병과 비평의 만장일치제도를 비판해 보고자 한다. '愛知'의 첫 번째 전제조건은 깊이 있게 배우는 것이며, 두 번째 조건은 잘 질문한다는 것이다. 깊이 있게 배운다는 것은 잘 질문한다는 것이며, 잘 질문한다는 것은 깊이 있게 배운다는 것이다. 바로 이렇게 함으로써 과거의 역사와 문화유산이 보존되고, 새로운 역사와 위대한 문화가 창출될 수가 있는 것이다. 깊이 있게 배운다는 것과 잘 질문한다는 두 가지 명제를 갖고 나는 플라톤의 「향연」(『플라톤의 대화』, 종로서적, 1980년) 속으로 달려가 본다. 나는 「향연」의 귀한 손님이면서도, 동시에, 초대받지 않은 불손한 손님이 될는지도 모른다.

플라톤의 「향연」은 동성연애를 미화하고 정당화시킨 글이며, 그것은 소크라테스의 앎에의 의지가 꽃 피워낸 결정판이라고 해도 과언이 아니다. 소크라테스는 단 한 줄의 글도 남기지 않았지만, 그의 제자인 플라톤은 그의 모든 저서를 소크라테스의 사상이라고 밝혀놓은 바가 있다. 그러니까 소크라테스가 플라톤이고, 플라톤이 소크라테스인 셈이다. 플라톤의 「향연」은 그리스의 비극 시인인 아가톤이 연극경연대회에서 우승을 차지하자, 그 우승축하연의 대화들을 기록한 것이라고 한다. 아가톤이 연극경연대회에서 우승을 차지하자, 어느 날 그의 집에는 소크라테스, 아리스토데모스(소크라테스의 제자), 아가톤(비극작가), 파이드로스(변호사), 파우사니아스(소피스트, 수사가), 아리스토파네스(그리스 최고의 희극작가), 에뤼크시마코스(의사, 자연철학자), 알키비아데스(군인, 정치가) 등이 모여 들었다. 그리고 그들은 이런저런 이야기들을 주고받은 끝에,

> 나는 먼저 에우리피데스의 「멜라니페」에 있는 말을 인용함으로써 이야기를 시작하려 하네. 그건, '그 이야기는 내것이 아니오'란 말인데, 내가 이제 말

> 하려는 것은 내것이 아니고 파이드로스의 것이야. 파이드로스는 늘 이런 말을 나에게 하면서 분개하곤 했어. 이거 되겠어, 에뤼크시마코스. 다른 신들에 대해서는 시인들이 찬가도 짓고 사은가도 지으면서, 저렇게 오래되고 위력 있는 사랑의 신 에로스에 대해서는 그 많은 시인들 가운데 한 사람도 찬가를 지은 이가 없는 게 말이야. 또 생각이 있거든 저 잘난 소피스트들을 보게. 저들은 산문으로 헤라클레스 같은 사람들에 대한 찬사를 지었지. 가령 저 재주가 비상한 프로디코스가 한 것처럼 말이야—그러나 이런 것은 아무 것도 아니야. 나는 얼마 전에 어떤 현인이 저술한 책을 우연한 기회에 읽은 일이 있는 데 거기에는 소금이 유익한 물건이라 하여 굉장히 찬양하고 있단 말이야. 이밖에도 이와 비슷한 것들이 많이 찬미되고 있는 것을 자네는 볼 수 있을 것일세—이런 것들에 대해서는 그렇게도 야단스럽게 굴면서 사랑의 신에 대해서는 지금까지 아무도 찬미의 노래를 드리지 않았으니 말이 되는가 말이야. 그렇게도 위대한 신을 소홀히 하다니!

라고, 에뤼크시마코스가 파이드로스의 평소의 말을 빌려 제안을 하자, 그 제안이 받아들여졌고, 따라서 그들은 왼편에서 바른편으로 돌아가면서 한 사람씩 사랑의 신을 찬미하게 되었던 것이다. 파이드로스는 에로스를 모든 신들 가운데서 가장 오래된 신이며, 가장 위대한 신이라고 말한다. 그 최초의 신이자 가장 위대한 신은 우리 인간들에게 가장 좋은 것들의 근원인데, 왜냐하면 우리 인간들에게 사랑을 선사해 주고 있기 때문이다. 이때의 사랑은 남녀 간의 사랑이 아니라, '愛者'(사랑하는 어른 남자)와 '愛少年'(사랑받는 소년)간의 사랑을 말한다. "사람이 어려서는 자기를 신실하게 사랑해 주는 자를 얻는 것과, 또 사랑하는 자에게는 사랑스러운 소년을 얻는 것보다 더 좋은 일"이 없다는 것이 바로 그것이다. 애자는 애소년을 사랑하는 것을 최고의 행복으로 여기고, 애소년은 자기 자신을 사랑해 주는 애자를 얻는 것을 최고의 행복으로 여긴다. 애자는 항상 애소년을 생각하면서 추악하고 부끄러운 짓을 하지 않으려고 하고, 애소년 역시도 항상 애자를 생각하면서 추악하고 부끄러운 짓을 하려고 하지 않는다. 애자는 그 소년의 미래의 인도자가 되어주고, 소년은 그 애자를 존경하고 사랑하면서 언젠가, 어느 때는 애자가 되어 또다른 소년의 미래의 인도자가 되어준다. 파이드로스는 남을 위해서 죽는 것은 사랑할 수 있는 사람만이 할 수가 있는 일이라고 단언을 한다. 따라서 그는 사랑하는 애인을 위해서 죽지 못한 오르페우스를 극단적으로 폄하하고, 파트로클로스를 위하여 죽어간 아킬레스를 최고급의 말로써 찬양을 하게 된다. 파트로클로스가 애자이고, 아킬레스가 애소년이다. 파이드로스는 에로스가 모든 신들 가운데 가장 나이가 많고 가장 위대하며, 우리 인간들의 덕과 행복을 마련해 주는 데 있어서 가장 유력한 존재라고 그 대미를 장식하게 된다.

파이드로스의 뒤를 이어서, 파우사니아스는 에로스는 하나가 아니라 둘이라고 주장한다. '판데모스 아프로디테'에 속하는 에로스와 '우라니아 아프로디테'에 속하는 에로스가 그것이다. 판데모스는 '민중의', '저속한'의 뜻을 가지고 있으며, 우라니아는 '하늘의' '고귀한'의 뜻을 가지고 있다. 판데모스 에로스는 남녀 간의 사랑이며, 영혼보다는 육체를 사랑하는 저속한 사랑이다. 우라니아 에로스는 남성과 남성(애자와 애소년) 간의 사랑이며, 육체보다는 영혼(정신)을 사랑하는 고귀한 사랑이다. 육체적인 사랑은 더럽고 추한 것이며, 정신적인 사랑은 고귀하고 위대한 사랑이다. 자유로운 부인에 대한 사랑, 철없는 소년에 대한 사랑, 돈과 명예와 권력를 위한 이기적인 사랑은 더없이 야비하고 추악한 사랑일 뿐인 것이다.

그 다음, 에뤼크시마코스는 에로스는 '의술의 신'이며, 의학은 전적으로 에로스 신의 지배를 받는다고 말한다. 또한 그는 사랑에는 건강한 몸 속에 있는 사랑도 있고, 병든 몸 속에 있는 사랑도 있다고 말한다. 전자는 아름다운 사랑이며, 후자는 추한 사랑이다. 따라서 에로스(의사)는 아름다운 사랑과 추한 사랑을 구별하여, 추한 사랑마저도 아름다운 사랑으로 변모시켜주게 된다. 에로스는 음악, 체육, 농사, 사계절의 변화마저도 아름답게 조화를 이루도록 주재를 하며, 더운 것과 찬 것, 마른 것과 젖은 것, 인간과 사물, 인간과 자연마저도 아름답게 조화를 이루도록 주재한다. 마지막으로 에뤼크시마코스는 "에로스는 위대한 힘, 아니 전능의 힘을 가지고 있습니다. 그러나 우리들 가운데서나 신들 가운데서나 절제와 정의로 좋은 일에 마음을 쓰는 에로스야말로 가장 위대한 힘을 가지고 있고, 우리에게 온갖 행복을 마련해 주며, 또한 우리보다 높은 신들과도 잘 사귈 수 있게 해주는 것입니다"라고 그의 이야기를 매듭짓는다.

그 다음, 그리스 최고의 희극작가인 아리스토파네스는 모든 사람들이 '에로스의 힘'을 제대로 이해하지 못했기 때문에, 아직도 에로스를 위한 성전과 제단이 없다고 질책을 한다. 또한 그 역시도 에로스가 신들 가운데 가장 인간을 사랑하는 신이며, 인간의 온갖 고뇌를 치유해 주며, 그들에게 최대의 행복을 가져다가 주는 의사라고 역설한다. 그리고 그는 오늘날 인간은 남성과 여성의 양성뿐이지만, 예전에는 남성과 여성, 그리고 남녀성이 있었다고 매우 이채롭고 과감한 주장을 역설하기도 한다.

> 예전에는 인간의 자연적 상태가 현재와 같지 않았습니다. 처음에는 성이 세 가지 있었지요. 지금은 남성과 여성의 두 가지 성이 있지만, 이 둘을 다 가지고 있는 제3의 성이 있었던 것입니다. 지금은 이런 것이 없습니다만, 그 명칭만큼은 아직도 남아 있지요. 즉, 옛날에는 남녀성, 즉, 남성과 여성을 둘 다 가지고 있는 것이 실물로도 있었고 명칭으로도 있었던 것입니다. 그러나 지금은 그 명칭만이 남아서 욕하는 데 쓰일 뿐이지요. 그 다음엔, 사람의 모양이 아주 둥글었는데, 등과 옆구리가 둥그렇게 빙 둘러 있었지요. 그리고 팔이 넷, 다리가 넷 있었고, 둥근 목 위에 똑같이 생긴 얼굴이 둘 있었지요. 머리

는 하나 있었는데, 거기에 얼굴이 반대 방향으로 둘 있었고, 귀가 넷, 음부가 둘 있었지요. 나머지는 이것들에서 미루어 짐작이 갈 줄 압니다. 그들은 지금처럼 똑바로 서서 걸었는데 어느 방향으로든지 가고 싶은 대로 걸어갈 수 있었습니다. 그리고 빨리 뛰고 싶을 때에는, 마치 요새 공중제비하는 곡예사가 두 다리를 공중으로 쳐들었다가 저쪽으로 넘어가듯, 그 당시 그들이 가지고 있던 여덟 개의 손발로 연거푸 번갈아 땅을 짚어가면서 아주 빠른 속도로 굴러갈 수 있었지요. 그리고 성이 세 가지 있었고 사람의 모양이 이러했던 까닭은, 남성이란 것이 맨 처음에 태양에서 태어났고, 여성은 대지에서, 남성과 여성을 다 가지고 있던 남녀성은 달에서 태어난 때문이지요. 저들의 모양이 둥글었고 걸음걸이가 둥글었던 것은 저들이 그 부모를 닮았던 때문이지요. 저들은 무서운 힘과 기운을 가지고 있었고, 또 그들의 야심은 대단했습니다. 저들은 신들을 공격했던 것입니다.

아리스토파네스의 인간의 자연적 상태에 대한 설명은 어떤 신화적 배경을 염두에 두고 있는 것인지, 또는 희극작가로서의 그의 독창적인 상상력의 산물인지, 오늘날 우리는 그것을 정확하게 확인해볼 수가 없다. 어쨌든 그의 말에 따르면, 남성과 여성, 그리고 남녀성이 있었고, 남성은 태양에서, 여성은 대지에서, 그리고 남녀성은 달에서 태어났다고 한다. 하지만 그 자연적 상태의 인간들은 너무나도 무서운 힘과 기운을 가지고 있었기 때문에, 하늘의 신들마저도 공격을 했었다고 한다. 그러나 신들과 인간의 싸움의 결과란 너무나도 자명한 것이고, 따라서 오늘날의 인간의 형태는 남성과 여성으로 나누어지게 되었던 것이다. 머리가 하나, 팔이 넷, 다리가 넷, 귀가 넷, 얼굴이 둘, 음부가 둘인 남성을 쪼개면 남성으로 갈라졌고, 여성을 쪼개면 여성으로, 남녀성을 쪼개면 남성과 여성으로 갈라졌던 것이다. 그 결과, 머리가 하나, 팔이 둘, 다리가 둘, 귀가 둘, 얼굴이 하나, 음부가 하나인 인간들이 남성과 여성으로 양분될 수밖에 없었다고 한다. 요컨대 제우스를 비롯한 전지전능한 하늘의 신들이 우리 인간들을 전멸시키지 않은 것은, 만일 그렇게 된다면, 우리 인간들이 신들에게 바치던 예배와 희생제물이 없어지게 될 것을 염려했기 때문이라고 한다. 남성과 여성, 그리고 남녀성의 자연적 상태에서, 남성과 여성의 인간적 형태로의 변모에는 이처럼, 이와도 같은 역사 철학적인 배경이 있었던 것이다. 머리가 하나, 팔이 둘, 다리가 둘, 귀가 둘, 얼굴이 하나, 음부가 하나인 오늘날의 우리 인간들은 두 다리로 걸으면서 보다 나약해진 인간들이며, 언제, 어느 때나 신들에게 더 많은 예배와 희생제물을 바치는 인간들에 불과하다. 더욱이 제우스가 우리 인간들을 두 쪽으로 나눈 결과, 서로가 서로를 그리워하게 되고, 다시 한몸이 되려는 끊임없는 욕망을 간직하게 되었다는 것이다. 남성에서 쪼개져 나온 사람들은 남성만을 그리워하고, 여성에서 쪼개져 나온 사람들은 여성만을, 그리고 남녀성에서 쪼개져 나온 사람들은 또다른 반쪽인 이성을 그리워한다. 남녀성에서 쪼개져 나온 사람들은 모두가 한결같이 간부姦夫들이기도 한데, 왜냐하면 그들은 모두가 한결같이 이성을 사랑하고 있기 때문이다. 남녀의 사랑, 즉 간부들의 사랑은 더럽고 음탕한 사랑이며, 여성들의 동성애는 관심 밖의 사랑이다. 아리스토파네스는 남성우월주의의 관점에서, 동성연애를 지상 최대의 사랑으로 미화하고 정당화시켜 나간다. 현대사회의 성의 타락과 그 모든 양상들을 생각해 본다면, 우리들은 모두가 간부들이며, 더럽고 음탕한 사랑의 노예들일는지도 모른다. 아무튼 아리스토파네스는 동성연애주의자로서, 어른을 사랑하는 소년을 가장 우수하고 대담한 용기와 사내다움을 지녔다고 극찬을 하고, 다른 한편, 돈과 명예와 권력을 가진 어른들의 소년에 대한 사랑이 가장 아름다운 사랑이라고 역설을 한다. 그 소년들이 장차 결혼을 하게 되거나 그 어른들이 결혼을 한 것은 다만 '관습상'의 형식일 뿐, 그 어떤 의미도 없다는 것이다. 사랑의 한탄은 종족의 한탄이라는 말도 있지만, 만일 그렇게 된다면, 이 세상의 음양의 이치가 소멸되고 모든 종이 그 최후의 종말을 맞이하게 될는지도 모른다. 어쨌든 아리스토파네스는 동성연애주의자로서 에로스에 대한 사은가를 다음과 같이 지어놓고 있다.

여기에 있어서 에로스는 우리의 지도자요 통솔자인 것입니다. 아무도 이 신에 거역해서는 안 됩니다. 신들에게 적대하는 자는 누구나 이 신에게 거역하지요. 사실 우리가 이 신과 친구가 되고 잘 사귀면 우리는 바로 우리 자신의 소년을 발견하며 또 그와 더불어 즐겁게 지내게 될 겁니다. 이것은 현재 극소수의 사람만이 누리고 있는 일입니다. 여기서 에뤼크시마코스가 참견하여 내 연설을 조롱하면서, 내 이야기가 파우사니아스와 아가톤을 두고 하는 것이라 말하지 못하도록 해주세요. 이 두 사람이 정말 그런 극소수의 사람에 속하며, 두 사람 다 그 본성에 있어 남성적일는지 모르지요. 그러나 나는 모든 남자와 여자를 두고 말하는 겁니다. 즉, 온 인류가 행복하게 되는 길은 사랑을 완전하게 하며, 사람마다 자기 자신의 소년을 얻어 본연의 모습으로 되돌아가는 것입니다. 이것이 가장 고귀한 일이라고 하면 현재 있는 것들 중에서 그것에 가장 가까운 것이 으레 가장 고귀한 것이지요. 그것은 다름 아니라, 우리 마음에 가장 맞는 소년을 얻는 것이예요. 그런즉 이런 일을 성취시켜 주는 신을 찬미하려 할진대 우리는 모름지기 에로스 신을 찬미하여야 합니다. 그는 현재에도 우리가 우리 자신의 소년과 친밀하도록 해줌으로써 우리에게 큰 축복을 주지만, 미래에 대해서도 가장 큰 희망을 줍니다. 즉, 우리가 그 신을 잘 경배하면 그는 우리에게 우리의 본연의 모습을 회복시켜 주며 우리의 병을 고쳐서 행복하게 해줄 것입니다.

아가톤은 에로스가 신들 가운데 가장 아름답고 가장 훌륭하기 때문에 가장 행복한 신이라고 말한다. 하지만 그는 다른 사람들과는 정반대 방향에서 에로스는 '가장 젊은 신'이며 '노년을 모르는 신'이라고 역설한다. 에로스는 그 본성상 노년을 싫어하며, 언제나 청년과 사귀며 짝하는 신이다. 에로스는 만물 가운데 가장 부드러운 것 위를 걸으며, 또 그 부드러움 속에서 살아간다. 그의 몸은 우아하고 균형이 잘 잡혀 있으며, 에로스와 우아하지 못한 것 사이에는 언제나 전쟁이 있기 마련이다. 에로스의 살결이 고운 것은 그가 언제나 아름다운 꽃들과 함께 살아가고 있기 때문이다. 쾌락과 욕망을 지배하는 에로스는 절제심이 강하며, 폭력은 언제나 에로스에게 접근할 수가 없다. 에로스는 용기가 있으며 전쟁의 신인 아레스조차도 에로스 앞에서는 꼼짝달싹하지도 못한다. 그리고 누구나 에로스의 손이 한 번 닿기만 하면 시인이 되며, 모든 생물들이 에로스의 지혜에 의해서 생겨나게 된다. 에로스는 지혜의 빛이며, 모든 만물의 아버지이다. 예언과 의술과 궁술의 신인 아폴로도 에로스의 제자(아들)이며, 음악의 신도 에로스의 제자이다. 대장쟁이 헤파이스토스도, 길쌈질의 명인인 아테네도 에로스의 제자이며, 신들 중의 신인 제우스조차도 에로스의 제자이다. 언제나 노년을 모르는 에로스 신이 탄생함으로써 이 세상의 만물의 질서가 잡히고, 또한 우리 인간들은 그 아름다운 사랑 속에서 살아가고 있는 것인지도 모른다.

아가톤의 뒤를 이어서, 소크라테스는 "모두들 에로스를 찬미하니까, 나는 에로스를 찬미하지 않겠다"라고, 그 특유의 날카롭고 예리한 문답법으로 아가톤에게 역공을 가한다. 에로스는 아름답지도 않고 추하지도 않다. 왜냐하면 에로스가 사랑하는 아름다움은 어떤 대상에 대한 사랑이고, 에로스는 그 아름다운 대상을 결여하고 있기 때문이다. 소크라테스의 이러한 진단은 그의 단선적인 오류의 극치이기는 하지만, 어쨌든 그는 진리를 가지고 있다는 오만함으로 아가톤의 항복을 받아낸다. 아름답고 선한 것을 가지지 못한 에로스는 신이 아니며, 신과 인간 사이에서의 의사전달자인 다이몬에 불과하다. 소크라테스는 디오티마 부인—그녀가 실제의 인물인지는 밝혀진 바가 없다—의 입을 통해서, 그 에로스의 정체를 다음과 같이 밝혀놓고 있다. 아프로디테가 출생을 하고 신들의 잔치가 열렸을 때, 神酒에 취한 풍요의 신인 포로스와 빈곤의 여신인 페니아가 잠자리를 같이 하게 되고, 그 결과, 에로스가 탄생하게 되었다는 것이다. 에로스의 아버지는 풍요의 신이고, 그의 어머니는 빈곤의 여신이다. 에로스는 아름답고 부드럽기는커녕 항상 가난하고, 늘 이부자리도 없이 땅바닥이나 문간 같은 데서 잠을 잔다. 이것은 그가 그의 어머니를 닮아서 궁핍하기 때문이지만, 그 반면에, 그는 아버지를 닮아서 아름다운 것과 좋은 것을 차지하려고 온갖 술책을 꾸며내게 된다. 그는 용감하고 저돌적이며 힘센 사냥꾼이요, 온 생애를 통하여 지혜를 사랑하는 愛知者이며, 놀라운 마술사, 독약조제사, 그리고 궤변가이기도 하다. 그는 하루에도 몇 번씩 생기가 새로 돋아나며, 또 하루에도 몇 번씩 죽어가기도 하는 자이다. 그는 언제나 풍요로운 가운데 빈궁하고, 또 빈궁한 가운데 풍요롭다. 따라서 그는 가난하지도, 부유하지도 않으며, 지혜와 무지의 중간에 있으며, 신과 인간의 중간에 서 있는 다이몬에 불과하다. 소크라테스는 그가 두 번씩이나 결혼했던만큼, 그가 옹호하고 있는 사랑은 남녀간의 사랑, 즉 姦夫들의 사랑이다. 따라서 아름다운 것과 선한 것, 좋은 것과 행복한 것에 대한 욕망이 우리 인간들의 사랑으로서 나타나게 된다. 그 사랑의 꽃은 남녀간의 사랑, 즉 임신과 출산이며, 임신과 출산은 신적인 일에 해당된다. 남자와 여자와의 결합은 자식을 낳는 것이며, 그것은 유한한 존재가 영생불사의 삶을 살아가는 방식인 것이다. "임신할 능력이 있는 자가 아름다운 자에게로 가까이 가면 다정하게 되고 기쁨에 넘쳐 이윽고 분만, 출산"하게 된다. 사랑은 추한 것 속에서는 이루어지지 않으며, 아름다운 것 속에서 임신을 하고 자식을 낳게 된다. 우리 인간들은 육체적으로나 정신적으로 임신을 할 수가 있다. 임신과 출산에 있어서는 사랑의 여신이 운명의 여신이며, 운명의 여신이 조산의 여신이다. 우리 인간들은 출산을 통해서 영생을 얻으며, 따라서 인간의 역사와 그 문명의 쳇바퀴

는 결코 멈추어 서지 않는다. 수많은 동물들과 곤충들과 그리고 심지어는 우리 인간들까지도,

성능 좋은 엔진 하나 단 것이다
부릉거리며 몸 속 깊은 곳에서 전해져 오는 떨림.
한때 폐차를 꿈꾸던 시절을 지나
멈추어진 녹슨 생의 시동을 걸어보는 것이다
제 속 스스로 밝히는 깊은 곳에
대책없이 밝아져 오는 등불 하나 내걸어
그 등불이 일으키는 거리를 한 번 걸어 보는 것이다
잠겨진 빗장을 열고
생의 가장 깊은 곳에 침입한 이물질을 자라게 하는
아픔을 감내해 보는 것이다
가슴속 미열처럼 번져오는 고동이
발광하는 필라멘트가 되고
스스로 부신 빛에 두 눈 감아 보는 것이다
둥실 떠오르는 달의 아랫배가 부풀고 꺼지던 세월
햇살 쟁여 넣은 오후의 이슬에
묵은 하초 흠씬 적셔 보는 것이다
— 엄재국, 「마흔 넘어 임신한 여자」 전문

라는, 엄재국의 「마흔 넘어 임신한 여자」처럼, 병적일 정도로 사랑에 집착하고, 그리고 최선을 다하여 그의 자식들을 가르치고 이끌어 주게 된다. 사랑이란 새롭고 젊은 아이들을 생산해 내는 것이며, 우리 인간들은 그 사랑을 통해서 언제나 동일한 사람이 아니라, 부단히 새로워져 가고 있는 것이다. 이처럼 남녀 간의 사랑이 육체적인 생산을 가능하게 한다면, 명예, 즉 위대함에 대한 사랑은 정신적인 생산을 가능

하게 한다. 호머, 헤시오도스, 리쿠르고스, 아킬레스는 그 불후의 명예를 위하여, 어떠한 위험이나 고통도 마다하지 않았던 사람들이며, 그들은 그들의 위대했던 업적을 통하여 오늘도 우리들과 함께 살아가고 있다고 해도 과언이 아니다. 그들은 온갖 지혜와 덕을 갖춘 사람들이며, 이 세상에서 어느 누구도 감히 상상할 수 없었을 만큼의 독창적인 사람들이었다. 요컨대, 그들은 육체보다는 정신적인 생식력을 더 갖춘 사람들이며, 인간이라는 종의 건강과 그 행복을 연출해 냈던 사람들이기도 했던 것이다. 소크라테스는 육체의 아름다움보다는 정신의 아름다움을 더욱더 강조한다. 아름다움은 때로는 아름답고 때로는 추한 것이 아니다. 또한 그것은 어떤 곳에서는 아름답고 다른 곳에서는 추한 것도 아니다. 요컨대 아름다움은 영원한 것이지, 생멸하는 것이 아닌 것이다. 사랑은 그 아름다운 대상에의 사랑이며, 그 사랑을 가능케 하는 것은 에로스이다. 에로스는 지혜를 사랑하는 자이며, 그 지혜를 통하여 아름다운 세계를 창출해 내는 자이다. 아름다운 세계는 지상낙원이며, 그 모든 것이 가능한 세계이다.

그 다음, 소크라테스의 뒤를 이어서, 알키비아데스가 그의 이야기를 이어 나가지만, 알키비아데스는 이미, 취객답게 '에로스에 대한 찬양'이라는 담론의 주제를 벗어나서 횡설수설로 일관하게 된다. 알키비아데스는 소크라테스를 '온 세상을 언변으로 때려 눕히는 사람'이라고 말하고, '어느 누가 소크라테스 앞에서 소크라테스 이외에 찬양을 하면 절대로 가만 놔두지 않는 사람'이라고 말한다. 소크라테스는 그리스의 현자인 실레노스와 양치기의 신인 사튀로스를 닮았고, 때때로 두주불사형의 호인이며, 아름다움이나 부, 또 그밖에 이 세상의 사람들이 대단히 귀중하게 여기는 것에는 조금도 관심을 두지 않고 있는 사람이다. 알키비아데스는 소크라테스라는 대스승에게, 마치 독사와도 같이 그의 심장을 물렸다고 말하고, 소크라테스가 그의 '애자'(소년을 사랑하는 어른)였다고 고백한다.

> 그런데 나는 그보다도 더 아프게 무는 독사에게 물렸어요. 그것도 제일 아픈 곳을 물렸어요. 즉 심장을, 아니 마음을 물렸어요. 명칭은 어떻든 상관 없습니다. 무엇이 물었는고 하니 그의 '애지'하는 말이 문 거예요. 이 놈은 젊고 재질 있는 마음을 한 번 움켜잡는 날이면 독사보다도 더 지독하게 물고 늘어져 그 마음으로 하여금 무엇이든지 행하며 말하는 거예요. 보아 하니 지금 여기에는 파이드로스, 아가톤, 에뤼크시마코스, 파우사니아스, 아리스토데모스, 그리고 아리스토파네스 같은 분들이 있는데—소크라테스는 말할 것도 없고 말이예요—여러분은 모두 철학(愛知)하는 광기와 열정에 참여하고 있어요. 여러분 외에도 얼마나 많은 사람이 그런지 모릅니다.

어느덧 이 세상에서 가장 위대한 철학자, 즉 소크라테스가 에로스의 위치로 격상되고, 알키비아데스와 아가톤을 비롯한 사람들, 즉, 그의 모든 제자들의 '애자'가 되고 있는 것이다. 아가톤도 그의 스승을 애자로서 존경하고, 알키비아데스와 이 대화편을 기술하고 있는 플라톤도 그의 스승을 애자로서 존경한다. 소크라테스는 그 애소년들(제자들)을 사랑하며, 그 삼각관계는 '에로스(동성애)의 향연'으로 밤을 지새우게 된다.

플라톤의 「향연」은 동성연애를 미화하고 정당화시킨 철학적 담론이며, 소크라테스의 앎에의 의지가 꽃 피워낸 결정판이라고 해도 과언이 아니다. 거기에는 에로스의 정체성과 그 기원이 나오며, 사랑과 동성애의 기원과 그 의미도 천착되어 있다. 또한 아름다움의 본질과 그 의미도 천착되어 있고, 그리고 우리 인간들의 영원불멸의 삶과 그 행복도 천착되어 있다. 플라톤의 「향연」은 에로스에 대한 사은가이기도 하지만, 다른 한편, 소크라테스에 대한 사은가이기도 한 것이다. 소크라테스, 혹은 플라톤은 이 「향연」을 쓰기 위해서 얼마나 깊이 있게 배웠던 것이며, 또한 그는 이 세상의 통속적인 사랑과 그 가치관을 향하여 얼마나 날카롭고 예리하게 질문을 했던 것이란 말인가? 에로스는 가장 오래된 신이며 가장 위대한 신이라는 파이드로스의 말도 소크라테스의 '愛知'의 소산이며, 이 세상의 만물의 조화와, 의학은 전적으로 에로스의 지배를 받는다는 에뤼크시마코스의 말도 소크라테스의 '愛知'의 소산이다. 아리스토파네스의 남성우월주의와 동성연애주의도, 아가톤의 가장 젊은 신으로서 노년을 모르는 에로스도 그의 '愛知'의 소산이며, 소크라테스의 육체적인 사랑과 정신적인 사랑도, 그리고 그 아름다움의 역사 철학적인 의미와 영원불멸의 삶도, 궁극적으로는 그의 '愛知'의 소산이다. 깊이 있게 배운다는 것은 이처럼 에로스의 기원과 그 본질, 그리고 그 목적(행복한 삶, 즉 영원불멸의 삶)까지도 천착해 낸다는 것을 말하고, 궁극적으로는 이 세상의 통속적인 사랑과 그 가치관을 가장 날카롭고 예리하게 베어버린다는 것을 뜻한다. 플라톤은 이처럼 동성애를 지상 최대의 사랑으로 승화시키며, 그 에로스의 향연을 펼쳐 보인 것이다. 그것은 그가 그처럼 오랫동안 에로스에 대하여 깊이 있게 공부하고, 그리고 그 날카로운 질문을 통하여 새로운 에로스를 창출해 내게 되었다는 것을 뜻한다.

제2계: 잘 질문한다;

외디프스가 그의 수수께끼를 풀었을 때에도 스핑크스는 자살을 할 수밖에 없었고, 오딧세우스가 그녀의 노래 소리를 들었을 때에도 사이렌은 자살을 할 수밖에 없었다.

우리에게는 영웅적인 용기와 匕首가 필요하다.

모든 진리는 시간과 장소에 의해서 규정되는 잠정적인 진리에 불과하다.

우리 학자님들, 그대들은 왜 노벨상을 타지 못하고, 한국문학 이론을 정립하지 못하는 즐거움만을 만끽하고 계시는지요? 도대체가 아무런 명명의 힘도 없는 그대들이 한국 사회의 파산 상태의 주범들이 아니시던가요?

이미 시사한 바가 있듯이, '愛知'의 첫 번째 조건은 깊이 있게 배우는 것이며, 두 번째 조건은 잘 질문한다는 것이다. 깊이 있게 배운다는 것은 잘 질문한다는 것이며, 잘 질문한다는 것은 깊이 있게 배운다는 것이다. 깊이 있게 배우지 못한 사람은 잘 질문할 줄을 모르며, 잘 질문할 줄을 모르는 사람은 깊이 있게 배우지를 못한다. 임마뉴엘 칸트는 '우리가 알 수 있는 것은 현상이지, 사물 자체는 아니다'라고 말한 바가 있고, 헤겔은 '사물의 본질은 사물 자체 속에 폐쇄되어 있지만 그것은 다양한 현상들로 나타난다'고 말한 바가 있다. 요컨대 임마뉴엘 칸트는 영국의 철학자들의 말을 빌려, 다만, '현상론'을 피력해본 것이고, 헤겔은 칸트의 '현상론'을 정면으로 공격하고, 그 현상론을 넘어서서, 사물의 본질을 탐구할 수 있는 '현상학'—다양한 현상들을 탐구하면서 사물의 본질에 다가갈 수 있는 현상학—을 역설해본 것이다. 잘 질문할 줄 모르는 사람은 우리 한국인들처럼, 타인의 사상과 이론만을 따라가는 노예에 불과하지만, 잘 질문할 줄 아는 사람은 타인의 사상과 이론을 뛰어 넘어서, 헤겔처럼, 마르크스처럼, 자기 자신만의 독창적인 사상과 이론을 정립하게 된다. 깊이 있게 배우고 잘 질문한다는 것은 이처럼 중요하고, 또한 그것은 진정한 '愛知者'의 전제조건이라고 하지 않을 수가 없다. 그 '애지자'는 창조적 천재이며, 그의 지혜에 의하여 과거의 역사와 문화유산이 보존되고, 그리고 한 걸음 더 나아가, 천세불변의 사상의 신전과 고급문화의 새싹이 움트게 된다. 잘 질문한다는 것은 깊이 있게 배운다는 것이며, 어느 누구도 감히 꿈꿀 수 없는 독창적인 사상과 이론으로, 우리 인간들의 지상 최대의 행복론을 연출해낼 수가 있다는 것에 다름이 아닌 것이다.

나는 낙천주의 사상가로서 박노해의 「물음으로 가는 길」이라는 시를 다음과 같이 분석해본 바가 있다.

> 엄니 나는 어느 별에서 보내왔어
> 성아 배꽃이 왜 하얗게 울어

뻐꾸기는 왜 소리만 보인당가
잠든 아부지를 왜 땅에다 심어

세상의 모든 것은 물음이었다
내가 살아 있다는 건 물음이 있다는 거였다
물음이 멈춘 나는 살아도 산 것이 아니었다

어느 날, 내가 맞닥뜨린 세상은
묻는 것이 금지되고
묻는 내가 불온해지고
물음 자체가 죄가 되는 시대였다
멈추지 못한 물음으로 나는 고독해지고
가난한 내 사랑은 핏빛 사랑이었다

나는 물음을 멈추지 않았다
멈출래야 멈출 수가 없었다
괴로운 노동이 내 몸을 짓누를수록
물음은 내 안에서 더 크게 종 울려왔다
해고와 천대와 군화 발에 피 흘리면서
나는 세상을 향해 목숨으로 부르짖었다
(……)

얼음장 밑으로 시간은 차게 흐르고
나는 침묵의 불덩어리를 품고 참혹했다
나는 세상에서 잊히며 죽어 있었지만
목숨 건 물음이 있었기에 살아 있었다
나는 바탕 뿌리부터 하나하나 다시 물었다

저들을 향해, 세상을 향해, 던지는 물음을
묻는 나 자신에게도 돌이켜 물었다
처절한 물음은 나의 투쟁이고 나의 사랑이고
마지막 남은 희망이었다

물어야 길이 나온다
물음이 길을 가르쳐준다
아니 물음이 바로 길이다
사무치는 물음이 곧 사는 길
물음이 끊긴 길은 곧게 빛나도 죽은 길

나에게 죽음은 길이 없는 게 아니고
물음이 그치고 물음이 멈춘 것이다
나에게 두려운 건 답이 틀리는 게 아니고
내 안의 물음이 사라져버리는 것이다
물음이 없는 삶은 살아도 죽은 것
—「물음으로 가는 길」에서

모든 물음은 새로운 것을 추구하는 것이며, 기존의 가치를 부정하는 것이며, 그만큼 불순하고 위험한 것이다. 박노해의 물음에는 어린 왕자처럼, 순진함, 정직함, 천진함, 명랑함, 용기, 지적인 민감성 등이 살아서 숨쉬고 있다. 「해거리」, 「서로 눈을 마주봐요」, 「나 닮은 아이 하나 기르지 못하고」, 「산들바람처럼」의 시와 산문이 그렇지만, 「물음으로 가는 길」은 어린 아이의 동심이 그 무엇보다도 맑고 투명하게 각인되어 있다. "성아 배꽃이 왜 하얗게 울어"라는 동심이 자라서, "물음이 끝난 길은 곧게 빛나도 죽은 길"이라는 경구를 낳고, "잠든 아버지는 왜 땅에다 심어"라는 동심이 자라서 "해고와 천대와 군화발에 피를 흘리고", "내가 살아 있다는 것은 물음이 있다는 거였다/ 물음이 멈춘 나는 살아도 산 것이 아니었다"라는, 시구를 낳게 된다. 그 물음은 상대적 완전성과 상대적 절대성에 맞닿아 있는 방법적 회의이며, 데카르트가 아닌, 하이데거적인 의미에서 새로운 존재의 탄생과 그 성숙을 의미하는 물음이다. 물음이 내면으로 향할 때는 "세상에 물음으로 산다는 내가/ 물음을 물리치는 답안이 되었다"라는 시구에서처럼, 자아의 반성과 성찰로 이어지고, 그 물음이 시인의 바깥으로 향할 때는 "해고와 천대와 군화발"이 암시하듯, 우리 인간들의 삶을 억압하는 사회적 모순의 문제와도 만난다. 그 물음은 우리 인간들의 존엄성과 행복을 위해서 열려 있는 물음이며, 따라서 그의 물음은 회의주의자의 물음도 아니고, 염세주의자의 물음도 아니다. 그러나 우리가 살고 있는 사회는 학연, 지연, 혈연을 통해서 야만적인 사색당파와 패거리를 짓고 사회적 불평등과 빈곤을 구조적으로 재생산해 가는 사회이지, 그 물음을 진지하고 정직하게 수용하고 있는 사회가 아니다. "상징자본, 경제자본, 문화자본, 사회자본"을 통해서 지배 체제의 정당성만을 옹호하고 있는 권력자들과 자본가들과 학자들, 또 그 "오인의 메커니즘"(『부르디외의 사회학 이해』 나남출판사)을 통해서 상징적 폭력과 물리적 폭력을 합리화시켜 주는 여러 제도와 장치들, 자본가와 권력자에 기생하여 그들의 약육강식의 논리를 사상과 이념으로 정교하고 세련되게 무장시켜 주고 있는 학자들—, 바로 그들이 그 물음의 진실을 은폐하고, 그 물음의 주체자들을 전면적으로 관리하고 통제를 해 왔다고 해도 과언이 아니다. 따라서 박노해의 물음은 힘에의 의지를 통해서 앎(진실)에의 의지를 추구하고 있는 물음이며, 그 앎에의 의지를 삶에의 의지(도덕에의 의지, 실천에의 의지)로 승화시켜 나가고 있는 물음이다. 우리 인간들의 삶의 양식과 의식 구조가 하나의 수수께끼이듯이, 그의 물음은 하나의 모범답안을 작성하고자 하는 물음도 아니고, 돈과 명예와 명성만을 추구하는 물음도 아니다. 그 물음은 박노해 시인과 우리 인간들의 존재론적 성숙과 공동체 사회의 행복에 맞닿아 있는 물음인 것이다. 우리 인간들의 의지가 자기 보존 본능에 충실한 힘에의 의지이듯이, 우리 인간들의 물음에는 새로운 인간, 새로운 삶의 추구라는 대전제 아래, 어떠한 불이익, 불명예, 고통, 좌절, 실패, 두려움, 공포 앞에서도 결코 용기를 잃지 않겠다는 신념이 진하게 배어 있다. 박노해의 물음은 동심에서 나오고, 그의 동심은 순진함, 정직함, 천진함, 명랑함, 용기, 지적인 민감성 등에 맞닿아 있다. 박노해의 티없이 밝고 순수한 마음은 그의 용기에서 솟아나오고, 그의 용기는 사회주의의 혁명가로서, 또는 성자의 영웅주의로서 이 세계를 떠받쳐 주는 건강한 초석이 된다. 그의 순진함, 천진함, 명랑함은 어린아이의 표정과 사회주의의 혁명가, 혹은 문화적 영웅의 표정이 겹쳐져 있다. 그렇다. "물어야 길이 나온다", "사무치는 물음이 곧 사는 길"이라던 그의 용기는 「그대 미래를 품었는가」라는 아름다운 산문에서처럼, "긴 호흡으로 재창조하는 삶"을 이룩해낸 영웅들, 즉 예수, 붓다, 간디, 등소평, 만델라, 마르크스로 만개를 하게 된다(반경환, 「박노해 비판」, 『비판, 비판 그리고 또 비판』, 새미출판사를 참고할 것).

박노해의 질문이 내면으로 향할 때는 자아의 반성과 성찰로 이어지고, 그 물음이 시인의 바깥으로 향할 때는 우리 인간들의 삶을 억압하는 사회적인 모순의 문제와도 만나게 된다. 그는 그 질문을 통해서 자기 자신의 존재론적 성숙을 이룩하게 되고, 그리고 한 걸음 더 나아가, 현대사회의 구조적 모순을 해결해 내려는 사회주의의 혁명가, 즉, 문화적 영웅의 길로 걸어가게 된다. 그의 질문은 상대적 완전성과 상대적 절대성에 맞닿아 있는 방법적인 회의이며, 궁극적으로는 새로운 인간의 삶과 그 행복을 연출해 내려는 방법적인 수단이다. 비평이란 질문이 양식화되어 있는 모든 학문의 물질적 토대이며, 나는 언젠가, 어느 때는 '질문의 사회학'을 정립해 보고 싶다는 소망을 간직하면서 살아가고 있다. 진정으로 알지 못해서 그것을 알려고 던지는 질문,

어느 일의 궁극적인 목적을 알고 있으면서도 그 진행 과정을 알아보려는 질문, 상대방의 진심을 알고 있으면서도 다시 한 번 확인의 차원에서 다짐을 해두고자 하는 질문, 궁지에 몰린 동료나 이웃을 도와주고자 하는 유도성 질문, 상대방의 장점을 더욱더 강화시켜 주고자 하는 질문, 어느 누구도 감히 이의를 제기할 수 없을 만큼 그의 최종적인 승리가 확실해 지고 있을 때 그를 단 한 방에 K.O패 시켜버리려는 질문 등—, 요컨대 이러한 질문의 유형들은 얼마나 다종다양하며, 우리 인간들의 삶 속을 파고 들고 있는 것이란 말인가? 이것이 무엇이지요? '질문의 사회학'에 대한 기초 자료조사는 어느 정도 되어가고 있는지요? 이 다음에 장, 차관이 되더라도 우리 아버님의 은혜를 잊어서는 안 돼요? 순찰 중에 떼강도를 잡지 못한 것은 크나큰 실수이지만, 철조망에 걸려 넘어졌기 때문에 어쩔 수가 없는 일이 아니었던가요? 그 분은 주경야독으로 오랫동안 연구한 끝에, 세계에서 최초로, '미적분 방정식'을 정립하지 않았던가요? 아니, 이 보세요, 그분의 미적분 방정식은 라이프니츠의 이론을 하나하나 모조리 표절한 것이 아니었던가요? 이문열이 『우리들의 일그러진 영웅』으로 '이상문학상'을 수상하고 한국문학의 최정상에 올라설 수가 있었지만, 그 작품은 황석영의 「아우를 위하여」를 모조리 표절한 것이 아니던가요? 이 '표절의 공화국'인 대한민국은 세계적인 대석학들이 단 한 사람도 없고, 우리 한국인들의 백만 두뇌는 모조리 무력화되어 있는 것이 아니던가요? 이처럼 잘 질문한다는 것은 모르는 것을 배운다는 뜻도 내포되어 있지만, 기존의 사상과 이론의 존재론적 근거를 통째로 베어버리고 새로운 사상과 이론을 창출해 내겠다는 의지도 내포되어 있는 것이다. 잘 질문한다는 것은 비평의 전제조건이며, 비평은 그 질문이 양식화되어 있는 모든 학문의 물질적인 토대이다. 문학비평, 미술비평, 영화비평, 철학비평, 과학비평, 정신분석비평, 경제비평 등, 그 모든 학문들은 이 비평의 토대에서만이 생성되고 소멸되어갈 수밖에 없는 것이다. 비평이란 이 세상의 사물의 의미와 우리 인간들의 사상과 이론을 평가하는 것이며, 그것은 비평가의 비판철학을 통해서 관철된다. 만일, 비평이 이 세상의 사물의 의미와 우리 인간들의 사상과 이론을 평가하는 것이라면, 비평가는 그 비평의 대상과 그 주체자들에 대한 신비의 베일을 걷어내는 작업을 수행하지 않으면 안 된다. 따라서 비평의 손길은 매우 따뜻할 수도 있지만, 다른 한편, 더없이 날카롭고 싸늘할 수도 있다. 어쨌든 비평이란 사물의 의미와 그 가치—사상과 이론의 의미와 그 가치—를 평가하는 것이며, 비평가는 우리 인간들을 인도하는 진리의 사제인 것이다. 비평가의 비평은 상대방의 약점을 집중적으로 공격함으로써 그것을 보완할 수 있게 해주며, 또한 상대방의 역비판을 야기함으로써 자기 자신의 약점을 보완할 수도 있는 것이고, 그리고 궁극적으로는 서로 간의 생사를 넘어선 싸움을 통해서 '논쟁의 문화'를 활성화시키고, 모든 독자들로 하여금 손에 땀을 쥐고 그 '논쟁의 문화'에 참여할 수 있게끔 해주지 않으면 안 된다. 잘 질문한다는 것, 즉 비평가의 사명이란 이처럼 엄청나고도 중대한 것이다.

만일 그렇다면 플라톤의 「향연」을 어떻게 비판할 수가 있는 것일까? 남녀 간의 사랑은 무엇이며, 그들의 동성애에 대한 찬양은 어떠한 역사 철학적인 의미를 띠고 있는 것인가? 또 그리고 아리스토파네스의 인간의 자연적 상태와 소크라테스의 에로스에 대한 인식은 어떠한 치명적인 오류를 띠고 있는 것일까? 첫 번째 질문은 「향연」의 저자로서의 플라톤의 오류에 맞닿아 있고, 두 번째 질문은 남녀 간의 사랑과 동성애의 오류를 넘어서서, 사랑의 근본적인 의미에 맞닿아 있다. 그리고 마지막으로 세 번째 질문은 반진화론적이며 비과학적인 아리스토파네스의 오류와 소크라테스의 에로스에 대한 인식의 오류에 맞닿아 있는 것이다. 우선 첫 번째로 플라톤의 오류는 동성연애주의자로서 동성애를 지상 최대의 사랑으로 미화하고 정당화시키고 있으면서도, 소크라테스의 더럽고 추악한 사랑—남녀 간의 사랑, 즉 간부들의 사랑—에 대해서는 아무런 이의도 제기하지 않고 있는 것이며, 또한 그의 소크라테스에 대한 신격화는 전혀 터무니가 없는 신화조작에 가깝다고 하지 않을 수가 없는 것이다. 다시 말해서, 아가톤, 파이드로스, 파우사니아스, 아리스토파네스, 에뤽크시마코스, 알키비아데스의 동성애에 대한 예찬과 소크라테스의 남녀 간의 사랑에 대한 예찬은 서로가 서로를 적대시하는 천적의 관계와도 같다고 하지 않을 수가 없는 것이다. 남성과 남성 간의 동성애는 고귀하고 위대한 사랑이며, 남성과 여성과의 사랑은 더럽고 추악한 사랑이다. 따라서 플라톤은 동성애의 관점에서, 남녀 간의 사랑은 더럽고 추악한 간부들의 사랑이라고 비판하고 있으면서도, 소크라테스의 이성적인 사랑에 대해서만큼은 그 비판의 칼날을 거두어 들이고 있는 것이다. 플라톤의 소크라테스에 대한 신격화는 전혀 근거가 없는 것이며, 또한 소크라테스를 '애자'로, 그 이외의 모든 제자들을 '애소년'의 관계로 둔갑시킨 것은 신화조작자로서의 그의 너무나도 파렴치하고 뻔뻔스러운 범죄 행위에 지나지 않는다. 소크라테스는 남녀 간의 사랑의 예찬자이지, 동성애주의자가 아니다. 또한 소크라테스는 「향연」의 주인공들을 더럽고 추악한 변태성욕자라고 꾸짖어야 하는 사람이지, 그들과 '애자'와 '애소년'의 관계로 동성연애를 즐겨야 하는 사람이 아니다. 머리도 플라톤, 꼬리도 플라톤이라는 말도 있다. 따라서 소크라테스는 다만 실제의 인물과는 거리가 먼 플라톤의 이상적인 스승이자 도깨비에 불과했는지도 모른다.

인간의 욕망은 자기보존욕망이며, 그 자기보존욕망은 상승욕망과 성적욕망으로 갈라지게 된다. 상승욕망은 보다 더 완전한 인간, 즉 전지전능한 신이 되려는 욕망이며, 성적욕망은 2세의 생산을 통한 종족보존욕망이다. 상승욕망은 정신적인 사랑—문화적 영웅들의 사랑, 즉 위대함에 대한 사랑—으로 이어지고, 성적욕망은 육체적인 사랑으로 이어진다. 사랑이란, "성숙한 남녀가 상호 간의 이성을 그리워하는 데서 그 최초의 싹이 움트고, 아버지가 되고 어머니가 되려는 생리적인 움직임을 말한다. 따라서 연애는 우리 인간들의 지상 최대의 목적이 되며, 행복한 결혼 생활의 기초가 된다. 아버지가 되고 어머니가 되려는 생리적인 움직임은 매우 자연스러운 움직임이며, 어느 누구도 그것으로부터 자유로울 수가 없다. 흔히들 에로스는 사나운 폭군이며, 악질적인 사건의 사주자라고 말한다(반경환, 「연애에 대하여」, 『행복의 깊이』 3)."

옛 애인이 한밤 전화를 걸어왔습니다
자위를 해본 적 있느냐
나는 가끔 한다고 그랬습니다
누구를 생각하며 하느냐
아무도 생각하지 않는다 그랬습니다
벌 나비를 생각해야만 꽃이 봉오리를 열겠니
되물었지만, 그는 이해하지 못했습니다
얼레지……
남해 금산 잔설이 남아 있던 둔덕에
딴딴한 흙을 뚫고 여린 꽃대 피워내던
얼레지꽃 생각이 났습니다
꽃대에 깃드는 햇살의 감촉
해토머리 습기가 잔뿌리 간질이는
오랜 그리움이 내 젖망울 돋아나게 했습니다
얼레지의 꽃말은 바람난 여인이래
바람이 꽃대를 흔드는 줄 아니?
대궁 속의 격정이 바람을 만들어
봐, 두 다리가 풀잎처럼 눕잖니
쓰러뜨려 눕힐 상대 없이도

얼레지는 얼레지
참숯처럼 뜨거워집니다
— 김선우, 「얼레지」 전문

고백컨대
내 한 번의 절정을 위해
밤새도록
지느러미 휘도록 헤엄쳐 오던
그리하여
온 밤의 어둠이
강물처럼 출렁이며 비릿해질 때까지
마침내 내 몸이
수초처럼 흐느적거릴 때까지

기꺼이

射精을 미루며,
아끼며,
참아주던

그 아름답고도 슬픈 어족

그가 바로 지난 날 내 생에
그토록 찬란한 슬픔을 산란하고 떠나간
내 마지막 추억의 은빛 연어이지요
— 박이화, 「그리운 연어」 전문

김선우의 「얼레지」는 너무나도 대범하다 싶을 정도로 솔직함이 배어 있는 시이며, 시적 화자의 '자위' 행위마저도 아주 자연스러운 일이라는 시적 전언을 담고 있는 시이다. 솔직하다는 것은 전통적인 성윤리에 반한다는 것을 뜻하고, 자연스럽다는 것은 시적 화자의 자위 행위마저도 전혀 부끄러운 일이 아니라는 것을 뜻한다. 옛 애인이 한밤중에 전화를 걸어와 자위를 해본 적이 있느냐고 묻는 일도 당돌하지만, 여성의 입장에서 "나는 가끔씩 한다고 그랬습니다"라고 대답하는 시적 화자의 대답도 당돌하기 짝이 없다. 더욱더 가관인 것은 "누구를 생각하며 하느냐"라는 질문에 "아무도 생각하지 않는다"라는 대답일 수밖에 없는데, 왜냐하면 그 대답 속에는 "벌 나비를 생각해야만 꽃이 봉오리를 열겠니"라는 역질문이 준비되어 있기 때문이다. 모든 성적 욕망은 대상이 정해져 있지 않은 욕망이며, 때가 되면 꽃봉오리가 저절로 열리듯이 시적 화자의 자위 행위마저도 자연스러운 성적 욕망인 셈이다. 따라서 그녀는 그 애인과 전화를 끊고 어느덧 성적 욕망 속의 상상의 날개를 펼쳐 나간다. 그리고 그녀는 "남해 금산 잔설이 남아 있던 둔덕에/ 딴딴한 흙을 뚫고 여린 꽃대 피워내던/ 얼레지꽃"을 떠올려 보고, "꽃대에 깃드는 햇살의 감촉/ 해토머리 습기가 잔뿌리 간질이는/ 오랜 그리움이 내 젖망울을 돋아나게 했습니다"라고 노래를 하게 된다. 그 그리움은 성적 욕망의 소산이며, 몸(대궁) 속의 격정이 바람을 만들어낸다는 시적 전언을 낳게 하고 있다. "얼레지의 꽃말은 바람난 여인"이지만, 그것은 바람이 꽃대를 흔드는 것이 아니라, 몸 속의 격정이 바람을 만들어낸다는 의미의 '바람난 여인'인 것이다. 성적 욕망은 이성과의 접촉이든, 자위 행위이든 간에 어떤 방법으로든지 충족되지 않으면 안 된다. "얼레지는 얼레지", 남해금산 잔설이 남아 있던 둔덕에서마저도 "쓰러뜨려 눕힐 상대 없이도" "참숯처럼" 뜨거워지는 얼레지꽃—. 김선우의 「얼레지」는 성적 욕망으로 피어난 꽃이며, 시적 화자의 자위 행위마저도 아름답게 미화시킨 秀作이라고 하지 않을 수가 없다.

김선우의 「얼레지」가 시적 화자의 자위 행위마저도 아름다운 성적 욕망으로 미화시킨 시라면, 박이화의 「그리운 연어」는 온몸으로, 그녀의 전생애를 다 바쳐서 쓴 한 편의 아름다운 연애시라고 하지 않을 수가 없다. 주지하다시피 모든 연어들은 자기가 태어난 고향으로 돌아와 산란을 하고 그 아름다운 생애를 끝마치게 된다. 연어의 모천회귀는 성적 욕망의 소산이며, 또한 그것은 종족의 명령이기도 한 것이다. 박이화의 「그리운 연어」는 그 연어의 일생을 우리 인간들의 성교 과정과 대비시켜 가면서 아름답고, 황홀하고, 슬프게 노래한 시라고 생각된다. 아름답다는 것은 "고백컨대/ 내 한 번의 절정을 위해/ 밤새도록/ 지느러미 휘도록 헤엄쳐 오던/ 그리하여/ 온 밤의 어둠이/ 강물처럼 출렁이며 비릿해질 때까지/ 마침내 내 몸이/ 수초처럼 흐느적거릴 때까지"라는 시구에서처럼, 그 단 한 번의 절정을 위해 모든 것이 완벽하게 절제되어 있다는 것을 말하고, 황홀하다는 것은 "기꺼이// 射精을 미루며/ 아끼며/ 참아주던// 그 아름답고도 슬픈 어족"처럼, 모든 독자들로 하여금 그 성교의 절정에 올라서게 하고 있다는 것을 말하고, 그리고 마지막으로 슬프다는 것은 "그가 바로 지난 날 내 생에/ 그토록 찬란한 슬픔을 산란하고 떠나간/ 내 마지막 추억의 은빛 연어이지요"라는 시구에서처럼, 그 아름답고 황홀한 생애를 끝마친 연어에 대한 안타까움을 뜻하기도 한다. 슬프다는 것은 안타깝고 서럽다는 것이다. 안타깝고 서럽다는 것은 온몸으로, 그녀의 전생애를 다 바쳐서 한 편의 아름다운 연애시를 쓰고 간 '그리운 연어'에 대한 시적 화자의 참다운 사랑을 뜻한다고도 볼 수가 있는 것이다. 그리움은 박이화의 의식의 투명한 질료이며, 그 의식의 지향성은 성교의 지향성이다. 성적 욕망은 자기보존욕망이기도 하고 종족보존욕망이기도 하다. 보다 더 완전한 인간, 전지전능한 신이 되려는 성적 욕망, 그러니까 성적 욕망은 2세의 생산을 통한 상승 욕망이다. 성적 욕망이 상승 욕망이고, 상승 욕망이 성적 욕망이다. 박이화의 「그리운 연어」는 성적 욕망의 측면에서, 연어의 일생을 노래한 가장 아름다운 시라고 하지 않을 수가 없다. 오늘도 "기꺼이// 射精을 미루며/ 아끼며/ 참아주던" 그이의 사랑의 기교가 그녀의 성감대를 자극하고, 또한 그 반대 방향에서, "그리하여/ 온 밤의 어둠이/ 강물처럼 출렁이며 비릿해질 때까지/ 마침내 내 몸이/ 수초처럼 흐느적거리"는 여인의 성감대가 그대의 성적 욕망을 자극시킨다. '그리운 연어', 즉 시적 주제에 대한 애지적(철학적)인 통찰력과 탁월한 상상력, 사실적인 세부묘사를 하고 있는 듯하면서도 언어와 언어, 그리고 시행과 시행들 사이의 울림의 공간이 더욱더 커보이는 듯한 절제의 미학 등—, 박이화는 이 삼박자—애지적인 통찰력과 탁월한 상상력, 그리고 절제의 미학—를 다 갖춘 한국 연애시의 대가라고 하지 않을 수가 없다.

사랑의 한탄은 종족의 한탄이라는 말도 있다. 따지고 보면 성범죄자는 변태성욕자가 아니고, 종족의 명령에 충실한 에로스의 노예에 불과한 것인지도 모른다. 자연의 세계에서는 모든 연애가 다 허용되어 있고, 변태성욕과 성범죄자는 우리 인간들의 도덕 속에서만이 존재한다. 도덕이란, 문화란, 자연스러운 성의 흐름을 막고, 변태성욕자와 성범죄자들을 대량생산해 내고 있는 체계에 지나지 않는다. 따라서 동성애는 더럽고 추한 사랑이며, 종족의 의지에 반하는 반생물학적인 사랑이다. 요건대 인류의 역사상, 언제, 어느 때 동성애가 지상 최대의 사랑으로 승화된 적이 있었으며, 또한 인류의 역사상 언제, 어느 때, 남녀 간의 사랑이 아닌 동성애가 그 생산적인 능력을 자랑한 적이 있었단 말인가? 플라톤의 「향연」의 동성애는 고대 그리스 사회 속의 상류계급 인사들의 변태적인 사랑에 불과하며, 좀 더 나쁘게 말한다면, 상류계급 인사들이 '애자'와 '애소년'의 관계를 통하여 그 지배계급의 구조를 재생산해 내는 사악한 관계에 지나지 않는다. 돈과 명예와 권력을 다 가진 어른들은 그 美소년과의 사랑을 통하여 그 소년의 미래의 인도자가 되어주고, 또 그 美소년은 미래의 '애자'가 되어서 또다른 소년의 미래의 인도자가 되어준다. 나의 이와도 같은 사랑의 의미에 대한 천착은 이미, 앞에서, 제기한 두 번째 질문에 대한 답변이 될 것이다.

그리고 마지막으로 세 번째 질문인 아리스토파네스의 반진화론적이며 비과학적인 오류의 문제와 소크라테스의 에로스에 대한 오류의 문제는 다음과 같이 그 대답을 마련해볼 수도 있을 것이다. 아리스토파네스는 남성과 여성, 그리고 남녀성이 인간의 자연적인 상태라고 말한 바가 있었고, 또한 그는 그 성들이 쪼개져서 남성과 여성으로 양분되었다고 말한 바가 있었다. 하지만 남성에서 쪼개져 나온 사람들은 고귀하고 위대한 사랑의 주인공으로 나타나고, 여성에서 쪼개져 나온 사람들은 동성연애의 주인공으로, 남녀성에서 쪼개져 나온 사람들은 간부들의 사랑의 주인공으로 나타난다는 것은 어디까지나 그의 상상속의 가설에 불과한 것이지, 그것이 진정으로 진화론의 핵심을 꿰뚫고 있는 것은 아니다. 아리스토파네스의 인간의 기원과 그 역사적인 진화에 대한 설명은 신화 창조적인 것이며, 그의 동성애에 대한 편향이 조작해낸 궤변에 가깝다고 하지 않을 수가 없다. 소크라테스는 에로스가 신도 아니고 인간도 아닌, 다이몬이라고 역설한 바가 있다. 다이몬이란 신과 인간 사이의 의사전달자이며, 반신半神적인 존재이다. 에로스는 아름답지도 않고 추하지 않다. 또한 그는 지혜롭지도 않고, 가난하지도 않다. 따라서 아가톤이 '에로스는 가장 아름답고 가장 훌륭하며, 가장 행복한 신'이라고 말하자, 소크라테스는 그와는 정반대 방향에서, 에로스는 그 모든 것을 결여하고 있는 다이몬이라고 역습을 가하게 된다. 왜냐하면 욕망은 결여의 소산이며, 에로스가 그것을 추구하고 있는 것은 어디까지나 그것을 결여하고 있기 때문이라는 것이다. 욕망은 결여의 소산이며, 그 욕망이 충족되면 그것은 자연스럽게 해소될 수밖에 없다.

그러나 이 소크라테스의 '욕망론'은 에로스의 존재를 깎아내리고 있는 것이기는 하지만, 또한 그만큼 치명적인 오류를 내포하고 있다고 하지 않을 수가 없다. 첫 번째는 사랑의 신인 에로스를 반신으로 깎아내린 것이고, 두 번째는 욕망이 충족되면 그 욕망의 대상들을 더 이상 추구하지 않는다는 망발이다. 에로스가 우리 인간들의 지상 최대의 목적인 사랑을 주재하려면, 그는 반드시 아름답고 지혜로우며, 또한 그만큼 훌륭하고 행복한 신일 필요가 있는 것이다. 어떻게 아름답지 않은 에로스가 사랑을 주재하고 그 모든 것을 주재할 수가 있단 말인가? 소크라테스의 에로스에 대한 인식은 그가 에로스를 신이라고 인정하기를 거부하는 마음에 기초하고 있는 것이며, 자기 자신을 에로스와 동일한 위치로 격상시키려는 권력욕망에 기초하고 있는 것에 지나지 않는다. 그리고 또, 욕망이 충족되면 그 욕망의 대상들을 더 이상 추구하지 않는다는 말이 왜 망발인가 하면, 소크라테스의 욕망론에는 그의 단선적인 오류가 내포되어 있기 때문이다. 욕망은 결여의 소산일 수도 있지만, 그 욕망은 충족의 소산일 수도 있다. 욕망이 결여의 소산일 때에도 우리는 그 대상을 원하지만, 욕망이 충족되었을 때에도 우리는 그 대상을 원하게 된다. 아내, 남편, 연인, 자식, 영지, 저택, 보석들은 이미 가지고 있을 수도 있지만, 바로 그렇기 때문에 더욱더 소중하고 영원히 사랑을 하게 되는 것일 수도 있다. 오늘도 우리 인간들은 아름다운 아내와 남편과 자식과 연인들을 더욱더 사랑하면서 살아가고 있고, 또한 그가 가지고 있는 모든 것들을 더욱더 사랑하면서 살아가고 있는 것이다. 아름다운 남성도 아름다운 여성을 사랑하고, 아름다운 여성도 아름다운 남성을 사랑한다. 또한 아름다운 여성을 얻은 남성도 아름다운 그 여성만을 더욱더 사랑하고, 아름다운 남성을 얻은 여성도 아름다운 그 남성만을 더욱더 사랑한다. 예컨대, 우리 인간들의 '부부애'를 가장 아름답고 멋지게 노래한 정가일의 「부부」가 바로 그것을 말해 주고 있는 것인지도 모른다. 온몸으로 비를 맞고 있는 그를 위하여 온몸으로 비를 맞고 서 있는 그녀, 온몸으로 비를 맞고 서 있는 그녀를 위하여 온몸으로 비를 맞고 서 있는 그—. 그들은 그렇게 그 '충족된 욕망'을 더욱더 사랑하며, 영원불멸의 상징인 '은사시나무'가 되어가고 있는 것인지도 모른다.

> 은사시나무가
> 온몸으로 비를 맞고 서 있다.
> 그 옆에 나도
> 온몸으로 비를 맞고 섰다.
> 그렇게 우리는
> 은사시나무가 되었다.
> — 정가일, 「부부」 전문

다시 말해서, 욕망은 결여의 소산일 수도 있지만, 그 욕망은 충족의 소산일 수도 있다. 이것이 나의 '욕망론'이며, 소크라테스는 어디까지나 추악하고 지혜롭지도 않은 괴물일 뿐인 것이다. 플라톤의 「향연」은 에로스가 아닌 소크라테스와의 향연에 지나지 않고 있는 것이지만, 그러나 어쨌든, 에로스는 아름답고 지혜롭고, 또한 그만큼 훌륭하고 행복한 신이라고 해도 과언이 아니다. 요컨대, 에로스(큐피드)와 프시케의 사랑은 우리 인간들의 이상적인 모델이며, 우리들은 모두가 에로스의 화살을 맞은 자들로서 이 아름답고 풍요로운 삶을, 또한 그만큼 즐겁고 기쁘게 살아가고 있는 것인지도 모른다.

> 프시케가 그녀의 심부름을 서두르는 동안 큐피드(에로스)는 올림프스로 날아갔다. 그는 비너스(아프로티테)가 더 이상 그들에게 시련을 주지 않기를 원했다. 그래서 그는 곧장 유피테르(제우스)에게 찾아갔다. 신과 인간의 아버지 유피테르는 큐피드가 요구하는 것들을 모두 들어 주었다.

"네가 지난 날 나에게 짓궂은 장난을 쳤고, 나를 황소나 백조와 같은 것들로 변신시켜서 나의 고귀한 이름과 품위를 손상시켰다. 그러나 나는 네 청을 거절하지 않겠다."

그리고 그는 비너스를 포함하여 모든 신들을 소집하여 큐피드와 프시케는 정식으로 결혼했다는 것을 알렸으며, 신부에게 불멸의 생명을 부여하겠다고 약속했다. 머큐리(헤르메스)가 프시케를 신들의 궁전으로 데리고 갔다. 그리고 유피테르는 그녀를 불멸의 신으로 만들기 위해 몸소 암브로시아를 그녀에게 주었다.

— 에디스 헤밀턴, 『그리스 로마신화』, 을지출판사, 1985년

나는 일찍이 비평의 기능을 정화기능과 강화기능, 그리고 성화기능으로 설명을 한 바가 있다. 정화기능은 그 주체자의 더럽고 추한 때를 맑고 깨끗하게 씻어주는 기능이며, 강화기능은 그 더럽고 추한 때를 씻고 새로운 장점을 구축해 주는 기능이며, 그리고 마지막으로 성화기능은 그 장점이 극대화된 결과, 언제, 어느 때나 최종적인 승리를 거두고 궁극적으로는 문화적 영웅(부처, 예수, 대서사시인 등)으로 수직 상승시켜주는 기능이라고 할 수가 있다. 가령, 예컨대, 나의 플라톤 비판은 플라톤의 약점을 씻어주는 정화기능이며, 그리고 만일, 플라톤이 그 약점들을 극복하게 된다면, 그를 더욱더 강하고 튼튼하게 단련시켜주는 강화기능이 될 것이다. 따라서 플라톤은 더욱더 호전적이고 전투적인 비판의 정신으로 그 모든 논쟁의 무대에서 언제나 최종적인 승리를 거두게 될 것이고, 우리는 그 사상의 신전을 우러러보면서, 언제, 어느 때나 시를 짓고 노래를 부르며, 찬양과 찬송을 하게 될 것이다. 아아, 플라톤이여, 소크라테스여! 이제는 수천 년의 역사와 그 시간의 무게를 떨쳐버리고, 그대들의 무덤 속에서 뛰쳐나와, 그 모든 것을 낙천적으로만 생각하고 있는 이 반경환이를 단칼에 베어버리고, 또 베어버려 보려므나! 그러면, 나는 그때마다 더욱더 호전적이

고 전투적인 정신으로 무장을 하고, 나의 낙천주의 사상의 칼날을 더욱더 날카롭고 예리하게 그대들의 심장에다가 들이대게 될 것이다. 논쟁은 만물의 아버지이며, 우리 인간들은 오늘도 그 논쟁의 핏줄로 살아가고 있다. 아아, 반경환이여, 비판을 받고 또 비판을 받아 보아라! 그러면 그대가 얼마나 더럽고 추악하게 타락했는가를 알 수가 있을 것이다. 아아, 반경환이여, 비판을 하고 또 비판을 해보아라! 그러면 그대는 더욱더 낙천주의 사상의 주인공이 되어갈 수가 있을 것이다.

모든 문화가 힘에 의해서 구축되고 그 힘에 의해서 성장해 나가듯이, 비평 역시도 힘에 의해서 구축되고 그 힘에 의해서 성장해 나간다. 실증주의 비평, 현실주의 비평, 정신분석 비평, 구조주의 비평, 탈구조주의 비평, 현상학적 비평, 그리고 나의 낙천주의 비평 등이 바로 그것이다. 하지만 비평이란 모든 분야에서 그 힘을 기르는 수단으로 작용을 하며, 어떠한 총과 칼과 화약 냄새도 없이 힘과 힘이 맞부딪치는 처절한 생존경쟁의 장이 된다. 정치, 경제, 문화, 예술, 역사, 스포츠, 오락, 심지어는 연애까지도 그 비평의 장을 통하지 않고는 결코 성장해 나갈 수가 없다. 비평만이 위대하고 비평만이 고급문화의 최종적인 심급인 것이다. 신생아의 첫 울음 소리는 그 비평의 장에 내던져진 것에 대한 두려움의 산물일는지도 모른다. 아아, 우리 학자들이여, 어서 빨리 그대의 날카롭고 예리한 '비판의 칼날'(질문의 칼날)을 들고 비평의 장에 나서 보아라! 바로 그러면, 그때에는, 그대는 소크라테스처럼, 플라톤처럼, 가장 위대하고 가장 훌륭한 철학자가 될 수도 있을 것이다. 깊이 있게 배우고 잘 질문한다는 것은 상대방을 막다른 골목으로 몰아 넣는다는 것이며, 자기 자신만이 최종적인 승리자가 되겠다는 것이다.

우리는 약하기 때문에 힘을 원하고 빈 손으로 태어났기 때문에 도움을 필요로 하고, 또 그리고 어리석기 때문에 판단력을 필요로 한다고 루소는 말한다. 우리 인간들의 최대의 약점은 힘(지식)이 결여되어 있다는 것이며, 그 힘 때문에 자유롭고 선량하지 못하다는 것이다. 힘을 가진 자는 신처럼 자유롭고 선량할 수 있지만, 힘이 없는 자는 예속되어 있고 사악하다라고, 루소는 또 말한다. 따라서 힘이 없으니까 신을 창조해 놓고 그 예배의 형식으로 종교를 안출해낸 것이며, 그 종교의 교리에 우리 인간들을 묶어두고 있는 것이다. 그러나, 그러나 그 종교의 마력을 벗어나는 힘은 이 비평의 힘에서 나온다. 그대 신이여, 그 허깨비의 환영을 벗어던지고, 이 세상에서 사라져가 버려라! 바로, 이 내가, 너를 비판하는 내가 신이란 말이다. 나는 이미 신성모독자의 존재론과 그 행복론을 역설한 바가 있다. "나는 신성모독을 범한다, 고로 존재한다"와 "세계는 나의 범죄의 표상이다, 고로 행복하다"라는 제일급의 명제가 바로 그것이다.

내 골族의 선조에게서 나는 푸르고 흰 눈과 좁은 두개골과 싸움에 서투른 것을 물려 받았다. 나는 내 옷이 그들의 것처럼 야비하다는 것을 알고 있다. 단지 나는 내 머리털에 버터를 바르지 않는다.

골族은 그 당대에 가장 재간 없이, 짐승 가죽을 벗기는 자들이었고 풀을 태우는 자들이었다.

나는 그들에게서 또한 우상숭배와 瀆神에 대한 사랑을 얻었다. 오 모든 악덕, 화, 음란함—멋있도다. 음란함이여—특히 거짓과 나태를 얻었다.

나는 모든 직업을 무서워한다. 선생과 노동자는 모두 상스러운 농부들이다. 펜을 쥔 손은 쟁기를 쥔 손이나 마찬가지이다—손, 손을 위한 세기—난 결코 내 손을 갖지 않으리라. 후에는 비굴함이 지나치게 심해진다. 거지의 정직성은 나를 화나게 한다. 죄인들은 환관처럼 기분 나쁘다. 나, 나는 완전하다. 하지만 그건 아무래도 좋다.

하지만! 누가 내 혀를 이렇듯 불충하게 만들어 지금까지 내 나태를 이끌어 오고 보호해 오게 하였는가? 살기 위해 내 몸은 움직이지도 않고, 두꺼비보다도 더 게으른 채, 나는 도처에서 살았다. 내가 모르는 구라파의 가족이란 없다.—나는 인권선언에 모든 걸 빚지고 있는 가족들의 소리를 내 가족 소리 처럼 듣는다—나는 良家 집의 아들도 다 알고 있다.

— 랭보, 「나쁜 血統」(『지옥에서 보낸 한 철』)에서

니체도 신성모독자이었고, 랭보도 신성모독자이었다. 부처도, 예수도, 마르크스도 신성모독자이었고, 데카르트도, 갈릴레오도, 아인시타인도 신성모독자이었다. 이 세상에서 가장 위대한 대사상가와 대서사시인들은 그 신성모독적인 삶 속에다가 자기 자신들의 행복한 삶이라는 둥지—랭보식으로 말한다면 '지옥'이라는 둥지—를 틀었던 것이다.

우리 시대의 문학 제대로 가고 있는가? 아니, 천만의 말씀이다. 우리 한국문학, 즉 우리 한국의 학문은 깊이 있게 사유하는 법도 배우지 못했고, 가장 날카롭고 예리하게 질문하는 법도 배우지를 못했다. 그 결과, 나 이외에는 어느 누구도 독창적인 사상과 이론을 정립하지 못했고, 만성적인 부정부패와 사색당파의 늪에서 헤어 나오지도 못한 채, 태평양과 베트남과 이라크의 전쟁터로, 수많은 이민족들의 총알받이 용으로 끌려다니고 있는 것이다. 우리 한국문학이 문화선진국의 수준으로 올라서려면, 첫 번째로 '제3세계의 문화적 풍토병'과 '비평의 만장일치제도'를 짓밟아 버리고, 또 그것을 극복해 내지 않으면 안 된다. 제3세계의 문화적 풍토병은 타인의 사상과 이론에 종속된 것을 말하고, 비평의 만장일치제도는 비평하기보다는 기꺼이 찬양하는 제도를 말한다. 김현, 유종호, 백낙청, 김윤식, 정과리, 이문열, 황석영, 신경숙, 윤대녕, 이인화, 장정일 등, 이 땅의 제일급의 인사들은 모두가 한결같이 글도둑질의 대가들이고, 그 결과, 대학교수 임용의 전제조건은 얼마나 뛰어난 논문을 썼느냐에 달려 있지 않고, 그 학교의 보스들에게 얼마나 더욱더 충성을 맹세하느냐에 달려 있다고 해도 과언이 아니다. 따라서, 글도둑질의 대가들에 대한 비판은 없고, 오히려, 거꾸

로, 비평하기보다는 기꺼이 찬양하는 비평의 만장일치제도가 번성을 하고 있는 실정이기도 한 것이다. 깊이 있게 배우는 것과 잘 질문한다는 것을 알지도 못하는 우리 한국인들, 서울대학교를 가기 위한 입시전쟁만이 있지, 학문의 꽃인 철학을 가르치지 않고 있는 우리 한국인들, 첫째도 표절, 둘째도 표절, 셋째도 표절, 오직 그렇게 표절만을 일삼으면서 국제경쟁력을 하나도 갖추지 못한 서울대학교의 우리 학자들, 이문열의 표절 행위가 얼마나 파렴치하고 뻔뻔스러운 범죄행위라는 것을 알지도 못한 채, 또 그것을 초등학교교과서에 싣고 너무나도 일찍부터 독창적인 천재의 새싹들을 모조리 거세시키고 있는 우리 한국인들, 개성, 독창성, 창조적 천재가 무엇인지도 모르면서, 수많은 이민족들에게 개와 돼지만도 못한 짐승의 취급을 받고 있는 우리 한국인들—. 우리 한국인들은 철두철미하게 앎의 투쟁에서 패배를 한 민족이며, 망국적인 문화적 쇄국주의에 목숨을 걸고 있는 판단력의 어릿광대들이라고 하지 않을 수가 없다. 우리 시대의 문학 제대로 가고 있는가? 아니, 천만의 말씀이다. 우리 한국문학은 좀 더 깊이 있게 배우고 잘 질문하는 법부터 배우지 않으면 안 된다.

인류의 역사에 있어서 문화적 쇄국주의처럼 더럽고 추한 것은 없다. 문화적 쇄국주의란 앎의 투쟁에서 패배한 자들이 자기 자신들의 사소한 이익을 지키기 위한 마지막 몸부림이기는 하지만, 그러나 그 문화적 쇄국주의가 성공한 예는 단 한 번도 없다. 호랑이나 사자 등, 고양이과의 맹수들은 그들의 앞길을 가로막고 섰는 적들에게는 종종 등을 돌리지만, 그들을 피해 달아나는 적들은 결코 용서를 한 적이 없다. 만일 그렇다면 우리 인간들은 왜 '앎'의 투쟁을 벌여야만 되는 것일까? 그것은 지식 자체가 곧바로 돈과 명예와 권력이 되고 있기 때문이다. 유태인이 이 세계를 지배하고, 서양의 문명이 동양의 문명을 압도하게된 것은 그 무엇보다도 그들의 지식이 가장 아름답고 찬란했기 때문이다. 그러나 우리 대한민국의 문화적 쇄국주의는 이 세상에서 가장 아름답고 찬란할 뿐이다. 오직, 자원빈국으로서 우리 한국인들의 백만 두뇌의 양성이 가장 최우선적인 과제이건만, 어느 누구도 그 과제를 짊어지고 이끌어나갈 만한 실력이 없는 것이다. 대한민국은 이상야릇한 '교육평준화정책'에 사로잡혀 있는 나라이며, 대한민국이라는 국호마저도 포기해야될 민족국가에 지나지 않는다.

'문화적 쇄국주의냐/ 개혁과 개방이냐?' 더 이상 이 따위 명제는 그 유효성을 잃어버린지 오래이며, 세계는 지금 이 순간에도 빛보다 더 빠른 속도로 교육혁명을 진행 중이다. 중국, 홍콩, 일본, 싱가포르의 주요 대학들이 서구의 명문대학과 짝을 짓고 교수와 학생들의 교류는 물론, 석 박사 과정을 공동개설하고, 중국, 대만, 일본, 호주, 뉴질랜드, 체코, 멕시코, 스위스, 터키, 영국, 독일, 프랑스 등은 초, 중, 고등학교와 대학의 시장까지 활짝 문을 열어놓고 있다. 몽고와 대한민국만이 FTA의 미개방 국가이듯이, 우리 대한민국은 교육시장의 전면적인 개방이 대세를 이루고 있는데도, 그 거대한 교육혁명의 물결을 외면하고 있는 실정이다. 이제 국제경쟁력을 갖추지 못한 학자는 시대착오적인 인물이며 더 이상 그 설 땅이 없는 자에 지나지 않는다.

중국이 2001년 세계무역기구에 가입을 하면서 초 중 고등학교는 물론, 대학까지 모든 교육시장을 개방하고, 싱가포르가 싱가포르를 국제교육중심지로 만들겠다는 목표 아래, 서양의 명문대학교의 분교들을 유치했듯이, 우리 대한민국도 하루바삐 교육시장개방을 서두르지 않으면 안 된다. 당분간은 어렵고 힘들겠지만, 적어도 4—50년 간의 그 험난한 파고를 헤쳐나갈 수만 있다면, 이 세상에서 가장 뛰어나고 총명한 두뇌를 지닌 우리 한국인들이 한국의 마르크스, 한국의 호머, 한국의 뉴턴, 한국의 아인시타인, 한국의 빌 케이츠로 성장하게 될 것이다. 바로 그때에는 우리 한국의 대학교들이 하버드대학교나 옥스퍼드대학교, 그리고 파리고등사범학교와 베를린대학교보다도 더 훌륭한 대학교가 될 수도 있을 것이다. '당신도, 당신도, 세계적인 석학이 될 수가 있습니다. 호랑이에게 물려가도 정신만 차리면 살 수가 있듯이, 무엇이 그토록 두렵고 무서운 것입니까? 우리 『愛知』는 교육시장개방을 강

력하게 주장합니다.'

엉덩이에 뿔난 소는 도축을 하고 불량제품은 소각해 버리면 그만이지만, 엉덩이에 뿔난 인간 망나니는 그가 그 수명을 다할 때까지 이럴 수도 없고, 저럴 수도 없다. 올바른 교육을 받으면 세계적인 석학이 되지만, 그릇된 교육을 받으면 그는 엉덩이에 뿔난 인간 망나니가 될 수밖에 없다. '愛知의 기획특집: 논쟁문화의 장'은 그 열다섯 번째로 반경환의 「이문열의 우리들의 일그러진 영웅을 고발한다」를 내보낸다. 이문열의 『우리들의 일그러진 영웅』은 '이상문학상'을 수상한 작품이기도 하고, TV와 연극과 영화의 텍스트가 된 작품이기도 하다. 또 그 작품은 일본, 스페인, 콜롬비아, 이탈리아 등의 언어로 번역된 것은 물론, 베스트셀러가 된 작품이기도 하고, 초등학교 5학년 교과서에 나오는 작품이기도 하다. 하지만 이문열의 『우리들의 일그러진 영웅』은 너무나도 뻔뻔스럽고 파렴치한 표절작품에 불과하다. 반경환의 「이문열의 우리들의 일그러진 영웅을 고발한다」라는 글과 함께, 그 증거자료인 황석영의 「아우를 위하여」와 이문열의 『우리들의 일그러진 영웅』을 천천히 읽어보고 검토해 보기를 바란다. 이문열은 역사와 민족 앞에 이 글을 읽는 즉시 사죄하고, 그의 대부분의 재산을 사회에 환원하고, 이제는 한국문단에서 은퇴를 해야만 한다. 이제 모든 대학생들과 시민단체와 민족문학작가회의를 비롯한 지식인들은 이러한 한국문단의 국제적 망신을 전화위복의 계기로 삼기 위해서라도, '이문열의 은퇴와 절필 선언'을 유도해야만 하고, '글도둑질 추방운동 본부'를 상설하고 하루바삐 표절의 문제를 근절시켜 나가지 않으면 안 된다."

— 반경환, 「애지를 펴내면서」(『애지』, 2004년 봄호)에서

우리 한국인들이 지난 100여년 동안 가장 많이 사용한 말들은 '대한독립만세'와 '남북통일'과 '군사독재정권타도'일 것이다. 일제 식민시대에는 이 세상에서 가장 뻔뻔스럽고 잔인무도한 일제로부터 대한민국의 독립이 가장 소망스러웠던 것이며, 일제가 물러간 후, 남북이 분단된 시대에는 하루바삐 남북통일을 이룩하고 완전한 민족국가를 건

설하는 것이었고, 그리고 박정희와 전두환과 노태우 등으로 이어졌던 군사독재시절에는 그 무엇보다도 하루바삐 군사독재정권을 종식시키고, 모든 국민들이 주인이 되는 민주주의 사회를 건설하는 것이 그 소망이었던 것이다. '대한독립만세'와 '남북통일'과 '군사독재정권타도'는 그처럼 오랫동안 우리 한국인들에게 젖과 꿀처럼 들려왔던 것이고, 우리 한국인들을 지상낙원으로 인도해 주는 구원의 말씀이기도 했던 것이다. 그러나 우리 한국인들은 철두철미하게 앎이 육화되지 않았기 때문에, 그처럼 소중하고 간절했던 소망들을 추구할 수 있는 방법을 찾지 못했고, 더 더군다나 이 세상에서 지상낙원을 건설할 수 있는 어떠한 꿈조차도 꾸지를 못했다. 대한민국은 아직도 국가의 이념과 목표도 없이 망망대해를 표류하고 있고, 더 이상 군사독재정권을 허용하지 않는 세계화의 흐름을 타고 겨우 형식적인 민주주의를 이룩했지만, 우리 한국인들의 민주주의는 문화적 무질서의 그것에 지나지 않는다. 오늘날 독일은 제2차 세계대전의 전범국가로서 그 패전의 상처를 딛고 동 서독의 통일을 이룩했지만, 우리 대한민국의 남북통일의 과업은 아직도 여전히 요원한 형극의 가시밭길일 뿐인 것이다. 이 모든 것이 깊이 있게 배우고 잘 질문하지 못했기 때문이다. 우리 한국인들은 삼천리 금수강산을 쓰레기 공화국으로 만들고 이 세상에서 가장 더럽고 추한 부정부패의 공화국으로 연출해 내기 위해서 그처럼 오랫동안 '대한독립만세'를 외쳐 왔던 것이고, 또한 우리 한국인들은 자기 자신이 속한 집단과 사적인 이익을 위하여 대한민국의 헌법과 국법을 무시하고 그처럼 오랫동안 '군사독재정권'의 타도를 외쳐왔단 말인가? 또, 그리고, 대한민국의 국가의 이념과 목표도 없이, 또는 통일의 비용과 주변의 4대 강국을 설득시킬 힘도 없이, 주먹구구식의 당위성만을 내세우며 그처럼 남북통일을 외쳐대고 있단 말인가?

우리 한국인들은 아직도 다 자라지 못한 어린아이이며, 겉만 멀쩡하고 속이 텅빈 철부지들에 지나지 않는다. 만일 그렇다면 대한민국이

문화선진국이 되기 위하여 가장 화급한 일은 무엇이란 말인가? 첫 번째는 도덕과 법률의 준수와 모든 부정부패의 추방이며, 두 번째는 우리 한국인들의 민족영웅을 배출해 내는 일일 것이다. 대한민국의 도덕과 법률을 창출해 내고 그것을 전세계에 보급시킬 수가 있다면 우리 대한민국은 세계에서 가장 강력하고 위대한 국가가 될 것이며, 우리 한국인들의 민족영웅이 부처와 예수와 알렉산더와 나폴레옹과 마르크스와 니체와 프로이트와도 견줄 수가 있다면 우리 대한민국은 자원빈국이든, 자원부국이든 간에, 이 세상에서 가장 강력하고 위대한 국가가 될 것이다. 하지만 대한민국은 어떠한 사상과 이념도 없이, 무목표, 무의지, 무책임의 망망대해로 표류하고 있으며, 저마다, 모두가 다같이 선장인 그 문화적 무질서 속에서, 국력과 민심만을 소모시키면서, 또다시 IMF라는 외환위기를 향해서 가장 빠르고 힘차게 진군하고 있는 것처럼도 보인다.

대한독립만세만을 외쳐댔지, 어떻게 이상적인 국가를 건설하고 국력과 민심을 결집시킬 것인가를 묻지 않았던 우리 한국인들, 군사독재정권의 타도와 민주주의만을 외쳐댔지, 민주시민으로서의 도덕과 법률의 준수와 그 시민적 책무를 묻지 않았던 우리 한국인들, 그토록 오랫동안 남북통일만을 외쳐댔지, 남북통일을 이룩한 다음, 어떻게 대한제국을 건설하고 이 세계를 지배(경영)해 나갈 것인가를 묻지 않고 있는 우리 한국인들—. 우리 한국인들은 철두철미하게 사상적으로 거세된 불임의 동물들이며, 따라서 우리 나라의 대통령에게, 국회의원에게, 장관에게, 그리고 우리 학자들에게 어떻게 하면 기초생활질서를 확립하고, 우리 한국인들의 백만 두뇌를 양성할 것인가를 묻는다면, 그는 그 자리에서 동방예의지국의 예법으로 영구추방을 당하게 될 것이다. 공자는 "배우고 생각하지 않으면 오묘한 진리를 이해할 수 없으며, 생각하고 배우지 않으면 위태한 사상에 빠지기 쉽다(學而不思則罔, 思而不學則殆.)"라고 말한 바가 있고, 또한 맹자는 "천하의 광거廣居에 서고 천하의 정위正位에 서며 천하의 대도大道를 행한다. 뜻을 얻으면 백성과 더불어 그것을 실천하고 뜻을 얻지 못하면 홀로 그것을 실천한다. 부귀도 음淫할 수 없고 가난도 뜻을 전향하게 할 수 없으며 위무威武도 굴屈케 하지 못한다"라고 말한 바가 있다. 그토록 동방예의지국의 예법으로 유교사상만을 외쳐왔으면서도 공자와 맹자의 사상을 제대로 이해하지 못하고 있는 우리 한국인들, 대한독립만세와 군사독재정권의 타도와 남북통일을 그토록 오랫동안 외쳐왔으면서도, 그러나 그것이 독자적인 사상과 독자적인 명명의 힘을 기르지 못한다면 결코 이루어질 수가 없다는 사실을 여태까지도 깨닫지 못하고 있는 우리 한국인들—.

앎(말)의 다리가 길면 행동의 다리가 짧고, 행동의 다리가 길면 앎의 다리가 짧다. 우리 한국인들에게 그토록 간절했던 대한독립만세도 온데간데가 없고, 또 그리고, 남북통일도, 만인평등의 민주주의도 온데간데가 없다. 눈도, 코도, 입도 없고, 목적지도, 나침판도, 지도도 없다.

우리 한국인들에게 가장 소중한 것은 무엇인가?

'愛知', 즉 지혜사랑이다.

자기가 살고 싶은 곳, 즉 이상세계로 날아갈 수 없는 새가 파멸하듯이, 자기 자신의 지혜의 날개를 달고 자유롭게 날아갈 수 없는 지식인은 파멸하기가 십상이다.

우리 한국인들에게 가장 부족한 것은 자기 자신의 철학이 없다는 것이다. 사상이 없기 때문에 깊이 있게 사유하지 못하고, 깊이 있게 사유하지 못하기 때문에 사소한 개인의 이익을 위하여 대한민국의 전체의 이익을 훼손하게 된다. 따라서 기초생활질서의 무시와 온갖 부정부패의 연출은 이 판단력의 어릿광대들의 걸작품일 뿐인 것이다.

이 모든 것이 깊이 있게 배우고 잘 질문하지 못한 죄인 것이다.

오오 小韓民國, 小韓民國이여!

오오 醜韓民國, 醜韓民國이여!

제2장 사색인의 十戒命

— 제3계: 신의 권위도 인정하지 말라

— 제4계: 사상의 신전을 짓고 모든 사람들을 초대하라

나는 종교는 '최고급의 지혜의 저장소'라고 말해 왔는데, 왜냐하면 종교에는 어느 특정한 개인이 아닌 수많은 사람들의 지혜가 담겨 있기 때문이다. 최초에는 종교창시자의 지혜가 절대적이었겠지만, 그 이후에는 그의 제자들이 더욱더 그 종교의 사상들을 가다듬고 완성시키게 된다. 더없이 가난하고 선량했지만, 매우 어렵고 힘들게 살아가고 있는 민중들의 삶을 발견하고 그 민중들을 구원할 수 있는 진리(사상)를 발견해 냈던 부처, 유태교도들의 무자비한 탄압과 억압에 시달리고 있는 민중들의 삶을 발견하고 그 민중들을 구원할 수 있는 진리를 발견해 냈던 예수—, 이처럼 부처와 예수는 다같이 지배계급의 종교에 맞서서, 부의 공정한 분배와 만인평등사상을 정립해 냈던 성자들이라고 할 수가 있다. 비록, 그들은 지배계급의 인사들, 즉 힌두교도와 유태교도들의 손에 의해서 그 비극적인 삶을 살다가 갔지만, 그들이 연출해 냈던 진리(사상)의 말씀들은 오늘날까지도 수많은 사람들의 심금을 울리고 있다고 하지 않을 수가 없다. 종교의 생성의 기원을 따져보면, 그것은 세 가지 차원에 걸쳐져 있다는 것을 알 수가 있다. 첫 번

째는 사상의 차원이며, 두 번째는 예배의 차원이고, 세 번째는 조직의 차원이다. 첫 번째는 부처와 예수처럼 어느 특정한 시대의 민중들의 삶을 발견하고 그들을 구원해낼 수 있는 사상을 정립해 내는 것이며, 두 번째는 그 사상의 경전에 따라서 때와 장소를 규정하고 그 신전에서 부처나 예수에게 예배를 드리는 것이며, 그리고 마지막으로 세 번째는 종교의 교리를 전파하고 그 신도들의 천국을 건설하기 위하여 거대한 조직체를 결성하게 되는 것이다. 기독교, 불교, 이슬람교, 힌두교, 유태교를 생각해 보면 이 세상에서 종교의 창시자보다 더 뛰어난 사람은 없으며, 그 종교인들의 결속력보다 더 힘 있는 조직체는 없는 것 같다. 종교는 시대와 민족과 인종의 편견을 뛰어넘어서 모든 인간들에게 그 진리의 말씀을 전파해 주고 있으며, 오늘날 어렵고 힘든 삶을 살아가고 있는 모든 인간들에게 영원불멸의 삶과 그 행복을 가르쳐 주고 있는 것인지도 모른다.

하지만 부처를 만나면 부처를 죽이고, 예수를 만나면 예수를 죽여야 한다는 것이 낙천주의자(신성모독자)로서의 나의 변함없는 신념이기도 한 것이다. 왜냐하며 타인의 권위와 신의 권위를 무조건 인정을 하게 되면, 모든 가치가 쇠락하게 되고 어떠한 전통도 썩어버리지 않을 수가 없기 때문이다. 더욱이 신, 혹은 아버지의 존재 자체가 조건 없이 성화되기만 하면, 더 이상의 우리 인간들의 삶은 기대할 수가 없게 된다. 날이면 날마다 수많은 성전들이 세워지고 절대적인 복종과 예배와 찬송만이 있는 삶을 생각해 보고, 언제, 어느 때나 옛세대가 신세대의 멱살을 움켜쥐고 있는 삶을 생각해 보아라! 바로 그 자리에는 어떠한 역사의 발걸음이나 그 힘찬 새싹도 돋아나지 않을 것이며, 그 주체자들은 모두가 한결같이 바보나 얼간이들에 지나지 않을 것이다. 부처와 예수가 지배계급의 모든 가치관을 전복시켜 버리고 그 성자의 삶을 살다가 갔듯이, 오늘날 우리가 할 수 있는 것은 수많은 성전들을 파괴하고 새로운 성전을 건축하는 일일 것이다. 이 세상의 삶을 살아간다는 것은 죄를 짓는다는 것이며, 죄를 짓지 않는다는 것은 그의 존재(삶)를 포기하는 것과도 같다. 생명이 생명을 먹는다는 것은 죄를 짓는 일이며, 어느 특정한 개인이나 민족만을 사랑하는 것도 죄를 짓는 일이다. 또한 어느 특정한 종교와 그 사상만을 편애하는 것도 죄를 짓는 일이며, 아버지를 사랑하는 것도, 스승을 사랑하는 것도 죄를 짓는 일이다. 또한 아버지를 사랑하지 않는 것도, 스승을 사랑하지 않는 것도 죄를 짓는 일이며, 죄를 짓지 않으면 우리 인간들의 삶이 없게 된다. 가령, 예컨대, "나는 나의 친구들과 나의 제자들을 무척이나 사랑하고 있다. 나는 무신론자이며, 따라서 힌두교와 불교, 그리고 유태교와 기독교 등의 종교에는 전혀 관심이 없다. 내가 가장 존경하는 스승인 니체는 철학자이며, 나는 낙천주의 사상의 창시자로서 『행복의 깊이』라는 저서를 모든 인류에게 선사한 바가 있다"라고, 내가 소리높여 외친다면, 대부분의 사람들은 매우 불쾌하게 생각하고, 또 어떤 사람들은 불구대천의 원수처럼 생각하게 될는지도 모른다. 왜냐하면 사랑한다는 말과 존경한다는 말은 타인들을 배제하는 말들이기 때문이며, 또한 무신론자라는 말은 그만큼 도발적이면서도, 영원히 구제받지 못할 죄인처럼 생각될 것이기 때문이다. 낙천주의자는 염세주의자를 불구대천의 원수로 생각하고, 염세주의자는 낙천주의자를 불구대천의 원수로 생각한다. 따라서 나의 『행복의 깊이』는 한 줄기의 서광은커녕, 다만, 쓰레기더미에 불과할는지도 모른다. 말이란 이처럼 선악의 양면을 지니고 있고, 또한 그만큼 무서운 것이라고 하지 않을 수가 없다. 사랑은 혐오와 함께 어깨동무를 하고 있고, 혐오는 사랑과 함께 어깨동무를 하고 있다. '나는 신성모독을 범한다, 고로 존재한다'라는 나의 존재론을 더욱더 밀고 나간다면, '세계는 나의 범죄의 표상이다, 고로 행복하다'라는 나의 행복론을 만나게 될 것이다. 신성모독자는 으뜸가는 문화의 육성자이며, 최고급의 사상의 신전의 건축가이다. 따라서 그가 비록, 제일급의 사상가이고 신이라고 하더라도 그의 권위를 인정하기 이전에 그 비판의 칼날을 들이대지 않으면 안 된다. 나는 이미 불교와 기독교 사상의 치명적인 약점들에 대하여 가장 날카롭고 예리하게 그 비판의 칼날을 들이댄 바가 있다.

> 제3계: 신의 권위도 인정하지 말라;
>
> 신은 우리 인간들에게 무조건의 예배와 복종을 강요하지만 나는 그가 발기부전증의 환자라고 생각한다. 하나님은 동정녀 마리아와의 간통으로 예수를 얻었지만, 바로 그때 치명적인 매독으로 성 기능의 장애를 입었다는 것을 우리 신성모독자들은 누구나 잘 알고 있다.
>
> 예수 이후, 하나님이 아들을 얻었다는 증거는 어디에도 없다.
>
> 神正論은 우리 인간들을 개나 돼지처럼 학대하는 관점에 불과하다.

다시 말해서, 단 하나뿐인 하나님의 아들이 동정녀 마리아의 뱃속에서 태어났다는 사실도 웃기는 일이지만, 그의 부활과 영생불사의 삶이 약속되어 있는데도 '오 하나님 아버지, 오 하나님 아버지, 어찌하여 나를 버리시나이까?'(엘리 엘리 라마 사박다니)라고 가장 예수답지 않은 말을 했다는 것도 예수의 탄생과 부활 자체가 하나의 가공적인 허구에 지나지 않는 것이라고 말할 수가 있다. 다른 한편, 우리 인간들의 해탈의 길을 열어놓은 것은 부처의 공적일 수도 있지만, 바로 그 해탈 속에는 우리 인간들의 '삶의 죽음'이 예정되어 있다고 할 수가 있는 것이다. 무욕망, 무집착, 즉 부처의 해탈은 고통의 회피이며 생명부정에의 의지에 지나지 않는다. 부처와 예수는 그들이 다함께 신성모독자—성자, 즉 고통스러운 삶의 해방자—들이었음에도 불구하고, 우리 인간들의 삶을 헐뜯고 비방하고 기만했던 최대의 사기꾼이었다고 하지 않을 수가 없다. 성자와 죄인은 우리 인간들의 두 모습이며, 성자의 얼굴로 죄인의 얼굴을 은폐할 수는 없다. 요컨대 부처와 예수는 가난하고 헐벗고 굶주린 민중들의 삶을 구원할 수도 있었지만, 다른 한편, 수많은 종교전쟁이나 이민족의 삶을 압살했던 죄인일 수도 있는 것이다.

'신의 권위도 인정하지 말라!' 나는 이 계율을 유념하면서, 아리스토파네스의 「구름」(『희랍희극』, 현암사) 속으로 들어가 본다. 아리스토파네스는 정치적, 도덕적 보수주의자로서 神正論의 관점을 유지하고 있지만, 인류의 역사상 가장 위대한 철학자인 소크라테스를 가장 더럽고 추악하게 타락한 인물로 희화화시켜 놓고 있다. 소크라테스는 대지에서는 올바로 사색을 할 수가 없어서 공중에다가 바구니를 매달아 놓고 사색하는 소피스트이며, 약한 이론邪論으로 올바른 이론正論을 물리칠 수 있는 방법을 가르쳐 주는 변론술의 대가이다. 고대 그리스 사회에서는 민주주의—비록, 오늘날과도 같은 민주주의는 아니었지만—가 꽃을 피웠고, 그 결과, 출신성분이나 계급에 상관없이 유능한 인재들을 뽑아서 등용을 시켰다고 한다. 따라서 돈을 받고 지식을 가르쳐 주는 직업교사단이 생겨나게 되었고, 그 직업교사단의 무리들을 소피스트라고 부르게 되었던 것이다. 소피스트들은 스스로를 '지혜를 사랑하는 사람들'이라고 칭하게 되었고, 도덕이나 종교 따위는 전적으로 무시한 채, 실용적인 학문들—변론술과 웅변술, 그리고 수사학—만을 중요시했다고 한다. 그 대표적인 소피스트들로는 프로타고라스, 고르기아스, 히피아스, 트라시마코프 등이 있고, 오늘날도 그들의 이름과 함께, 수많은 일화들이 전해져 내려오고 있다. 따라서 소피스트들은 자칭, 지혜를 사랑하는 사람들이라는 명칭과는 다르게, 돈만을 아는 궤변론자이며 사악한 이론의 대가들이라는 불명예를 지니게 되었던 것이다. 아리스토파네스에 의하면 소크라테스는 제일급의 소피스트이며, 돈만을 지불하면 邪論으로 正論을 물리칠 수 있는 방법을 가르쳐 주는 변론술의 대가이다. 또한 소크라테스는 제우스를 비롯한 그리스의 신들을 믿지 않고 있는 신성모독자이며, 구름의 여신을 믿고 있는 이교도일 뿐이다. 소크라테스는 "제우스라고?

멍청한 소리, 제우스 같은 건 존재하지 않아"라고 말하며, 그 제우스의 옥좌에 구름의 여신을 앉혀 놓는다. 그 구름의 여신은 천둥과 번개를 동반하는 비를 주재하며, 다양한 형태로 우리 인간들의 형상을 만들어 낸다. 즉 공금횡령자인 시몬을 보면 그 성격을 보여주기 위해 갑자기 늑대의 모습으로 변신을 하고, 창과 방패를 던지고 달아난 클레오뉴모스를 보았을 때는 나약한 사슴의 모습으로 변신을 한다. 야만인을 만나면 그 야만인의 미친 수작을 놀려주기 위해 '반신반마'인 켄타우르스의 모습으로 변신을 하고, 아무튼 구름의 여신은 자유 자재로 그 형상을 바꾸어 보여주게 된다. 그 구름의 여신은 "건달 신사들을 돌보는" 여신이며, "판단, 대화법, 이성을 우리에게 주시고, 또한 허풍선이 위압법, 완곡법, 분쇄술에 파악술"을 가르쳐 주시는 여신이다. 그 구름의 여신을 믿고 있는 소크라테스는 전혀 터무니가 없는 궤변으로 설득술만을 중요시하는 변론술의 대가인 것이다.

아리스토파네스의「구름」의 주인공인 스트레프시아데스는 항상 명랑하고 행복했던 시골 신사이었지만, 어느덧 '승마도락'에 빠진 그의 아들, 페이딥피데스 때문에 막대한 부채를 떠안게 된다. "하지만 한심스럽게도 잠이 오지 않는다. 여기 이 아들 덕택으로 낭비에 어이없는 빚투성이. 그런데 이 놈은 머리를 길게 기르고 말을 타고 다닌다, 쌍두마차를 몰고 다닌다, 심지어는 꿈 속에서도 말을 타고 다니거든. 그런데 나는 파산지경, 초생달이 그믐달이 되면 이자가 걷잡을 수 없이 늘어난다." 따라서 스트레프시아데스는 "요 밑에서도 집달리가 기어나오는 파산상태를 모면"하기 위하여, 그의 아들을 소크라테스의 학원에 입문시키고자 한다. 소크라테스의 학원은 '현명한 영혼을 가꾸는 학원'인데, 왜냐하면 돈만을 지불하면 邪論으로 正論을 물리치는 방법을 가르쳐 주는 '변론술의 대전당'이기 때문이다. 그러나 그의 아들, 페이딥피데스는 "흥 악당들이죠. 알고 있습니다. 그 허풍선이들, 창백한 얼굴에 맨발로 다니는 작자들, 저 어이없는 소크라테스와 카이레폰의 패거리들 말이죠"라고, 일언지하에 거절을 하게 되고, 따라서 그는 어쩔 수 없이 늙고 건망증이 심한 몸으로 소크라테스의 학원에 입문을 하게 된다. 그는 소크라테스에게 제우스 신은 우리에게 통용되지 않는 화폐라는 것을 배우고, 구름의 여신을 추종하게 된다. 또한 그는 소크라테스를 따라 三位, 즉 허공과 구름의 여신과 혓바닥을 믿으며, 벼룩이 우글거리는 모피를 뒤집어 쓰고 '미꾸라지 수법'과 '사기적 수법'을 배워보지만, 그의 우둔하고 멍청한 머리, 즉 "잠깐 외우기도 전에 잊어버리는" 두뇌 때문에 파문을 당하게 된다. 따라서 그는

소크라테스 잠꼬대 같은 소리. 꺼져! 이제 가르치는 것도 진저리난다!

스트레프시아데스 왜? 신의 이름에 걸고 부탁이야, 소크라테스.

소크라테스 그대는 배우면 그게 즉시 엉덩이로 빠져버리거든. 자, 지금 금방 배운 게 뭔가 말해 봐.

스트레프시아데스 응! 처음엔 뭐더라? 처음엔? 그 속에서 밀가루를 반죽하는 것이 뭐더라? 이건 야단인데…… 뭐더라?

소크라테스 뻗어라 제발! 까먹기 대장인 바보 늙은이.

스트레프시아데스 아 이건 슬프다. 나는 대체 어떻게 될 것인가? 혀를 놀리는 재주를 배우지 않으면 나는 파멸이야. 오 구름의 여신이여, 좋은 지혜를 내려 주십시오

라고, 탄식을 하게 되고, 마침내 그의 아들 페이딥피데스를 설득시켜서 소크라테스의 학원에 입문을 시키게 된다. 페이딥피데스는 그 아버지에게 언젠가 사론을 배우게 한 것을 후회하게 될 것이라고 경고를 하지만, 그의 아버지는 페이딥피데스가 소크라테스 학원에 입문하게 된 것만을 고마워한다. 페이딥피데스는 소크라테스 학원에서 '정의는 이 세상에 없다'라는 명제를 통하여 "재판의 회피와 소환, 역습적인 반박"을 집중적으로 배우게 된다. 그 학원에서는 정론과 사론으로

분장한 두 논객이 자주 등장을 하고, 그 두 논객의 싸움을 통해서 "지혜 싸움의 대모험", 즉 '勸惡懲善의 변론법'을 배우게 된다. 우월한 이론인 정론을 배우면 엄격한 예의범절을 지키며 복된 생활을 할 수도 있지만, 열등한 이론인 사론을 배우면 '수치를 선으로 생각하고 한 번 붙으면 떨어질 줄 모르는 비열한 소송'만을 일삼게 된다. 하지만 실제 그 싸움에서 일방적인 승리를 거두는 것은 사론인데, 왜냐하면 그가 제일 먼저 "법률과 규칙을 반박하는 법을 생각"해 냈기 때문이다. 사론은 지혜로운 자이며, 그는 "열등한 이론을 선택하고도 이긴다는 것은 一萬의 금화보다도 더 값이 있다"고 믿고 있는 자이다.

1. **邪論** 정의같은 건 이 세상에 없다고 단언할 수 있지.

正論 뭐라고?

邪論 그럼 어디 있지?

正論 제신들께 있지.

邪論 그럼 정의가 있는데 제우스가 자기 아버지를 묶어놓고 망하지 않은 것은 무엇 때문이지.

正論 야, 이건 못 견디겠는 걸. 구토가 날 지경, 대야를 빨리 가져와.

2. **正論** 펠레우스는 절조의 덕택으로 테티스 여신과 결혼했다.

邪論 그런데 여신은 그 자리를 버리고 달아났다 이거지. 그것도 그가 오입장이가 아니어서 이불 속에서 밤이 새도록 기분좋게 하는 법을 몰랐기 때문이지. 여자란 거칠게 다루는 게 좋은 거야. 노망한 친구.

(페이딥피데스에게)

젊은이 절조란 무엇을 의미하는가 잘 보지. 모든 쾌락을 뺏기고, 소년, 여자, 콧타포스, 맛있는 요리, 술, 슬금슬금 웃는 웃음, 이런 것들이 없어 가지고 산 보람이 있단 말인가.

자, 이제부터 자연의 피할 수 없는 하나의 필연을 설명하지. 잘못을 범하고, 사랑을 하고, 간통, 그리고 붙들린다. 파멸이지. 그러나 그건 언변이 좋지 못해서지. 그러나 나를 따르면 멋대로 뛰어 놀고 웃고 무엇이든 수치로 생각하지 않는다. 姦夫로 붙들리면 이렇게 반박하거든. 아무런 나쁜 짓을 하지 않았다. 그리고는 제우스의 예를 들어 신도 사랑과 여자의 노예가 되었거늘 인간이 어떻게 신을 이겨낼 수 있느냐고.

3. **邪論** 호색한이 뭐가 나쁘지?

正論 이보다 흉칙한 말이 있으랴.

邪論 만약 이 토론에서 내가 이기면 너는 뭐라고 하지?

正論 입을 다물어야 하지.

邪論 자 그럼 대답을 해봐. 어떤 종류의 인간에게서 변호사가 나오지?

正論 호색한에서

邪論 나도 같은 의견이야. 그럼 비극작가는?

正論 호색한에서.

邪論 그렇지, 그럼 연설가는?

正論 호색한에서.

邪論 그럼 너는 네 잘못을 인정하지? 구경꾼 여러분 중에 어느 쪽이 많은가 보란 말이야.

正論 안 되겠어. 훨씬 많은 걸 호색한이. (손가락질하며) 이 사내다, 그리고 저 사내, 그리고 여기 있는 머리 긴 사내.

邪論 어때?

正論 졌어. 침대 위의 운동가들, 제발 내 망토를 받으라. (망토를 벗어던지고 학원쪽을 향해서) 내 편으로 달아나야겠다.

이와도 같이, 1, 2, 3의 예문들에서처럼, 정론과 사론의 싸움은 사론의 일방적인 승리로 끝나게 된다. 정론이 정의가 있다고 말하면, 사론은 제우스 신의 예—아버지 살해—를 들면서 정의가 없다고 말한다. 정론이 목욕은 젊은이들을 씨름판에서 몰아내고 인간을 나약하게 만든다고 말하면, 사론은 그렇다면 왜 헤라클레스—정론이 가장 존경하는 헤라클레스—의 목욕탕이 있는가라고 반박을 한다. 펠레우스는 그의 절조 덕택으로 테티스 여신과 결혼을 했다고 정론이 말하면 테티스 여신은 펠레우스의 남성 능력 때문에 그를 버리고 달아났다고 사론이 반박을 한다. 호색한은 나쁜 사람이라고 정론이 말하면, 제우스 신도 사랑의 노예가 되었듯이, 왜 호색한이 나쁜 사람이냐고 사론이 반박을 한다. 뿐만 아니라, 한 걸음 더 나아가, 사론은 대부분의 사람들은 간통 등의 잘못을 범하면 파멸을 하게 되지만, 그러나 그 파멸은 언변이 좋지 못하기 때문이라고 역설을 하게 된다. '사론 대 정론', 그러나 이 '지혜 싸움의 대모험'은 아리스토파네스가 희화화시킨 문맥 속에서는 사론이 '백전백승'의 승리를 거두게 된다. 그리고 마침내 페이딥피데스는 그 '권악징선의 변론법'—이 '권악징선의 변론법'은 내가 명명해본 용어이다—을 익히게 되고, 그 '무적의 이론'으로 그의 아버지의 채권자들을 모조리 쫓아버리게 된다. 따라서 스트레프시아데스는 그 "쌍칼에 빛나는 혀를 가진 나의 戰士, 우리 집의 구세주"를 더없이 자랑스러워하게 되고, "복된 스트레프시아데스, 그대의 지혜는 뛰어나고 그대가 기른 아들의 지혜는 더욱더 뛰어나도다"라고 그 행복에 겨운 노래를 부를 수가 있게 되었던 것이다.

하지만 그 행복했던 생활도 잠시 잠깐 동안이었고, 스트레프시아데스는 그의 아들에게 무척이나 두들겨 맞게 된다. 요컨대 그 아버지와 아들 사이의 파탄의 원인은 아주 사소한 말다툼에서 비롯되었는데, 왜냐하면 아버지가 아들에게 "시모니데스의 숭려가 된 염소의 노래"를 청했기 때문이었다. 그러자 그 아들은 "술좌석에서 리라를 켜고 노래를 하는 것은 방앗간 처녀와 같이 아주 시대에 뒤떨어졌다"고 거절을 하고, 또 아버지가 아이스퀼로스의 시, 한 편을 낭송해 달라고 하자, "아이스퀼로스는 시인 중에서도 제일가는 떠벌이, 잡음투성이에 허풍선이, 과장을 좋아하는 엉터리"라고 면박을 주게 된다. 그리고 또 다시 스트레프시아데스가 페이딥피데스에게 "요즈음 유행의 신식 이론 하나"를 이야기해 달라고 하자, 그 아들은 '오빠가 여동생을 꾀었다는 에우리피데스의 노래'를 부르게 되고, 따라서 더 이상 화를 참지 못한 아버지가 욕을 하게 되었던 것이다. 아버지가 그 화를 참지 못해서 "아버지를 때리는 법이 어디 있느냐"고 꾸짖으면 "어릴 때 아버지가 나를 때렸기 때문"이라고 말 대답을 한다. 아버지가 그것은 "너를 위해, 너를 사랑했기 때문에 때린 것이다"라고 말하면, "나도 아버지를 위해, 아버지를 사랑했기 때문에 때린 것이다"라고 그 아들 역시도 그 정당성을 역설한다. 그러면 너도 네 아들을 낳아서 때리면 된다고 아버지가 말하면, 만일 내가 아들을 낳지 못하면 나만이 손해라고 그 아들은 반박을 하게 된다. 그리고 그 아들, 페이딥피데스는 한 걸음 더 나아가, 그 아버지처럼 어머니도 때려주고 열등한 이론, 즉 사론의 정당성을 입증해 보이겠다고 선언을 하게 된다. 따라서 사태의 심각성을 깨달은 스트레프시아데스는 악덕에 몸을 맡긴 자의 비극을 예견하고, 소크라테스의 학원에 불을 지르게 된다. 스트레프시아데스의 비극은 악덕에 몸을 맡긴 채 모든 제신들을 모독하고, 또 타인의 채무에 대한 변제의 의무를 이행하지 않은 데 있다고 해도 과언이 아니다. 아리스토파네스는 독실한 신자이고 소크라테스는 신성모독자이다. 아리스토파네스는 권선징악의 윤리주의자이고, 소크라테스는 권악징선의 반윤리주의자이다. 아리스토파네스는 비극작가 아이스퀼로스를 옹호하고 소크라테스는 비극작가 에우리피데스를 옹호한다. 플라톤의 「향연」에는,

그러자 그 이야기의 요점은 동일한 한 사람이 희극도 지을 수 있고 비극도 지을 수 있으며, 희극 시인의 재주를 가진 사람은 또한 비극 시인의 재주도 가지고 있다는 것을 소크라테스가 그 두 사람으로 하여금 인정하지 않을 수

없게 하고 있었던 거래. 이걸 인정하지 않을 수 없는 지경에 이르면서 그들은 잘 납득도 가지 않는데 고개를 끄덕이기 시작하더니, 먼저 아리스토파네스가 깊이 잠들고 다음에 날이 다 밝아서 아가톤도 잠들었대. 소크라테스는 그들을 편안이 눕히고는 일어섰는데, 아리스토데모스는 다른 때처럼 그 뒤를 따랐대. 소크라테스는 뤼케이온으로 가서 목욕을 하고, 평소와 같이 그날 하루를 보내고는 저녁에 집으로 가서 취침했다더군.

— 플라톤, 『플라톤과의 대화』, 종로서적, 1981

라는 것처럼, 아리스토파네스와 소크라테스가 상당한 친분이 있었던 인물들로 묘사되고 있지만, 플라톤의 「소크라테스의 변명」에는 아리스토파네스의 「구름」이 소크라테스를 처형시킨 전거가 되어주고 있다는 사실을 드러내 보여주고 있다. 아리스토파네스의 「구름」은 소크라테스가 "수많은 청년들을 부패시키고, 국가가 신봉하는 신들을 믿지 않는다"라는 죄목으로 처형되기 24년 전, 그러니까 B.C 423년에 상연되었다고 한다.

그러면 먼저, 오오 아테나이 사람들이여, 저는 저에 대한 처음의 거짓된 고소와 처음의 고소자들에 대하여 변명하여야 되겠습니다. 그 다음에는 두 번째 고소와 고소자들에 대하여 변명해야 할 것입니다. 이렇게 하는 것은 여러분에게 저를 고소하는 사람이 많고, 또 그들은 벌써 여러 해에 걸쳐, 진실이라고는 한 마디도 말하지 않고 고소하고 있기 때문입니다. 저는 이 사람들을 아뉘토스와 그 일파의 사람들보다 더 두려워합니다. 그러나 여러분, 저 사람들은 더 두려운 사람들입니다. 저들은 여러분의 대부분을 아이 적부터 손아귀에 넣고, "소크라테스란 사나이가 있는데, 그는 하늘에 있는 것들을 살피고, 땅 아래 있는 모든 것을 탐구하며, 약한 논의를 강하게 하는 묘한 지혜를 가지고 있소(아리스토파네스, 「구름」)"라고 조금도 진실이 들어 있지 않은 말을 하여 여러분에게 저를 그릇되이 고소하게 해왔습니다. 이런 소문을 퍼뜨린 이 사람들이야말로, 오오 아테나이 사람들이여, 저를 고소하고 있는 두려운 사람들입니다.

— 플라톤, 『플라톤의 대화』, 종로서적, 1981

하지만 왜 아리스토파네스는 그리스 최고의 철학자인 소크라테스를 소피스트(궤변론자)로 치부하고, 그를 그처럼 사악하고 추악한 신성모독자로 고발해야만 되었던 것일까? 소크라테스가 진정으로 수많은 청년들을 타락시키고 제우스 신을 믿지 않고 다이몬이라는 색다른 신을 믿었기 때문이었던 것일까? 왜 그처럼 가난하게 살아갔던 소크라테스를 돈을 받고 지혜를 팔아먹은 소피스트라고 치부해야만 되었던 것이고, 또한 왜 그를 끝끝내 한 사발의 독배를 마시고 사라져 가게 해야만 했던 것일까? 첫 번째는 소크라테스가 신의 권위를 인정하지 않았기 때문일 것이며, 두 번째는 아테네 사회의 제일급의 인사들, 즉 타인들의 권위 따위는 여지없이 짓밟아 버렸기 때문일 것이다. 소크라테스의 말에 의하면 신은 지혜롭지도 않고 무식하지도 않다. 더욱이 신은 아름답지도 않고 추하지도 않으며, 또한 신은 가난하지도 않고 부유하지도 않다. 요컨대 신은 어디까지나 반신적인 존재라는 것이 「향연」 속의 소크라테스의 주장인 셈이다. 소크라테스의 철학은 '선악의 이분법'에 기초해 있으며, 철두철미하게 '이성중심주의'에 기초해 있다고 하지 않을 수가 없다. 그의 『국가론』은 천재생산의 교수법이 주조를 이루고 있으며, 그 교수법을 통하여 미래의 백만두뇌를 생산해 내고, 이 세상에서 진정한 '이상국가'를 건설해 보고 싶었던 것이 그의 꿈이었다고 해도 과언이 아니다. 그는 인간들을 세 계급으로 분류해 놓고 있는데, 첫 번째는 민중 계급이고, 두 번째는 무사(군인)계급이며, 세 번째는 통치자(철학자) 계급이다. 소크라테스는 최초의 공산주의자로서 아이들마저도 공동으로 생산하고 공동으로 양육을 하자고 주장한 바가 있으며, 따라서 출신성분에 관계없이 그 인간의 능력에 맞게끔, 그 인재들을 적재적소에 배치해야 한다고 말한다. 학문에 소질이 없는 자는 기층 민중으로, 어느 정도 학문에 소질이 있는 자는 무사계급으로, 그리고 그 무사계급 중에서 철학자의 天分을 타고난 자는 통치자가 되어 한 나라를 이끌어 가야 한다는 것이 그의 사상적인 신념이기도 했던 것이다. 그 철학자는 결혼은 물론, 가정 생활을 해서는 안 되며, 오로지 그 백성들을 위하여 이타적인 사랑을 실천하지 않으면 안 된다. 따라서 "철학자는 신적인 것, 또는 질서 있는 것과 생활을 같이 하므로 인간으로서는 가장 신적인 존재가 될걸세"(플라톤, 『플라톤의 국가론』, 집문당, 1995)라고, 소크라테스가 역설한 바가 있듯이, 철학자라는 보다 더 완전한 존재, 즉 신적인 존재가 그 이상국가(공산국가)를 이끌어 나가지 않으면 안 된다. 소크라테스는 '우리 인간들이 죄를 짓는 것은 무지하기 때문이다. 그 무지만을 없앨 수가 있다면 아무도 죄를 짓지 않는다'라고, 말한 바가 있지만, 그의 이성중심주의의 오류는 제우스 신을 더없이 깎아내리고 자기 자신을 신적인 존재, 즉 다이몬으로 끌어 올리고 있는 것이라고 할 수가 있는 것이다. 그리고 또한 그는 그 이성중심주의를 통하여 '너 자신을 알라'라는 명제를 양식화시키고, 그리스의 제일급의 인사들, 즉 타인들의 권위를 여지없이 짓밟아 버렸던 것이다. 이성이 미덕이 되고 행복이 될 때, 아름답고 풍요로운 그리스 신화와 예술이 질식을 하게 되고, 또한 이성이 미덕이 되고 행복이 될 때, 반신적인 다이몬과 기계론적인 철학만이 득세를 하게 된다. 철학자로서의 소크라테스의 위대성은 그의 이성중심주의를 통하여 신과 타인들의 권위를 여지없이 짓밟아 버리고, 인류의 역사상, 가장 아름답고 찬란한 '사상의 신전'(이상국가)을 완성하게 된 것이라고 하지 않을 수가 없다.

1, **소크라테스** 그렇다면 유명한 사람들의 슬픈 노래를 삭제하여 그것을 여자나 혹은 비굴한 남자들에게 넘겨주는 것이 좋겠네. 그리하여 우리 나라의

기둥이 되려고 교육을 받고 있는 사람들에게 이런 일이 매우 비겁한 행위라는 것을 가르쳐 주어야 하네.

아데이만토스 그것은 옳은 말씀입니다.

소크라테스 그러면 다시 호머나 그밖의 시인들에게 여신의 아들인 아킬레스를 이와 같은 자로 묘사하지 말도록 부탁해야겠네.

때로는 가로 눕고 때로는 바로 눕고 또 때로는 엎드려 있다가
다시 일어나 거친 바다 기슭을 따라 미친 사람처럼 배를 젓다가
두 손으로 먼지를 움켜쥐고 머리 위에 뿌리는 자(『일리어드』)

그밖에 호머가 묘사한 것과 같은 여러 가지 기분에 따라 탄식하고 울부짖는 것들을 쓰지 말아 달라고 부탁해야 하네. 그리고 다른 신들의 친척인 아모스에게

진흙 속에 엎드려 절을 하면서
각자의 이름을 소리높이 부르며, 기도도 하고 애원도 하고(『일리어드』)

라고 쓰지 못하게 해야 하네. 또한 이보다 더 강경하게 부탁해야 할 것은 모든 사건에 있어서 신들이

아, 슬프도다. 비참하기 짝이 없는 나, 훌륭한 아이를 낳은 불행한 어머니(『일리어드』)

하며 한탄하는 것을 가르치지 않도록 해야 하네.

— 플라톤, 『플라톤의 국가론』, 집문당, 1995

2, **소크라테스** 현재와 과거의 모든 법률의 귀결인 새로운 법률은 다음과 같

네. 즉 "우리들의 아내나 자식들은 공동소유로 하여야 한다. 양친은 자기 자식을 알 수 없으며, 자식 또한 그 양친을 알 수 없다"는 것이네.

글라우콘 과연 그것은 큰 풍랑입니다. 이런 법률의 가능성과 공리성은 큰 의문이 아닐 수 없군요.

소크라테스 나는 처자를 공유함으로써 누릴 수 있는 그 위대한 공리성에 대하여 어떤 커다란 논쟁이 일어나리라고는 생각하지 않네. 그 가능성에 대하여는 상당한 논쟁이 벌어질 테지만……

— 앞의 책에서

3, **소크라테스** 참된 수호자란 앞에서 말한 조건과 방금 말한 조건, 즉 재산의 공동소유와 가족의 공동소유를 겸해야 한다는 말이네. 다시 말해서 이 양자에 있어서 똑같이 내 것과 내 것 아닌 것으로 구별하는 것을 방지하여 나라를 분열시키는 일, 즉 각자가 개별적인 처자와 개별적인 쾌락과 고통을 지니고 있는 개별적인 집에 각각 자기 소유를 갖고 감으로써 나라를 분열시키는 일이 없을 걸세. 따라서 그렇게 되려면 내 것에 대한 모든 사람의 견해가 같아야 하네. 이와 같이 내 것에 대한 견해가 일치된다면 자연히 기쁨이나 괴로움도 공동으로 느끼게 될 걸세. 이에 대하여 자네는 어떻게 생각하는가?

글라우콘 사실 그렇게 되는 것으로 믿습니다.

— 앞의 책에서

4, **글라우콘** 그건 더욱 좋은 일이라고 생각합니다. 뿐만 아니라 그런 용사가 이쪽 진중에 있을 경우에 누가 키스를 하고 싶어하면 상대방은 누구를 막론하고 거절할 수 없게 하는 게 좋겠지요. 남자건 여자건 누군가를 사랑하고 있을 경우에 더욱 용감해지고 무훈을 세우기 위해 힘쓸 테니까요.

소크라테스 좋은 생각이네. 용감하고 훌륭한 사람에게서 더욱 많은 아이들이 태어나는 것은 바람직한 일일 테니까. 그러므로 다른 사람들보다 동침할 기회가 더 많이 주어져야 하며 또 자주 뽑혀서 동침하게 되겠지. 이것은 앞서 우리가 이미 동의한 걸세.

— 앞의 책에서

소크라테스는 아이들마저도 공동으로 생산하고 공동으로 양육을 하자고 말한 바가 있었다. 그 아이들은 자기의 부모가 누구인지 알아서도 안 되며, 음악과 체육, 그리고 철학 공부를 통하여 미래의 통치자가 되지 않으면 안 된다. 더욱이 그 아이들이 전승의 용사가 되기 위해서는 어둡고 음산한 지옥이나, 신들의 부정한 짓, 그리고 또, 한없이 비겁하고 비굴한 인간들의 이야기를 들려줘서는 안 되며, 따라서 호머를 비롯한 비극 시인들의 시는 노예나 아녀자들에게만 들려주지 않으면 안 된다. 혼전의 자유 연애는 허용을 하되 근친상간은 엄격하게 막아야만 하고, 가능하면 뛰어난 전공을 세운 병사에게만 성교할 권리를 부여하지 않으면 안 된다. 참된 철학자는 진실을 사랑하는 자이며, 그의 이타적인 사랑과 조국애에 의하여 한 나라의 흥망성쇠가 결정될 수밖에 없는 것이다. 소크라테스가 이러한 사상을 갖고 아테네 사회의 제일급의 인사들을 모조리 베어버린 것은 사실이지만, 그러나 그는 아리스토파네스가 묘사한 것처럼, 그렇게 반윤리적인 신성모독자는 아니라고 할 수가 있다. 그는 절대로 돈을 받고 '권악징선의 변론술'을 가르친 적도 없고, 허풍장이나 궤변론의 대명사인 구름의 여신을 신봉한 적도 없다. 하지만 아리스토파네스는 소크라테스의 이상국가를 하나의 가공적이며 뜬구름의 세계로 보았던 것이고, 그것이 전혀 터무니 없는 인신공격으로 이어졌던 것이다. 수많은 청년들을 부패시키고 국가가 신봉하는 신을 믿지 않은 소크라테스, 저 돈만을 밝히며 邪論으로 正論을 무너뜨리는 '권악징선의 대가'인 소크라테스, 그의 존재와 사상은 모조리 불을 질러서 없애버려야 한다는 것이 아리스토파네스의 「구름」의 전언이었던 셈인 것이다.

스트레프시아데스 (지붕 위에서) 오, 횃불이여, 타오르는 불길을 뿜는 것이 네 의무다!

제자 1 야, 뭘 하나?

스트레프시아데스 뭘 하느냐고? 다름 아니라, 너희 집 서까래와 토론을 하고 있는 거지.

제자 2 큰일이다. 집에 불을 지른 건 누구야?

스트레프시아데스 네가 망토를 훔친 그 사내지?

제자 3 살인자, 실인자.

스트레프시아데스 그게 내 소원이야. 이 갈퀴가 내 뜻을 어기지 않고 내가 먼저 굴러 떨어져서 머리를 부수지 않는다면.

소크라테스 (집에서 나온다) 야, 지붕 위에 있는 자, 뭘하지?

스트레프시아데스 하늘을 거닐며 태양을 관찰하는 거지.

소크라테스 이크 야단이다. 숨이 막히는데.

카이레폰 (집에서 달려 나오며) 사람 살려, 타죽는다, 타죽는다.

스트레프시아데스 왜 제신을 업신 여기고 달님의 위치를 후비고 귀찮게 굴었지. 쫓아가서 때리고 후려 갈겨라. 이유야 어떻든 신을 모독한 죄가 제일 무겁다.

이미 앞에서 시사한 바가 있듯이, 아리스토파네스는 매우 보수적인 인물로서 소크라테스의 신성모독적인 일과 그의 반윤리적인 행동을 못마땅하게 여기고, 그를 '권악징선의 패륜아'로 희화화시켜 놓은 것이라고 할 수가 있다. 하지만 소크라테스의 신성모독은 삶의 본능의 옹호이며 고급문화의 원동력이라고 하지 않을 수가 없다. 이 세상의 삶을 살아간다는 것은 죄를 짓는다는 것이며, 죄를 짓지 않는다는 것은 그의 존재(삶)를 포기하는 것과도 같다. 지금, 이 순간에도 소크라테스의 사상은 만인들의 심금을 사로잡고 있으며, 그의 이상국가는 우리 인간들의 지상낙원으로서 영원히 그 빛을 발하고 있다고 하지 않을 수가 없다. 아리스토파네스는 매우 보수적이며 반동적인 인물로서 소크라테스에게 한 잔의 毒杯를 들게 하고 그의 목숨을 빼앗아가 버렸지만, 그러나 그의 사상의 신전만은 어찌할 수가 없었던 것이다.

나는 소크라테스의 위대성을 다 인정해 주고 있으면서도, 그러나 그의 이성중심주의에 반대하는 지식인으로서 좀 더 날카롭고 예리하게 그를 비판해 본다면, 소크라테스는 다만, 추악한 괴물일 뿐이라고 말할 수가 있을 것 같다. 그는 '선의 기원이 악이고 악의 기원이 선'이라는 것을 이해하지도 못했던 자이며, 인간의 이성으로 모든 죄를 제거해낼 수 있다는 이상한 신념을 가지고 있었던 자에 지나지 않는다. 우리 인간들은 대부분이 그 지적(이성) 수준이 높을수록 너무나도 뻔뻔스럽고 파렴치한 죄를 짓고 있으며, 또 그것을 더욱더 교활하고 세련되게 합법의 틀로 가장을 하고 있는 것이다. 선은 악과 함께 있고, 악은 선과 함께 있다. 이제 어느 누구도 무지하기 때문에 죄를 짓지 않고, 자기 자신만의 사상의 신전을 짓기 위하여 수많은 신전들을 파괴하고 있는 것이다. 그리고 마지막으로, 소크라테스—아리스토파네스도 마찬가지이지만—는 범죄의 생산성과 범죄의 아름다움을 이해하지도 못했던 판단력의 어릿광대이며, 또한 그만큼 지지리도 못나고 추악한 괴물이었다고 해도 틀림이 없다.

신의 권위도 인정하지 말라! 만일 그렇다면 권위란 무엇이며, 우리는 그 권위 앞에서 어떻게 복종을 해야 하고, 또 어떻게 그 권위를 극복하고 새로운 권위를 창출해낼 것이란 말인가? 주지하다시피, 그가 가진 권력의 토대 위에서 권위의 새싹이 움트고, 그 권위는 수많은 사람들이 지니고 있는 문화적인 표정이 된다. 권력이 그만큼 노골적인 힘의 크기를 드러내고 있다면, 권위는 그 권력의 야만성을 가리고 있는 문화적인 옷이라고 할 수가 있는 것이다. 우리 인간들은 무리를 짓는 동물들로서 권력에의 의지를 갖고 있으며, 그 권력에의 의지를 통하여 이 세상의 삶을 살아가고 있는 것이다. 권력은 삶의 본능의 옹호이며, 도덕과 법과 질서와, 그리고 온갖 제도적인 장치들은 그 권력에 대한 예배의 형식에 지나지 않는다. 따라서 국가, 정당, 단체, 학교, 병원, 군대, 가정 등은 그 권력의 토대 위에서 세워지고 있는 것이며, 그 권력의 토대가 약화되면 어떠한 조직체도 그 수명을 연장해낼 수가 없게 된다. 권력이란 물리적인 힘(폭력)이며, 지배자(강자)가 피지배자(약자)에게 복종을 강요하는 사회적인 힘으로써 작용을 하게 된다. 국가의 권력, 정당의 권력, 학자의 권력, 시인의 권력, 소설가의 권력, 판사와 검사의 권력, 신문기자의 권력 등, 그 권력의 양상들은 다종 다양한 형태를 띠고 있으며, 또 그 권력의 행사 역시도 수많은 형태로 아주 복잡하고 다양하게 나타난다고 할 수가 있다. 전제군주의 공포정치와 군사독재정권의 야만적인 탄압과 억압의 정치, 민주주의 사회의 합리적인 대의정치와 싸늘하고 이기적인 권력, 또, 그리고 한없이 너그럽고 인자한 권력과 지배자가 도덕적으로나 지적으로 피지배자들을 설득해 나가는 방식의 문화적 권력 등이 바로 그것이라고 할 수가 있는 것이다. 앎은 권력을 생산해 내고 권력은 앎을 생산해 낸다. 알렉산더 대왕은 인류의 역사상 가장 찬란하고 화려한 문화제국을 건설하기 위하여 세계정복운동에 나섰던 것이며, 나폴레옹 황제 역시도 인류의 역사상 가장 찬란하고 화려한 유럽 연방을 건설하기 위하여 세계정복운동에 나섰던 것이다. 부처와 예수 역시도 마찬가지이다. 그들은 그들의 앎(지혜)을 통하여, 그것이 극락의 세계이든, 천국의 세계이든, 아니면 거대한 문화의 제국이든 간에, 그들의 사상의 신전을 세웠던 것이며, 그들은 그들의 업적을 통하여 불완전하고 유한한 존재를 신적인 존재로 끌어 올렸던 것이라고 할 수가 있다. 부처, 예수, 알렉산더, 나폴레옹, 소크라테스, 플라톤, 데카르트, 칸트, 헤겔, 마르크스, 니체, 호머, 셰익스피어, 괴테 등은 언어 자체의 기원을 소유한 최초의 명명자이며, 자기 자신들의 사상의 신전의 주인공이라고 해도 틀림이 없다.

인간은 앎을 통하여 그의 두 발에 날개를 달아주고, 그는 그 두 발의 날개를 이용하여 자기 자신을 높이 높이, 더욱더 높이, 끌어 올리게 된다. 그는 최초의 사물에 최초의 이름을 부여하고, 그 명명자의 힘으로 전제군주적인 황금의 왕관을 쓰고, 그 모든 것을 자기 자신의 발밑으로 내려다 보게 된다. 앎의 세계에서는 만인평등사상이 통용되지를 않으며, 어떠한 앎도, 마치 무주공산처럼, 그 소유권을 잃어본 적이 없다. 앎은 권력을 생산하고 권력은 앎을 생산한다. 하지만 그 권력을 가진 자는 자기 자신의 한계와 인간이라는 종의 한계를 극복한 자이며, 비록, 그 업적이 아주 짧고 일시적인 순간에 지나지 않는 것일지라도, 우리 인간들의 지상낙원(유토피아)에 맞닿아 있는 것이라고 하지 않을 수가 없는 것이다. 우리 인간들은 지금, 이 순간에도, 극락의 세계와 천국의 세계에서, 그 문화적인 제국의 삶을 향유하고 있는 것인지도 모른다. 인간의 역사는 앎의 투쟁의 역사이며, 앎의 투쟁의 역사는 권력 투쟁의 역사이다. 따라서 권력의 행사 자체가 안정되고 순조롭게 진행되면 그 사회의 평화와 삶의 풍요로움이 이루어지지만, 권력의 행사 자체가 안정되지 못하고 위태롭게 진행되면 거기에는 반드시 삶의 빈곤화가 진행되기 마련인 것이다. 권력은 삶의 본능의 옹호이며, 모든 민주주의 형식들은 반권력적인 생명부정에의 의지에 지나지 않는다. 언제, 어느 때 가장 날카롭고 예리한 사상의 칼날을 지닌 자가 그보다 못한 자에게 패배를 하고 면종복배를 한 적이 있었으며, 또한 언제, 어느 때 그 권력(앎)의 무모함을 역설하면서, 그토록 오랜 역사와 전통을 지닌 교육제도를 폐기한 적이 있었던가? 앎과 권력은 오직 불평등 속에 기초해 있으며 폭력적인 서열제도만을 확대재생산해 내게 된다. 일류와 삼류, 고급문화와 대중문화, 문화선진국과 문화후진국, 선과 악, 우와 열, 백인과 흑인, 고귀함과 비천함, 좋음과 나쁨, 강대국과 약소국, 주인과 노예, 자본가와 노동자, 남과 녀, 상사와 부하, 장군과 병졸, 대통령과 국민 등, 이 모든 관계들이 바로 그것이라고 할 수가 있는 것이다. 권력은 노골적인 힘을 드러내고, 권위는 그 노골적인 힘을 은폐한다. 권력은 야만적인 나체주의자이며, 권위는 문화적인 장식주의자이다. 예컨대, 그는 '권력자로서, 학자로서, 회장님으로서, 시인으로서, 소설가로서, 그리고 변호사로서의 권위가 있다'고 할 때나, 또는 그 반대 방향에서, 그는 '권력자로서, 학자로서, 회장님으로서, 시인으로서, 소설가로서, 그리고 변호사로서의 권위가 없다'고 할 때의 그 권위는 바로 그의 옷이며 문화적인 표정이 되고 있는 것이다. 이때의 권위란 그에 대한 세간의 정평을 뜻하게 된다. 삶의 상승곡선을 그리고 있는 자는 권위를 세울 수가 있지만, 삶의 하강곡선을 그리고 있는 자는 권위를 세울 수가 없다. 따라서 우리가 그 권위에 복종하게 될 때에는,

> 이렇게 작가는 조잡하고도 미숙한 펜으로 힘에 겨운 이야기를 여기까지 끌고 왔습니다. 이렇게도 작은 공간 속에 그렇게도 위대한 인물들을 가두어 놓고, 그들의 영광스러운 자취를 띠엄띠엄 생각나는 대로 적어온 셈입니다. 짧은 사이, 그 짧은 사이를 잉글란드의 샛별인 헨리왕은 그토록 위대하게 살았습니다. 운명이 이 왕의 검을 만들었습니다. 그 검으로 그는 세계의 가장 아름다운 뜰, 프랑스를 정복하고, 그리고 자기의 아들에게 그 지배권을 물려주었습니다.
>
> — 셰익스피어, 「헨리5세」(『셰익스피어 전집 4』, 휘문출판사, 1971)에서

라고, 셰익스피어가 「헨리5세」를 노래할 때처럼, 찬양, 존경, 경의, 경배 등의 송가가 울려 퍼지게 되지만, 그 반면에 타인의 권위 앞에서 맹목적으로 복종하게 될 때에는,

> 남들은 자유를 사랑한다지마는 나는 복종을 좋아하지요.
> 자유를 모르는 것은 아니지만 당신에게는 복종만 하고 싶어요.

복종하고 싶은데 복종하는 것은 아름다운 자유보다도 달콤합니다. 그것이 나의 행복입니다.

그러나 당신이 나더러 다른 사람을 복종하라면 그것만은 복종할 수가 없습니다.

다른 사람을 복종하랴면 당신에게 복종할 수가 없는 까닭입니다.

— 한용운, 「복종」 전문

라는 한용운의 「복종」에서처럼, 그 주체자가 자유를 잃고 바보나 얼간이나 팔푼이와도 같이 인간 이하의 짐승들로 타락을 하게 된다. 그러므로 타인의 권위를 인정하고 그것에 복종을 하게 될 때에도 인간적인 품위를 잃지 말아야 한다. 영어와 영국인의 영광을 위하여 글을 쓰고, 그 장중하고 울림이 큰 문체 하나로 세계적인 대작가가 된 셰익스피어, 그러나 셰익스피어가 미화하고 성화시킨 '헨리 5세'는 세계에서 가장 아름다운 뜰인 프랑스를 정복했는지는 모르지만, 그러나 그렇게 대단한 인물은 되지 못한다. 아니, 오히려, 거꾸로, 우리는 세계적인 대작가인 셰익스피어의 권위만을 인정하고 있으며, 오늘도 그에게는 수많은 존경과 경의의 꽃다발이 바쳐지고 있다고 해도 과언이 아니다. 따라서 우리는 진정한 문화적 영웅에게는 경의를 표해야 하지만, 그렇지 못한 자에게는 가차없이 비판의 칼날을 휘두르지 않으면 안 된다. 또한 진정한 문화적 영웅을 위하여 경의를 표할 때조차도 인간의 주체성과 그 품위를 잃어서는 안 되고, 만일 그렇게 하지 못한다면, 그는 바보나 얼간이나 팔푼이에 지나지 않게 될 것이다. 한용운의 「복종」이 바로 그러한 대표적인 예에 해당된다. 그의 부처에 대한 복종은 불가의 수도승으로서는 너무나도 당연한 일인 것 같지만, 그는 아버지 살해(부처의 살해)를 망각한 못난 제자이며, 가장 자유롭고 독립적인 인간이기는커녕, 더 이상의 교정이 불가능한 배부른 노예에 지나지 않는다. 아버지 살해는 문화를 움직여 가는 힘이며, 내가 '나'로서 설 수 있는 근본적인 전제조건이다. 나는 나로서 존재해야 하며, 그 어느 누구에게도 나의 자유와 주체성을 양도할 수는 없는 것이다.

'신의 권위도 인정하지 말라!' 나의 「사색인의 십계명」 제3계는 '범죄의 생산성'과 그 '범죄의 아름다움'을 꿰뚫어본 낙천주의자의 그것이라고 할 수가 있는 것이다.

짐승의 무리 중에서 많은 짐승들을 꾀어내기 위해—그러기 위해 나는 왔다. 군중과 짐승의 무리들은 내게 화를 내리라. 목자들에겐 짜라투스트라는 강도라고 불리우리라.

나는 목자들이라고 말하지만, 그러나 그들은 자신을 선한 자, 의로운 자들이라고 부른다. 나는 목자들이라고 말하지만 그러나 그들은 자신들을 올바른 신앙을 가진 신도들이라고 부른다.

보라, 저 선한 자들, 의로운 자들을! 그들이 가장 미워하는 것은 누구인가? 그것은 그들의 가치표를 부수는 자, 파괴자, 범죄자이다. —허나 그는 창조하는 자인 것이다.

보라, 온갖 신앙을 가진 신도들을! 그들이 가장 미워하는 것은 누구인가, 그것은 그들의 가치표를 부수는 자, 파괴자, 범죄자이다. 허나 그는 창조하는 자인 것이다.

창조하는 자는 길동무를 구한다. 시체를 구하는 게 아니고 또한 짐승의 무리나 신도들을 구하는 것도 아니다. 창조하는 자는 새로운 표에 새로운 가치를 써넣을, 함께 창조하는 자를 구한다.

— 니체, 『짜라투스트라는 이렇게 말했다』(청하, 1984)에서

리처드 왕 노오포크는 어서 내버리오. 짐의 명령이오. 거절해도 쓸데 없소.

모브레이 폐하! 어명이라면 이 일신이라도 폐하의 발 아래 내던져 버리겠습니다. 이 일신은 폐하의 것입니다. 그렇지만 비록 군병이라 할지라도 치욕

을 받을 수는 없습니다. 사후까지 무덤 위에 살아 남을 명예는 국왕의 명령이라 해도 더럽힐 수 없습니다. 이렇게 모욕받고, 탄핵당하고, 창피당하고 무고의 독창毒槍으로 영혼을 꿰뚫린 이상, 그 독을 뿜어낸 저 자의 심장의 피가 아니고서는 이 상처를 낫게 할 고약은 없습니다.

리처드 왕 분노는 참아야 마땅하오. 그 결투 표시물을 이리 내 놓소. 표범은 사자에게는 복종하는 법이오.

모브레이 하지만 설마 반점斑點까지 바꿀 수는 없는 일입니다. 누명을 씻어 주신다면 이 결투 표시물은 내버리겠습니다. 폐하! 이 인생이 가진 최상의 보물은 오점 없는 미명입니다. 그 미명이 없어지면, 인간은 금분을 칠한 인형이나 채색한 염토에 불과합니다. 충신의 가슴 속에 깃들어 있는 용맹한 정신이야말로 열 겹의 궤 속에 비장한 보석입니다. 명예는 저의 생명입니다. 생명과 명예는 하나입니다. 명예를 잃으면 생명도 잃고 맙니다.

— 셰익스피어, 「리처드 2세」(『셰익스피어 전집 4』, 휘문출판사, 1971)에서

나는 그리스 신화 속의 악티온과 에릭직톤이라는 두 인물들에게 입을 맞춰본다. 악티온은 숲 속의 사냥꾼으로서 아르테미스 여신의 나체를 훔쳐보다가 한 마리의 사슴이 되어 그의 사냥개에게 물려죽은 인물이며, 에릭직톤은 숲의 여신의 神木을 베어버린 결과, 그 굶주림을 참지 못해서 자기 자신의 몸을 뜯어먹다가 죽어버린 인물이다. 그들은 모두가 다같이 사회적인 금기를 깨뜨린 인물들이며, 그 신성모독적인 범죄 행위 때문에, 그 비극적인 일생을 마친 사람들이라고 할 수가 있다. 하지만 우리가 그 여신의 아름다운 나체를 훔쳐보지 않는다면 어떻게 우리 인간들을 신적인 존재로 끌어올릴 수가 있겠으며, 또한 우리가 그 여신의 神木을 베어버리지 않는다면 어떻게 문명과 문화를 건설할 수가 있겠는가? 신성모독은 삶의 본능의 옹호이며 고급 문화의 원동력이다. 나는 「외디프스 신화의 수용 양상과 재해석」(『비판, 비판 그리고 또 비판』, 새미출판사)이라는 글에서, '아버지 살해'

의 본질적인 국면들을 매우 독창적으로 분석해낸 바가 있지만, 범죄의 생산성과 범죄의 아름다움은 바로 그 신성모독적인 행위들에 달려 있다고 해도 과언이 아니다. 젊은 왕은 그의 예언자적 지성과 총명한 두뇌로써 문명과 문화의 건설에 이바지하게 되지만, 늙은 왕은 그의 낡아빠진 사고방식과 그 두뇌 때문에 온갖 사회적인 재앙만을 가중시키게 된다. 젊은 왕은 이로운 존재이며 늙은 왕은 해로운 존재이다. 부처, 예수, 악티온, 에릭직톤, 외디프스 신화 역시도 범죄의 생산성과 범죄의 아름다움에 맞닿아 있고, 이처럼, 신과 타인들의 권위를 인정하지 않는다는 것은 자기 자신만의 사상의 신전을 건축하게 된다는 것을 뜻한다.

니체는 신성모독자로서 기독교인들을 '짐승의 무리'라고 폄하를 하고, 그들을 구원하기 위해서 최선의 노력을 다 하고자 한다. 그 기독교인들은 선한 자와 의로운 자들이 아니라 짐승의 무리에 불과하며, 니체의 '초인 사상'으로 개종시킬 필요가 있는 것이다. 왜냐하면 신은 죽었고, 우리 인간들은 초극해야 될 그 무엇이기 때문이다. 니체에게 있어서 '초인'이란 이상 세계가 아닌, 현실의 삶에 충실한 인간을 말하며, 이 땅에 두 발을 튼튼히 내딛고 있는 인간을 말한다. 따라서 니체는 그 초인 사상으로 기독교 사상의 근간을 뿌리째 뽑아버리는 범죄자가 되어가지 않을 수가 없었던 것이다. 그 범죄자는 이 세상에서 가장 위대한 창조자이며, 니체의 초인의 사상은 범죄의 생산성과 범죄의 아름다움의 극치에 해당된다고 할 수가 있는 것이다. 니체는 신성모독자이자 낙천주의자이다. 신성모독자는 절대로 '건강한 염세주의자'—니체는 스스로를 '건강한 염세주의자'라고 칭하는, 너무나도 유치한 수준에서의 오류를 범하기는 했지만—가 될 수가 없으며, 그 범죄의 아름다움 속에는 언제, 어느 때나 우리 인간들의 삶에 대한 낙천주의적인 새싹이 자라나게 된다. 아아, 오점이 없는 명예!— 아아, 그 오점이 없는 명예는 '아버지를 살해'한 자의 명예이며, 나의 사상의 신전은 그 명예로 둘러싸여 있다고 하지 않을 수가 없다.

나는 나의 스승인 프리드리히 니체의 손을 잡고 낙천주의 사상의 신전 속으로 걸어 들어가고자 한다. 프리드리히 니체는 1844년 프러시아 삭손州 뢰켄 지방에서 태어났으며, 그의 일생 내내 호전적이고 전투적인 정신으로, 모든 가치들의 전복을 기도했다고 해도 과언이 아니다. "나는 너희에게 초인超人을 가르친다. 인간은 초극되어야만 할 그 무엇이다"라고 그가 부르짖었을 때, 바로 그 부르짖음 속에는 '신의 사망선고'가 내려져 있었던 것이며, 따라서 그의 반기독교주의와 반형이상학주의, 그리고 그의 반이상주의를 우리는 어렵지 않게 알아차릴 수가 있는 것이다. 초인은 신을 섬기지 않은 사람이며, 하늘 나라의 이상적인 천국도 믿지 않는 사람이다. 초인은 우리 인간들의 미래의 인간이며, 그는 이 땅에 두 발을 튼튼히 내리고 있는 짜라투스트라이다. 짜라투스트라는 삶의 본능의 옹호자이며, 그는 그의 일생 내내 우리 인간들의 삶을 비방하고 헐뜯고 부정하는 기독교와 염세주의 사상에 맞서 싸워왔다고 해도 지나친 말이 아니다. 가령, 예컨대,

> 나는 필연적으로 내일의 인간, 모레의 인간이 될 수밖에 없는 철학자가 항시 스스로를 오늘과 상반되는 존재로 생각해 왔고, 또 그렇게 생각하지 않을 수 없으리라는 기분을 점점 더 강하게 느끼게 된다. 그의 적은 오늘의 이상이었다. 철학자라는 이름의 인간의 육성자, 이 비범한 존재들은 이제까지 스스로를 지혜의 친구라기보다는 위험스러운 물음표, 불쾌한 바보라고 생각해 왔다. 그럼에도 불구하고 그들은 당대의 불쾌한 양심이 되는 것이 자신의 사명임을 자각해 왔다. 그러한 사명은 수행하기도 어렵고 달갑지도 않으며 그렇다고 회피할 수도 없는 것이었고, 그러면서도 궁극적으로 위대한 것이었다.
>
> 그들은 자신이 속한 시대의 미덕의 심장에다가 메스를 댐으로써 그들의 비밀한 과업이 무엇인가 드러냈다. 즉 인간의 새로운 위대함을 인식하고 인간을 위대하게 만드는 전인미답의 새 길을 탐구하는 일이 그것이다. 그때마다 그

들은 당대의 가장 찬양받는 도덕들 속에 얼마나 많은 위선과 안일, 나태, 타락, 허위 등이 숨겨져 있는가를, 그리고 당대의 미덕이 얼마나 낡은 것인가를 폭로해 왔다. 그들은 항시 다음과 같이 말해왔다. '우리들은 오늘날 그대들이 가장 불편스러워하는 곳으로, 그러한 길로 가야만 한다.

라는, 『선악을 넘어서』(청하, 1982)에서처럼, 니체의 철학은 철두철미하게 비판철학이며, 다른 한편,

내가 '비극적인'이라는 말의 개념과 비극의 심리학에 관한 궁극적인 지식을 어떻게 얻게 되었는가를 『우상의 황혼』에서 최근에 설명한 바 있다. '인생의 가장 풀기 어렵고 가혹한 문제에 당해서도 생을 긍정한다는 것, 비견할 바 없는 희생을 감수하면서도 무한한 즐거움을 느끼는 생의 의미—그것이 이른바 디오니소스적인 것이다. 나는 그것을 비극적 시인의 심리에 도달하기 위한 교량 역할로서 파악하였다. 시인이 비극을 쓰는 것은 공포나 연민을 제거하기 위함이 아니요, 공포와 연민의 맹렬한 폭발로부터 생기는 하나의 위험한 영향으로부터 자기를 보호하기 위함도 아니다.—아리스토텔레스는 그 점에서 오해한 바 없지 않다.—그것은 모든 공포와 연민을 초월하여 생성이라는 영원한 기쁨도 포함한다.

이런 의미에서 나는 나 자신을 최초의 '비극적 철학자'로 이해할 만한 권리를 가지고 있다. 즉 염세적 철학가의 정반대되는 철학자로서 말이다. 나 이전에는 이와같이 디오니소스적인 것을 하나의 비극적 파토스로 인식한 자는 없었다. 즉 비극적 지혜가 결여되어 있었던 것이다.

라는 『이 사람을 보라』(청하, 1982)에서처럼, 니체의 철학은 생의 철학, 즉 비극철학이라고 할 수가 있는 것이다. 비극철학은 그의 목표이며, 비판철학은 그의 수단이다. 그는 그 디오니소스적인 세계, 즉 짜라투스트라적인 초인의 세계에 도달하기 위하여, 기독교와 형이상학, 그리

고 이상주의의 심장에다가 그의 메스를 들이댔던 것이고, 그 결과, 그는 '만인 대 일인의 싸움'에서 패배를 하여, 그 광대와도 같은 짜라투스트라의 삶을 살다가 갔던 것이다. 고독, 정적, 병, 短命이라는 운명, 너무나도 울고 싶을 때에도 익살스러운 광대가 되어야만 했던 그의 삶은 얼마나 쓰디 쓰고 처절했던 것이며, 다른 한편, 대학사회와 출판사, 그리고 언론사와 그의 조국인 독일에서의 홀대와 멸시의 아픔 등은 또한 얼마나 쓰디 쓰고 처절했던 것이란 말인가! 하지만 그는 비극철학자답게 그 비판철학의 건강함으로 우리 인간들의 삶의 본능을 옹호하고, 이 땅에 두 발을 튼튼히 내린 '초인의 사상'을 완성할 수가 있었던 것이다. 니체의 '초인 사상'은 '위험스러운 물음표'와 '불쾌한 바보'가 되어야만 했던 그의 비판철학에 기초를 두고 있는 것이며, 그 사상의 신전에는 다음과 같은 경구가 씌어져 있다고 하지 않을 수가 없다.

> 사람은 불멸하기 위해서는 비싼 대가를 치러야 한다. 사람은 불멸하기 위해서는 여러 번 죽어야 한다(『이 사람을 보라』).

니체의 사상의 신전에는 『비극의 탄생』, 『반시대적 고찰』, 『선악을 넘어서』, 『인간적인 너무나 인간적인』, 『즐거운 지식』, 『도덕의 계보』, 『권력에의 의지』, 『반그리스도』, 『서광』, 『니체 대 바그너』, 『짜라투스트라는 이렇게 말했다』, 『우상의 황혼』 등의 저서들이 그 빛을 발하고 있고, 그 빛 속에는 하이데거, 데리다, 미셸 푸코, 들뢰즈 등, 그의 후학들이자 세계적인 석학들로 인산인해를 이루고 있다고 하지 않을 수가 없다. 오직, 단 한 사람뿐이었고 고문받는 순교자에 지나지 않았을 때, 니체는 "괴테도, 셰익스피어도, 단테도, 짜라투스트라에 비교하면 단순한 하나의 신봉자에 불과하며", "베다의 시인들 역시도 짜라투스트라의 구두끈도 풀어줄 만한 가치도 없는 자들"(『이 사람을 보라』)이라고 혹평을 하며, 마치 자기 자신을 人神의 높이로까지 끌어올린 적이 있었던 것이다.

그러나 니체 철학의 최대의 약점은 기독교에 대한 혐오가 지나치다 못해서, 모든 형이상학과 우리 인간들의 이상마저도 극단적으로 부정하고 매장을 시켜버리려고 했다는 사실에 있다고 해도 틀린 말이 아니다. 나와도 같고 니체와도 같은 신성모독자들은 오늘날 무척이나 많이 늘어났지만, 그러나 그렇다고 해서 기독교가 역사의 종말을 맞이한 것도 아니고, 또한 형이상학과 이상이 그 종적을 감춘 것도 아니다. 기독교와 형이상학, 그리고 이상 역시도 삶의 본능의 옹호이며, 그리고 그것들이 종적을 감추게 되면, 니체의 초인 사상도 그 설 땅을 잃어버리게 된다. 니체는 선악을 넘어서서, 모든 것을 다같이 바라보고 그 진정한 의미를 밝히려고 했지만, 그러나 자기 자신의 극단적인 사고방식만은 교정할 수가 없었던 것이다. "나는 너희에게 초인을 가르친다. 인간은 초극되어야만 할 그 무엇이다"라는 초인 사상은 예수(신)와도 같은 인물을 지칭하며, 그 초월성 때문에 이상주의적이고도 형이상학적인 인물에 지나지 않게 된다. 따지고 보면, 니체의 짜라투스트라가 기독교적인 예수에 지나지 않으며, 하늘에서 땅으로 내려오는 형이상학적(이상적)인 인물에 불과했던 것이다. 니체는 기독교, 형이상학, 이상주의, 그 어느 것도 뛰어넘지 못했으며, 그처럼 불가능하고 무모한 싸움을 수행해야만 되었던 어릿광대에 지나지 않았던 것이다. "너희가 이상적인 것을 볼 때 나는 인간적인 너무나 인간적인 것을 본다"(『인간적인 너무나 인간적인』, 청하, 1982)라는 그의 명제 역시도 하나의 횡설수설에 불과하며, 오히려 거꾸로 "너희가 인간적인 것을 볼 때 나는 신적인 너무나 신적인 것을 본다"라는 형이상학적인 명제를 가능케 하고 있는 것인지도 모른다.

니체의 비극의 개념과 그 의미에 대한 정의는 매우 섬세하고 정교해 보이기는 하지만, 그렇다고 해서 그것이 그의 독창적인 이론이라고는 생각되지 않는다. 아리스토텔레스의 카타르시스 이론은 그의 무지와

몰이해의 소산에 불과하며, 한 마디로 말해서, 비극은 유한한 존재자인 우리 인간들의 자기 초월의 문제와도 매우 깊숙이 결부되어 있다고 나는 생각한다. 비극이란 우리 인간들의 비참한 사건과 그 불행들을 지시하고 있으며, 따라서 그 주체자들이 처절한 고통 속에서 죽어갔다는 것을 뜻한다. 요컨대 비극이란 말은 행복과는 거리가 먼 말이며, 그 비극의 주인공이 더없이 처절하고 고통스러운 삶을 살다가 갔다는 것을 뜻한다. 그렇다면 비극의 기원은 무엇이며, 왜 비극이 그토록 오랫동안 그처럼 중대한 문제로 회자되고 있는 것이란 말인가? 그것은 두말할 것도 없이 우리 인간들이 불완전한 존재이며, 그 삶의 조건이 비극적이기 때문인 것이다. 신은 전지전능하며 영생불사의 존재인데 반하여, 우리 인간들은 불완전하고 유한한 존재이다. 따라서 우리 인간들은 애정의 결핍과 재화의 결핍, 그리고 능력의 결핍과 존재의 결핍 등과도 같은 비극적인 조건들 속에 살아가지 않으면 안 되고, 또한 그 비극적인 삶의 조건들을 극복하기 위하여 프로메테우스와도 같은 무모한 고행을 되풀이 반복하지 않으면 안 된다. 우리 인간들의 불완전성이 비극의 기원이며, 그토록 오랫동안 비극이 중대한 문제로 회자되고 있는 것은 우리 인간들의 삶의 조건이 '비극적인 것'으로만 규정되어 있기 때문이라고 할 수가 있는 것이다. 아버지—힌두교의 브라만과 유태교의 하나님—를 상징적으로 살해하고 민중들을 구원해 냈던 부처와 예수, 살부와 근친상간을 범하고 테베 사회를 구원해 냈던 외디프스, 문명과 문화의 원동력인 불을 발명하고 그 댓가로 카우카소스의 바위산에 묶여서 제우스의 신조인 독수리에게 하염없이 간을 쪼아 먹혀야만 했던 프로메테우스, 지동설을 역설했다가 화형을 당한 조르다노 브루노, 그의 스승인 헤겔의 절대정신을 비판하고 염세주의를 역설했던 쇼펜하우어, 이제까지의 모든 가치들의 전복을 기도하고 마침내 신의 사망증명서를 발급해 주었던 니체 등의 삶이 바로 그것을 증명해 준다. 우리 인간들은 유한하지만 '인간이라는 종'은 영원하다. 또한 우리 인간들 개, 개인은 더없이 어리석고 약하지만, 이러한 문화적 영웅들이 이룩해낸 업적은 그들의 사상의 신전에서 더없이 거룩하고 위대하게 그 빛을 발한다. 모든 문명과 문화는 고귀한 것, 거룩한 것, 위대한 것을 위하여 이처럼 목숨을 바쳤던 영웅들의 성과에 의해서 구축된 것이며, 이러한 점에 있어서 우리 인간들의 비극적인 삶의 조건들은 그때 그때마다 슬기롭게 극복되어 왔다고 할 수가 있는 것이다. 따라서 우리는 공포와 연민을 몰아내기 위해서 비극을 보는 것도 아니며, 또한 공포와 연민의 위험으로부터 자기 자신을 보호하기 위해서 비극을 보는 것도 아니다. 비극은 삶의 조건이며, 삶 자체이다. 따라서 우리는 삶(비극)이라는 거대한 장애물 앞에서 쓰러져 가고 있는 사람들과, 그리고 비록 일시적이고 잠정적이긴 하지만, 그 장애물을 극복해낸 문화적 영웅들에게 자기 자신을 일체화시키고 있는 것이지, 공포와 연민의 감정을 다스리기 위해서 비극을 보는 것은 아니다. 비극의 주인공들에게는 그 비극적 상황을 벗어나는 것이 최우선적인 과제이며, 공포와 연민의 감정은 매우 진부하고 방관자적인 관객의 감정에 지나지 않는다. 아리스토텔레스의 '카타르시스 이론'은 비극의 주인공들(모든 인간들)에 대한 모독이며 불필요한 감정의 낭비에 지나지 않는다. 비극의 주인공들과, 그 주인공들의 삶과 일체화된 관객들은 모두가 다같이 삶이라는 거대한 장애물 앞에 쓰러져서 아주 처절한 고통과 그 아픔에 신음을 하고 있거나, 아니면 도저히 불가능하고 상상할 수조차도 없었던 그 장애물들을 극복해 내가며, 하늘을 찌를듯한 환희에의 기쁨을 만끽하게 된다. 왜냐하면 배우와 관객들이 모두가 다 같이 하나가 되어, 자기 자신과 인간이라는 삶의 문제에 몰두해 있기 때문이다. 비극은 연극이 아니라 삶 자체이며, 우리 인간들은 그 비극을 극복해 나가는 데서, 삶의 즐거움을 느끼고, 또 그 비극 앞에서 장렬하게 전사(순교)해간 선인들의 업적과 그 숨결을 통해서 삶의 아름다움과 그 경건함을 체득하게 된다. 이러한 점에 있어서 비극을 삶의 본능의 옹호와 그 찬가로 바라본 니체의 정의는 매우 정확하다고 할 수가 있는 것이다. 하지만 비극에 대한 니체의 정의는 그가 그토록 부정하고 비판했던 '자기 초월'의 문제와 직결될 수밖에 없게 된다. 부처, 예수, 프로메테우스, 디오니소스, 조르다노 브루노, 헤겔, 쇼펜하우어, 니체, 짜라투스트라는 우리 인간들의 미래의 이상형이며, 그들의 사회적 지위가 인신의 경지로까지 올라간 문화적 영웅들이기도 한 것이다. 따라서 그토록 기독교와 형이상학에 반대하고 플라톤의 이상주의에 반대했던 니체의 '초인 사상'이 그들과 너무나도 똑같이 닮아 있다는 것은 이상야릇한 역설이 아닐 수가 없다. 하나의 신전이 세워지기 위해서는 수많은 신전들이 파괴되어야만 한다는 진리가 이처럼 정확하게 들어맞은 일도 없다고, 나는 생각한다. 그리고 또한, 니체만이 자기 자신을 최초로 '비극철학자'로 인식할 만한 권리를 지니고 있는 것도 아니다. 니체 이전에, 부처, 예수, 호머, 프로메테우스, 소크라테스 등의 수많은 문화적 영웅들이 우리 인간이라는 종의 건강과 그 문명과 문화의 삶을 위하여, 자기 자신들의 단 하나뿐인 생명을, 마치 한 자루의 촛불처럼 소진시켜 나갔다고 해도 틀림이 없다. 그들은 모두가 다 같이 자기 초월, 즉 불사에 도전함으로써 영원불멸의 삶을 획득한 문화적 영웅들이며, 이러한 점에 있어서, "사람들은 불멸하기 위하여 여러 번 죽어야 한다"는 니체의 통찰은 꼭 들어맞는다고 할 수가 있는 것이다. 어쨌든 니체가 자기 자신을 최초로 '비극철학자'라고 명명한 것은 지나치게 자의적이고 그만큼 침소봉대되어 있다고 할 수가 있는 것이다.

나는 니체의 손을 이끌고 나의 '사색인의 십계명' 중 제4계를 소리 높여 낭송해 본다.

> 제4계: 사상의 신전을 짓고 모든 사람들을 초대하라;
>
> 우리는 자기 자신을 세계의 중심에 놓을 필요가 있다.

나는 낙천주의자로서 '세계는 나의 범죄의 표상이다'라고 역설한 바가 있다. 이 말은 나의 범죄 행위가 있고, 그 다음에 세계가 있다라는 뜻이다.

創字에는 칼 도刀자字가 들어 있다.

나의 사상의 신전, 낙천주의 속에는 우리 인간들의 꿈과 행복이 들어 있고, 언제나 행운의 여신이 미소를 짓고 있다.

낙천주의는 내가 최초로 명명한 용어는 아니지만, 나는 그 낙천주의라는 용어 속에다가, 이제까지 그 어느 누구도 생각할 수 없었던 최고급의 지혜를 담아보려고 노력해 왔다고 하지 않을 수가 없다. 낙천주의는 쇼펜하우어가 이해했던 것처럼 "종교에서는 물론 철학에서도 진리를 가로막는 근본적인 오류"(쇼펜하우어, 『의지와 표상으로서의 세계』, 집문당, 1994)도 아니고, 또한 니체가 이해했던 것처럼 "일단 비극 속에 침투해 들어가면 비극의 디오니소스 영역을 점차 잠식"(니체, 『비극의 탄생』, 청하, 1982) 해버리는 것도 아니다. 쇼펜하우어와 니체가 비판하고 있는 낙천주의는 이제까지의 통속적인 낙천주의이지, 신성모독자로서의 내가 주창하고 있는 낙천주의가 아니다. 너무나도 쉽고 안이한 결말과 가짜 화해, 그리고 모든 비극적인 사건들과 그 원인들을 외면하고 무사안일 속의 쾌락만을 추구하고 있는 낙천주의자들은, 좀 더 명확하게 말한다면, 그들은 모두가 다 같이 퇴폐주의자들이라고 할 수밖에 없는 것이다. 도덕이 도덕인 것은 공동체 사회의 구성원으로서 마땅히 지켜야 할 것들을 규정하고 그것이 사회적인 힘으로써 강제력을 지니고 있기 때문일 것이다. 퇴폐주의자들은 근본적으로 도덕을 부정하고 그가 소속된 공동체 사회를 붕괴시키고 있는 자들에 지나지 않는다. 따라서 쇼펜하우어와 니체가 비판하고 있는 낙천주의는 더 이상 내가 주창하고 있는 낙천주의가 아니며, 그것은 하루바삐 퇴폐주의로 폐기처분해 버려야 할 쓰레기 더미에 지나지 않는다. 낙천주의는 이 세상과 우리 인간들의 삶을 즐겁고 기쁘게 긍정하는 사상이다. 낙천주의는 불쾌를 피하고 쾌락을 추구하는 사상이며, 궁극적으로는 행복한 삶을 추구하는 사상이다. 나의 사상의 신전, 낙천주의 속에는 우리 인간들의 꿈과 행복이 들어 있고, 언제나 행운의 여신이 미소를 짓고 있다.

스승은 남보다 앞서서 도道나 사물의 이치를 깨달은 선각자이며, 우리 인간들은 그 스승의 가르침에 의해서 문맹의 탈을 벗어던지고, 가장 아름답고 화려한 '지혜인'의 옷을 입게 된다. 아버지와 스승이 다같이 옥살이를 하고 있다면 스승을 먼저 꺼내와야 한다는 『탈무드』의 교훈이 있듯이, 우리 인간들은 그 스승에 의해서 유한성을 극복하고 人神으로서의 영원불멸의 삶을 살아가고 있는 것인지도 모른다. 스승은 신들 중의 신(제우스)이며, 그의 은혜는 오늘도 이 지구를 밝혀주고 있는 태양처럼 크나 크기만 하다. 그러나 그 스승의 지위도 영원한 것이 아니며, 때때로 시대의 변모와 함께, 수많은 제자들에 의하여 엄청난 도전과 시련에 처하지 않을 수가 없게 된다. 왜냐하면 스승이 스승이라는 이름과 지위만으로 제자들의 발목을 움켜쥐고 자기 자신의 시대가 종말을 고했다는 사실을 은폐하고 있기 때문이다. 진정한 스승은 하늘의 태양과도 같지만, 그렇지 못한 스승은 이내 그 수명을 다해버리는 촛불과도 같다. '네, 그렇습니다'라는 말을 들으면 우리의 스승은 기분이 좋아지고 어느덧 우쭐해진다. '네, 그렇습니다'라는 말은 스승에 대한 긍정과 그리고 그 긍정을 넘어선 존경을 포함하고 있기 때문이다. 그러나 '아니오, 그렇지 않습니다'라는 말을 들으면 우리의 스승은 기분이 나빠지고 어느덧 모욕감을 느낀다. 왜냐하면 '아니오, 그렇지 않습니다'라는 말은 스승에 대한 존경은커녕, 스승의 존재에 대한 강한 부정과 그 부정을 넘어서서 경멸감을 포함하고 있기 때문이다. 하지만 진정으로 고귀하고 위대한 스승은 간이 크고 대범하지 않으면 안 된다. 그는 끊임없이 이의를 제기하고 반박할 수 있는 제자만을 사랑해야 하고, '아니오, 그렇지 않습니다'라는 말을 통해서 가장 화려하고 찬란한 문화의 새싹들을 길러내지 않으면 안 된다. '네, 그렇습니다'만을 듣기 좋아하는 스승은 자기 자신의 손바닥만한 권위와 행복을 위해서 제자들의 장래를 갉아먹는 기생충에 불과하지만, '아니오, 그렇지 않습니다'를 듣기 좋아하는 스승은 자기 자신의 육체를 희생하여 제자들의 미래의 희망을 길러내는 순교자라고 할 수가 있다. '네, 그렇습니다'의 제자들은 별 다른 재능, 별 다른 특징이 없는 조약돌에 불과하고, '아니오, 그렇지 않습니다'의 제자들은 저마다의 개성과 독창성을 지닌 문화적 영웅들이라고 할 수가 있다. 따라서 '아니오, 그렇지 않습니다'를 사랑하는 스승만이 참다운 스승이며 영원한 스승이라고 할 수가 있다. 참다운 스승이 없는 민족은 이민족의 지배를 받고 소멸해 가는 민족이며, 마침내, 우리 한국인들은 오천 년의 역사를 백척간두의 위기로 몰아 넣어가고 있다고 해도 과언이 아니다.

프리드리히 니체는 '아니오, 그렇지 않습니다'(아버지 살해)를 통해서 모든 인류의 스승이 된 사람이며, 나 역시도 '아니오, 그렇지 않습니다'를 통해서 참다운 스승이 되어가고 있는 사람이다. 나는 니체의 '건강한 염세주의'와 그의 '반기독교'와 '반형이상학'과 '반이상주의'를 단칼에 베어버렸고, 자기 자신만이 '참다운 비극철학자'라는 니체의 오만방자함을 단칼에 베어버리지 않을 수가 없었던 것이다. 니체와 나는 '아니오, 그렇지 않습니다'라는 말을 통해서 참다운 스승과 제자의 관계를 유지할 수가 있었던 것이며, 이제부터 나는 니체의 손을 잡고 '愛知의 숲'을 거닐면서, 그 참다운 스승에게 나의 낙천주의 사상을 설명해 주고자 한다.

나는 낙천주의 사상가로서 『행복의 깊이』 1, 2, 3권을 출간한 바가 있다. 『행복의 깊이』 제1권은 우리 인간들의 삶의 본능을 옹호하면서 낙천주의자의 '삶의 양식'을 천착해본 것이고, 『행복의 깊이』 제2권은 '영원불멸의 삶'을 옹호하면서 낙천주의자의 '삶의 의지'를 천착해본 것이다. 그리고 마지막으로, 『행복의 깊이』 제3권은 낙천주의자로서 내가 가장 즐겁고 기쁘게 삶을 향유할 수 있는 세목들에 대하여 천착을 해본 것이다. 나는 지혜의 여신의 총애를 받고 있는 사람이며, 죄를 짓고 죄악을 정당화할 수 있을만큼 득죄의 수련을 쌓은 신성모독자이고, 또한 나는 고귀한 것, 거룩한 것, 위대한 것, 즉 문화적 영웅에 대한 사랑으로, 그 목표를 추구해 나가고 있는 낙천주의자이다.

나의 행복은 신성모독 속에서 꽃 피어나고, 그 꽃의 아름다움은 천세불변의 사상의 신전을 장식하게 될 것이다.

青蓮이 있대요
파랗게 핀대요
파아란 연기같이 오른대요

아름다운 青蓮
희귀한 핏줄
불러줘 데려다 줘
내 청년으로 삼고 말거야

아름다운 내 청년
어디에 사나요
蓮도래지 남쪽바다 휘허한 옛 甲國
그림자 없는 無影池 그런 나라에

먼 청년
내 青蓮

떠도는 소문 깊이
저 세상으로 깊이

白蓮이 피면

그 이름을 따로 불렀습니다

부를 수 없는 이름으로 불렀습니다

靑蓮

희고지고희고지고희고지어서

흰빛의 목숨이 그만 끊기는 거기

파아란

내 청년은 깃들어

— 이진명, 「청련, 청년, 백련」 전문

이진명의 「청련, 청년, 백련」은 아름답고 절묘한 말의 울림과 함께, 언어의 마술사로서 그녀의 자유로운 상상력이 돋보이는 시라고 할 수가 있다. 이진명의 '靑蓮'은 상상 속의 꽃이며, 그녀는 그 파아란 청련을 통해서 아름다운 '靑年'을 연상해 낸다. 그 청년은 그녀의 마음 속의 이상형이며, 그와의 사랑을 통하여 "蓮도래지 남쪽바다 휘허한 옛 甲國/ 그림자 없는 無影池"의 나라에서 살고 싶다는 소망을 간직하게 된다. "아름다운 내 靑年/ 어디에 사나요"라는 시구가 바로 그것이며, 따라서 「청련, 청년, 백련」은 '아름다운 인간—행복한 삶'을 노래한 시라고 하지 않을 수가 없는 것이다. "아름다운 靑蓮"도 아름다운 인간의 행복을 자라나게 하고 있고, "아름다운 내 靑年"도 아름다운 인간의 행복을 자라나게 하고 있다. 그러나 그 '아름다운 인간—행복한 삶'은 이 시의 후반부에 접어들면서 '아름다운 인간—행복한 죽음'으로 자연스럽게 시적인 승화를 이룩하게 된다. 왜냐하면 '아름다운 靑蓮'과 '아름다운 내 靑年'이 살고 있는 '蓮도래지 남쪽바다 휘허한 옛 甲國'은 '白蓮'이 피는 죽음의 나라이기 때문이다. 그러므로 '백련'이 피는 죽음의 나라는 '아름다운 인간—행복한 죽음'의 나라로 지칭되는데, 왜냐하면 그 행복한 죽음의 나라는 "파아란 내 靑年이 깃들어" 있기 때문이다. '백련'은 아름답고 행복한 죽음의 상징이며, 머나먼 하늘 나라의 꽃이라고 할 수가 있는 것이다. '아름다운 인간—행복한 삶'이 '아름다운 인간—행복한 죽음'이며, 그것은 곧바로 우리 인간들의 행복으로 승화된다. 「청련, 청년, 백련」은 삶과 죽음이, 마치 자웅동체처럼 육화되어 있는 시이며, 한국현대문학사 속에서 가장 아름답고 훌륭한 시라고 하지 않을 수가 없다. 낙천주의의 목표는 '아름다운 인간—행복한 삶'과 '아름다운 인간—행복한 죽음'이다. '아름다운 인간—행복한 삶'은 삶의 완성에 그 초점이 맞춰져 있고, '아름다운 인간—행복한 죽음'은 죽음의 완성에 그 초점이 맞춰져 있다. 아름다운 인간—행복한 삶과 아름다운 인간—행복한 죽음, 즉, 그 낙천주의자의 실천방법은 '나는 신성모독을 범한다, 고로 존재한다'와 '세계는 나의 범죄의 표상이다, 고로 행복하다'라는 두 개의 명제 속에 극단적으로 드러나 있다고 해도 틀림이 없다. '나는 신성모독을 범한다, 고로 존재한다'는 나의 존재론이며, 그 존재론을 극단적으로 밀고 나간다면 '세계는 나의 범죄의 표상이다, 고로 행복하다'라는 나의 행복론을 만나게 될 것이다. 낙천주의자는 신성모독자이고, 신성모독자는 낙천주의자이다. 부처, 예수, 프로메테우스, 외디프스, 소크라테스, 칸트, 헤겔, 니체, 쇼펜하우어, 코페르니쿠스, 갈릴레이 갈릴레오, 뉴턴, 아인시타인, 반경환 등은 모두가 '아버지 살해자'이며, 그 아버지 살해자가 이 세상의 삶을 향유하지 못할 이유가 없는 것이다.

나는 최초의 명명자이자 최초의 입법자로서, 마치 수천 년을 찍어누르듯이, 낙천주의의 명제를 나의 사상의 신전에 새겨둔 바가 있다.

> 우리 인간들은 죽어갈 수가 있어서 행복하고, 또다시 태어날 수가 있어서 행복하다.

호머가 전지전능한 신들과 맞서서, 우리 인간들의 인문주의를 옹호한 바가 있듯이, 죽음을 모르는 인간은 권태에 사로잡혀 있는 자이며, 불행한 인간에 지나지 않는다. 또, 그리고, 다만, 죽어갈 뿐, 또다시 태어날 수 없는 인간은 허무주의에 사로잡혀 있는 자이며, 불행한 인간에 지나지 않는다. 모든 것이 가고 모든 것이 되돌아 온다. 그러나 나는 이 불교의 윤회사상과 영겁회귀사상을 발밑으로 깔아 뭉개버리면서 나의 낙천주의 사상의 명제들을 더욱더 정교하고 세련되게 정식화시켜 왔다고 해도 과언이 아니다.

저 여자는 죽었다
죽은 여자의 얼굴에 生生히 살아 있는 검버섯
죽은 여자는 흰꽃무당버섯의 훌륭한 정원이 된다

죽은 여자, 딱딱하게 닫혀 있던
음부와 젖가슴이 활짝 열리며
희고 고운 가루가 흰나비 분처럼
바람을 타고 날아간다 반짝거리는 알들

내 죽은 담에는 늬들 선산에 묻히지 않을란다
깨끗이 화장해서 찹쌀 석 되 곱게 빻아
뼛가루에 섞어달라시는 엄마 바람 좋은 날
시루봉 너럭바위 위에 흩뿌려달라시는

들짐승 날짐승들 꺼려할지 몰라
찹쌀가루 섞어주면 그네들 적당히 잡순 후에
나머진 바람에 실려 천·지·사·방·훨·훨
가볍게 날으고 싶다는

찹쌀 석 되라니! 도대체 언제부터
엄마는 이 괴상한 소망을 품게 된 걸까

저 여자, 흰꽃무당버섯의 정원이 되어가는
버석거리는 몸을 뒤척여
가벼운 흰 알들을 낳고 있는 엄마는
아기 하나 낳을 때마다 서 말 피를 쏟는다는
세상의 모든 엄마들처럼
수의 한 벌과 찹쌀 석 되
벽장 속에 모셔놓고 기다리고 있는 것이다
기다려온 것이다
— 김선우, 「엄마의 뼈와 찹쌀 석 되」 전문

만일, 그렇다면 무엇이 아름답고 행복한 삶이며, 또한 무엇이 아름답고 행복한 죽음이란 말인가? 그것은 두말할 것도 없이 낙천주의자—'삶은 죽음의 완성'이며, '죽음은 삶의 완성'이라고 생각하고 있는 낙천주의자—만이 획득할 수 있는 최고의 행복의 경지라고 나는 생각한다. 이진명의 「청련, 청년, 백련」이라는 시도 그렇지만, 김선우의 「엄마의 뼈와 찹쌀 석 되」 역시도 '아름답고 행복한 삶'과 '아름답고 행복한 죽음'을 노래한 시라고 할 수가 있다. 자기 자신의 '뼛가루'와 '찹쌀 석 되'를 섞어서 '들짐승과 날짐승'의 밥이 되게 해달라는 어머니가 어떻게 죽음의 공포 앞에서 벌벌 떨고 있는 인간일 수가 있겠으며, 이 세상의 삶을 마친 뒤에도 '천지사방'으로 가볍게 훨훨 날아다니고 싶다는 어머니가 또한 어떻게 삶의 공포 앞에서 벌벌 떨고 있는 인간일 수가 있겠는가? 죽음은 탄생의 결과이며, 삶은 죽음의 결과이다. 죽음을 삶의 완성으로 생각하면 죽음의 공포가 없어지고, 삶을 죽음의 완성이라고 생각하면 삶의 공포가 없어지게 된다. 사는 법을 배우는 것은 죽는 법을 배우는 것이고, 죽는 법을 배우는 것은 사는 법을 배우는 것이다. 따라서 죽음은 우리 인간들의 한계가 아니라, 무한한 가능성이며, 삶의 완성으로써 언제나 열려 있는 것이다. 죽음은 삶의 완성이고 삶은 죽음의 완성이다. 그 '아름다운 인간—행복한 삶'을 배운 인간이 삶의 공포(성공과 실패, 승리와 패배 등)와 죽음의 공포(육체와 영혼의 소멸과 지옥으로의 추락 등) 앞에서, 미리부터 오줌을 질질 싸고 있을 수는 없는 것이다. 그 삶의 공포와 죽음의 공포를 극복해낸 인간은 보다 나은 인간, 보다 완전한 인간, 즉 신적인 인간을 위하여 두 눈 하나 깜빡하지 않고 '아버지 살해'를 감행하게 된다. 하지만 외디프스콤플렉스는 나의 상승 욕망이지, 성적 욕망이 아니다. 프로이트의 성적 욕망은 보다 나은 인간, 보다 완전한 인간, 즉 신적인 인간을 위한 나의 상승 욕망 앞에서, 더 이상의 저항없이 복종하지 않으면 안 된다.

그해 가을 나는 아무에게도 便紙 보내지 않았지만
늙어 軍人 간 친구의 便紙 몇 통을 받았다 세상 나무들은
어김없이 동시에 물들었고 풀빛을 지우며 집들은 언덕을
뻗어나가 하늘에 이르렀다 그해 가을 濟州産 5년생 말은
제 주인에게 대드는 자가용 운전사를 물어뜯었고 어느
유명 작가는 南美紀行文을 연재했다
아버지, 아버지가 여기 계실 줄 몰랐어요
그해 가을 소꿉장난은 國産映畫보다 시들했으며 길게
하품하는 입은 더 깊고 울창했다 깃발을 올리거나 내릴
때마다 말뚝처럼 사람들은 든든하게 박혔지만 햄머
휘두르는 소리, 들리지 않았다 그해 가을 모래내 앞
샛강에 젊은 뱀장어가 떠오를 때 파헤쳐진 샛강도 둥둥
떠올랐고 高架道路 공사장의 한 사내는 새 깃털과 같은
속도로 떨어져내렸다 그해 가을 개들이 털갈이 할 때

지난 여름 번데기 사 먹고 죽은 아이들의 어머니는 후미진
골목길을 서성이고 실성한 늙은이와 天賦의 白痴는
서울역이나 창경원에 버려졌다 그해 가을 한 승려는
人骨로 만든 피리를 불며 密敎僧이 되어 돌아왔고 내가
만날 시간을 정하려 할 때 그 여자는 침을 뱉고 돌아섰다
아버지, 새벽에 나가 꿈 속에 돌아오던 아버지,
여기 묻혀 있을 줄이야
그해 가을 나는 세상에서 재미 못 봤다는 투의 말버릇은
버리기로 결심했지만 이 결심도 농담 이상의 것은
아니었다 떨어진 은행잎이나 나둥그러진 매미를 주워
성냥갑 속에 모아두고 나도 누이도 房門을 안으로
잠갔다 그해 가을 나는 어떤 가을도 그해의 것이
아님을 알았으며 아무 것도 美化시키지 않기 위해서는
卑下시키지도 않는 法을 배워야 했다
아버지, 아버지! 네가 아버지냐
그해 가을 나는 살아 온 날들과 살아 갈 날들을 다 살아
버렸지만 壁에 맺힌 물방울 같은 또 한 女子를 만났다
그 여자가 흩어지기 전까지 세상 모든 눈들이 감기지
않을 것을 나는 알았고 그래서 그레고르 잠자의 家族들이
埋葬을 끝내고 소풍 갈 준비를 하는 것을 이해했다
아버지, 아버지……씹새끼, 너는 입이 열이라도 말 못해
그해 가을, 假面 뒤의 얼굴은 假面이었다
— 이성복, 「그해 가을」 전문

아버지 살해, 즉 신성모독은 모든 문화를 움직여 가는 근본적인 힘이기는 하지만, 그러나 그것이 그처럼 거창한 것도 아니고, 도덕적인 패륜아들만이 저지르게 되는 반인륜적인 범죄 행위도 아니다. 신성모

독은 강물이 흘러가듯이, 매우 자연스러운 삶의 이치이며, 그 행위가 대단한 사건처럼 보이는 것은 그 인공적인 댐들—도덕, 법, 질서, 풍습의 미덕들—이 삽시간에 와르르 무너져 버리고 있기 때문이다. 최초의 건설자로서의 아버지는 자기 자신의 이타성과 그 업적을 강조하게 되지만, 아들은 그 아버지에게 전인미답의 칼날을 들이대며 새로운 도덕의 왕국을 건설하고자 한다. 역사와 전통은 아버지의 傳家의 寶刀이며, 새로운 역사와 전통은 아들의 傳家의 寶刀이다. 전자는 범죄적이고 후자는 모독적이다. 그러나 그 아버지와 아들과의 싸움은 새로운 지식과 새로운 이론으로 무장한 아들의 승리로 끝나게 되고, 그 아들은 어느새 아버지가 되어서 어떠한 아들의 도전도 물리칠 수 있는 사상의 신전을 짓고자 오늘도 두 눈에 핏발을 세우며 긴, 긴 밤을 지새우게 된다. "아버지, 아버지……씹새끼, 너는 입이 열이라도 말 못해", 이것이 천세불변의 진리이며, 최고급의 격세유전인 것이다. 아버지 살해의 전제 조건은 홀로서기이며, 홀로서기는 가장 위대한 인간, 즉 문화적 영웅의 전제조건이다. 홀로서기는 그 주체자의 인간 관계—부모 형제, 친구, 스승, 선배—를 청산한다는 점에서 '밖으로부터 안으로의 운동'(내재성의 확립)이기도 하고, 또 인간 관계의 사회적 장을 떠나서 떠돌이와도 같은 주변인으로 밀려난다는 점에서 '안으로부터 밖으로의 운동'(외재성의 확립)이기도 하다. 이 안과 밖, 즉 내재성과 외재성이 상호 겹쳐지는 운동이 바로 '홀로서기'(주체성의 확립)이며, 우리는 이 홀로서기를 통해서 우리 인간들의 생사의 운명을 좌우하는 지상 최대의 모험을 감행하게 된다. 모험은 끊임없이 위험하게 사는 것이며, 모든 문화적 영웅들의 생명의 실핏줄이다. 멋진 고통, 우아한 고통, 생살이 찢어지고 모든 뼈마디가 잘려나가는 듯한 고통, 그리고 그 고통들 속으로 자기 자신을 끊임없이 몰아넣으며 우리 인간들의 삶을 옹호한다는 것, 바로 이것이 낙천주의자의 삶의 양식인 것이다. 싸움(신성모독)은 으뜸가는 문화의 원동력이며, 최고급의 사상의 신전의 건축가이다. 나는 『행복의 깊이』 제1권, 제5장, 「포효하는 삶」에서 그 싸움에 대하여 다음과 같이 역설한 바가 있다.

오늘날 민주주의자들은 고귀하고 위대한 것을 한없이 깎아내리고 우리 인간들의 삶을 생기없게 만들고 있지만, 권력을 부정한다는 것은 삶을 부정한다는 것에 지나지 않으며, 그것은 극단적으로 말해서, '생명부정에의 의지'에 지나지 않는다. 지배하는 자, 명령하는 자, 그리고 모든 고귀하고 위대한 인간들을 부정하고 있다는 점에서, 마르크스, 프로이트, 보드리야르, 미셸 푸코, 들뢰즈/ 가타리, 데리다, 부르디외 등은 인간 쓰레기와도 같은 지배자 혐오주의자들이며, 현대 민주주의의 광신자들에 지나지 않는다. 요컨대 권력은 삶의 본능의 옹호이며, 수많은 권력 투쟁과 다양한 투쟁 전략이 끊임없이 생성—전개되고 있다는 것은 '인간 사회'라는 유기체가 매우 싱싱하게 살아 있다는 증거가 아닐 수가 없는 것이다. 이미 앞에서 역설한 바가 있지만, 정복자는 이웃 민족국가의 영토를 빼앗고 그 원주민들을 노예로 거느리게 되고, 피정복자는 자기 영토를 빼앗기고 이민족을 하나님과도 같은 주인으로 섬기지 않으면 안 된다. 힘이 있으면 그것은 선이 되고, 힘이 없으면 그것은 악이 된다. 이것이 모든 유기체들의 생존이라는 게임의 법칙인 것이다. 힘을 잃고 약화된 민족은 반드시 소멸하게 되어 있는 반면, 힘에 힘을 더하고 강력해진 민족은 그 물리적인 힘의 토대 위에서 그것을 은폐한 채, 고급문화인으로서의 미소를 띠고, 제법 부드럽고 온화한 표정으로 자유와 평등과 사랑을 이야기하면서 살아갈 수가 있다. 모든 싸움은 '도덕적 선의 고지'를 점령하기 위한 싸움이며, 고귀하고 위대한 인간이 대부분의 인간들을 지배해야 된다는 것이 그 싸움의 전제 조건이라고 하지 않을 수가 없다. 사상, 이념, 고급문화, 영원한 제국, 이 모든 것들은 그 권력자들의 '포효하는 삶'이 미화하고 합리화시킨 것에 불과하다.

철학 예술가로서 나는 이 세상의 삶을 향유하는 데 그 무엇보다도 관심이 있고, 또, 그것은 낙천주의자로서의 나의 행복론으로 나타난 바가 있다. 따라서 나의 비판은 '비판을 위한 비판'이나 '부정을 위한 부정'이 아니라, 절대 긍정을 위한 비판이다. 나는 가능하면 가장 어렵고 힘들고, 그 어느 누구도 하지 않으려는 것, 그러나 누군가가 꼭 해야만 하는 일에 관심을 보여왔고, 그것으로 인하여 염세주의, 기독교, 불교, 공산주의, 현대 민주주의, 그리고 그 어중이 떠중이들과는 상반되는 길을 걸어왔던 셈이다. 현대 민주주의 사회에서 그 어중이 떠중이들을 적으로 삼는다는 것은 자기 스스로 '만인 대 일인의 싸움'을 자청하게 된 것이며, 단 한 명의 원군이나 우군도 없이 가장 강력한 적들과의 싸움을 시작하게 되었다는 것을 뜻한다. 나는 '만인 대 일인의 싸움'을 걸 만큼 충분히 강하고, 생사의 문제를 헐리우드의 전쟁 영화처럼 가볍게 여길 줄도 알고 있다. 싸움은 인간을 비정하고 잔인하게 만들고, 또한 그것은 인간을 자기 중심적으로 사고하게 만든다. 싸움은 싸움의 목적을 분명하게 만들고, 그 싸움의 결과가 승리일 때는 최고의 희열을, 그렇지 않을 때는 목숨까지도 빼앗기게 되는 비참한 상실감을 미리부터 맛보게 한다. 어떤 싸움이든 그것의 궁극적인 목표는 승리이며, 그 승리의 축배는 돈, 명예, 권력, 그밖의 모든 것을 의미한다.

나는 천성적으로 호전적이고 전투적이지만, 나는 나의 싸움에 관한 실천 원칙을 갖고 있다. 나의 싸움은 '만인 대 일인의 싸움'이며, 이제까지의 그 싸움이 만인들의 횡포에 견디지 못한 일인의 싸움에 불과했다면, 나는 그 '원한 맺힌 저주 감정' 없이 만인들의 어리석음을 문제삼고, 그들 모두가 자기 자신들도 모르게, 나의 적이 될 수밖에 없도록 몰아 부쳤던 것이 그 특징적이다. 나의 욕망은 상승 욕망이며, 그 상승 욕망은 니체의 권력 욕망이나 프로이트의 성적 욕망을 하위 개념으로, 혹은 종속 개념으로 거느리게 되었다. 보다 나은 인간, 보다 완전한 인간, 그 신적인 인간이 나의 궁극적인 목표이며, 우리 인간들의 궁극적인 목표라고 내가 믿고 있기 때문이다. 이 세상의 어중이 떠중이들, 즉, 저 평범하고 보잘것없는 우리 학자들은 신문과 대중매체, 넋 잃은 독자와 그 옹호자들에 둘러싸여 매우 보잘것없고 아주 작은 승리에 도취되어 있기가 십상이지만, 나의 승리는 가장 처절하고 비참한 패배에 둘러싸여 그 승리의 의미도 퇴색해 버리고, 이내 그 몸 둘 곳을 몰라 한다. 그러나 그것은 어디까지나 외면적인 양상일 뿐, 그 깊은 곳에서는 언젠가는 새로운 태양처럼 떠오르게 될 에너지로 충만해 있는 것이다. 높이 높이 날아오른 새가 잘 보이지 않듯이, 깊이 깊이 내면으로 스며든 나의 승리가 이 세상의 어중이 떠중이들에게 보일 리가 없는 것이다. 나는 오늘도 '만인 대 일인의 싸움'을 수행하고 있으며, 그 궁극적인 목표는 낙천주의자의 신전의 건축이라고 해도 과언이 아니다.

소크라테스는 '만인 대 일인'의 싸움을 통하여 그의 이상적인 공화국을 연출해 냈고, 예수와 부처는 그 싸움을 통하여 그들의 이상적인 천국을 연출해 냈다. 알렉산더 대왕은 그 싸움을 통하여 '문화의 제국'을 연출해 냈고, 나폴레옹은 그 싸움을 통하여 유럽 연방을 연출해 냈다. 임마뉴엘 칸트는 그 싸움을 통하여 그의 도덕 왕국을 연출해 냈고, 마르크스는 그 싸움을 통하여 그의 공산주의를 연출해 냈다. 그들은 모두가 다같이 그 주체성의 확립(홀로서기)을 통하여 타자성의 완성(세계 영역의 확대), 즉 가장 아름답고 찬란한 사상의 신전을 건축해 놓았다고 할 수가 있는 것이다. 신성모독자는 낙천주의자이며 낙천주의자는 신성모독자이다. 낙천주의자는 죄를 짓고 죄악을 정당화하면서 이 세상을 더욱더 아름답고 넓고 풍요롭게 바라다 보게 된다. 낙천주의자는 으뜸가는 문화의 육성자이며 최고급의 사상의 신전의 건축가이다. 그리고 그는 그 싸움을 통해서 늙음도 죽음도 모르는 어린 아이처럼 그 영원불멸의 삶을 살아가게 된다.

나는 이제까지 '아름다운 인간—행복한 삶'과 '아름다운 인간—행복한 죽음', 즉 낙천주의의 목표와 그 실천 방법들, 그리고 낙천주의의 명제들—『행복의 깊이』 제1권을 통하여—을 역설하면서, 나의 스승인 니체에게, 또는 여러 독자들에게 그것을 설명하고 가르쳐 주었다고 생각한다. 그리고, 이제, 나의 『행복의 깊이』 제2권은 낙천주의자의 네 의지를 천착해본 저서라고 할 수가 있다. 모든 의지는 삶의 의지이지만, 나는 그 삶의 의지를 '앎에의 의지', '무지에의 의지', '진실에의 의지', '거짓에의 의지'로 분류해본 바가 있다. 의지란 생각하고 선택하고 그것을 실행할 수 있는 능력이며, 또한 어떤 일에 집중할 수 있는 힘을 말한다. 또한 의지란 힘에의 의지이며, 최고의 권력자(주체자)의 감정 상태를 말한다. 그는 예언자적 지성과 총명한 두뇌를 갖고 있는 인간이며, 재빠르고 민첩한 동물적인 감각을 갖고 있는 인간이다. 그는 황소와도 같이 우직하고 성실한 근면함을 갖고 있는 인간이며, 절대 절명의 위기 속에서도 백절불굴의 용기와 독자적인 사상과 독자적인 판단 능력을 갖고 있는 인간이다. 그는 낙천주의자이며, 문화적 영웅이고, 니체의 '초인'을 뛰어넘는 미래의 인간이기도 한 것이다. 그는 첫 번째로 앎에 의지하고, 두 번째로 무지에 의지하며, 세 번째로 진실에 의지하고, 그리고 마지막 네 번째로 거짓에 의지한다. 마르크스는 토대가 상부구조의 내용과 형식을 결정짓는다는 유물사관을 통하여 자본주의 사상을 비판하고, 부의 공정한 분배와 만인평등사상에 기초한 공산주의 사상을 역설한 바가 있다. 하지만 그의 결정적인 오류는 위대한 공산주의의 혁명이 만인평등사상으로 이어지지 못하고 전체주의적이며 부패한 관료 계급을 낳게 되고, 그리고 궁극적으로는 자본주의 사회에 의하여 패배를 하게 되었다는 점일 것이다. 마르크스의 공산주의는 그가 그토록 오랫동안 연구했던 사상인만큼 그의 앎에의 의지의 소산이기는 하지만, 다른 한편, 그것은 그의 무지에의 의지의 소산이기도 한 것이다. 그는 공산주의가 지니고 있는 수많은 약점들에 대해서는 무지하고, 또 무지했기 때문에, 시골목사의 순진성을 가지고 공산주의의 혁명을 꿈꿨던 것이며, 또한 그의 순진함은 그 순진했던 만큼, 그의 진실에의 의지가 되어주기도 했던 것이다. 순진한 자는 진실한 자이며, 진실한 자는 순진한 자이다. 하지만 마르크스 역시도 그 이상적인 공산주의가 실현되지 않는다는 것을 알고 있었고, 따라서 그의 진실에의 의지는 거짓에의 의지가 된다. 지혜로운 사람은 거짓말을 잘하고 거짓말을 잘하는 사람은 지혜롭다. 앎에의 의지는 무지에의 의지가 되고, 무지에의 의지는 진실에의 의지가 된다. 진실에의 의지는 거짓에의 의지가 되고, 거짓에의 의지는 앎에의 의지가 된다. 앎에의 의지, 무지에의 의지, 진실에의 의지, 거짓에의 의지는 우리 인간들의 삶의 의지를 떠받쳐 주는 네 의지로써 끊임없이 그 원형적인 순환 고리를 형성하게 된다. 앎에의 의지, 무지에의 의지, 진실에의 의지, 거짓에의 의지는 나의 사색의 힘에 의해서 탄생되었고, 우리 인간들은 지금, 이 순간에도, 그 네 의지에 의지하지 않으면 이 세상의 삶을 살아갈 수가 없게 된다. 마치, 우리가 우리 인간들의 삶을 부정할 수가 없는 것처럼—.

나는 지난 10여 년 동안 '대한독립만세'를 부르는 듯한 심정으로 글을 써왔고, 앞으로도 그러한 '愛知의 신념'에는 변함이 없을 것이다. 이 세상에서 가장 찬란하고 화려한 사상의 신전을 건축한다는 것이 나의 지상 최대의 목표이며, 바로 그때에는 우리 한국인들은 '사상가와 예술가의 민족'이라고 불리우게 될 것이다. 『행복의 깊이』 제3권은 내가 가장 즐겁고 기쁘게 살아갈 수 있는 삶의 세목들에 대하여 매우 깊이 있게 천착을 하고 있으며, 이 '사색인의 십계명' 역시도 그 저서의 독창적인 산물이라는 점을 밝혀두고자 한다. 「독서에 대하여」, 「산책에 대하여」, 「일에 대하여」, 「술에 대하여」, 「연애에 대하여」, 「우정에 대하여」 등의 여섯 개의 장이 바로 그것이다. 요컨대 그 책이 얼마만큼 독창적이냐 하면,

> 그러나 나는 '연재를 시작하면서'라는 글에서, "때때로 디오니소스의 신전을 방문하고 그 황홀한 정원에서 절대 군주가 되는 황홀함을 맛보기도 한다"라고 시사를 한 바가 있듯이, 이 장은 술에 대한 찬가에 바쳐진 글이라고 하지 않을 수가 없다. 신의 노여움을 달랠 때에도 술이 필요하고, 신에게 감사

의 기도를 드릴 때에도 술이 필요하다. 공동체 사회의 재앙과 질병을 쫓아낼 때에도 술이 필요하고, 너와 내가 관계를 맺을 때에도 술이 필요하다. 벼와 곡식을 심을 때에도 술이 필요하고, 추수를 할 때에도 술이 필요하다. 장례식에도, 결혼식에도 술이 필요하고, 마음이 기쁘거나 슬플 때에도 술이 필요하다. 우울하고 쓸쓸할 때에도 술이 필요하고, 괴로울 때에도, 자살을 결행할 때에도 술이 필요하다. 출판기념회나 상을 받을 때에도 술이 필요하고, 매매계약을 하거나 재판절차를 마쳤을 때에도 술이 필요하다. 상상력이 고갈되거나 새로운 앎의 출구가 막혔을 때에도 술이 필요하고, 새로운 지혜나 새로운 세계를 창조하였을 때에도 술이 필요하다. 술은 우리 인간들의 생명이며, 피 자체이다. 술의 기원에는 우리 인간들의 생명이 있고, 피가 있다. 시, 신화가 낙천주의를 양식화시킨 것이라면, 술은 그 낙천주의자의 생명이며, 피 자체이다. 금주법은 우리 인간들에게 반자연의 악법이며, 우리 인간들의 삶에의 의지를 부정하는 것이 될 수밖에 없다. 우리 인간들은 술이 없으면 이 세상을 살아갈 수가 없는 것이다. 나는, 술의 기원에는 우리 인간들의 생명이 있고 피가 있다라는 말에 입을 맞추면서, '술에 대한 열 가지의 질문과 답변'을 마련해 보고자 한다.

술에 대한 열 가지의 질문과 답변

1, 술은 왜 취하게 만드는가?

알코올 성분이 들어 있어서 마시면 취하기 때문이다.

2, 술은 왜 횡설수설하게 만드는가?

우리 인간들의 무의식을 풀어놓고 제멋대로 말할 수 있게 해주기 때문이다.

3, 우리는 왜 술이 없으면 살지 못하는가?

쓸쓸하고 외로워서—.

4, 술은 왜 잠을 불러 일으키는가?

효능에 의해서—.

5, 술은 왜 범죄를 유발시키는가?

두려움과 공포를 없애주고 용기를 북돋아 주고 있기 때문이다.

6, 술은 왜 기쁨을 유발시키는가?

황홀하게 취하게 만들기 때문에—.

7, 술은 왜 여자의 유방을 더듬고 성교를 하고 싶게 만드는가?

성스러운 기피이며, 이유불문의 금지인 도덕명령을 무시하고 성적 욕망에 따라서 행동할 수 있게 해주기 때문에—.

8, 시인은 왜 술을 좋아하는가?

때때로 상상을 초월한 영감을 부여해 주고 불후의 명작을 쓸 수 있게 해주고 있기 때문이다.

9, 술은 우리 인간들과 어떠한 관계가 있는가?

술은 우리 인간들의 생명이며, 피 자체이다. 인생이 예술이라고 할 때, 모든 인간은 술 취한 자와도 같다.

10, 황홀한 도취의 상태란 어떠한 상태인가?

모든 인과의 법칙이 제거된 상태이며, 궁극적으로는 자기 자신을 해방시키고 신적인 상태로 수직적인 초월을 이룩한 상태를 말한다.

라는, 제4장 「술에 대하여」와, 그리고

내가 사귀고 있는 최고급의 친구들을 살펴보면 이렇다.

호머 전지 전능한 신들을 창조하고 그 신들과의 싸움을 통해 우리 인간들의 삶을 찬양하고 옹호했던 휴머니스트. 인류의 역사에 있어서 가장 위대한 최초의 시인이자 최후의 시인.

소크라테스 한 마리의 등에처럼, 아테네 사회의 제일급의 인사들의 '無知'를 일깨워주고 '너 자신을 알라'라는 철학적 명제를 양식화시켰던 인물. 그의 앎과 행동이 일치된 '愛知'의 철학을 배우되, 언제나 내가 논쟁을 해보고 싶은 위대한 스승.

플라톤 그의 이상 국가를 방문하고, 내가 시와 예술의 진수를 가르쳐 주고 싶은 인간.

아리스토텔레스 그와 함께 시와 예술을 논하고 그의 중용의 미덕을 배워보고 싶은 인간, 그러나 내가 중용의 미덕의 약점을 지적하고 혁명가의 날쌘 검술을 가르쳐 주고 싶은 위대한 스승.

셰익스피어 아직도 그의 언어와 문체 속에서, 마냥, 그대로 행복하게 살아보고 싶은 세계적인 대작가. 내가 더없이 초라해지고 더없이 행복해 지는 위대한 스승.

쇼펜하우어 나에게 최초로 염세주의를 가르쳐 주고 염세주의자도 그처럼 학문과 예술을 사랑할 수가 있다는 것을 직접 보여 준 위대한 스승. 니체에게 철학적인 진실과 명랑함과 항상성을 가르쳐 준 위대한 스승. 그러나 내가 나의 '낙천주의'를 꼭 가르쳐 주고 싶은 위대한 스승.

니체 좀 더 강력하고 위대한 적을 찾아서 언제나 호전적이고 전투적인 정신을 가다듬었던 디오니소스 유형의 철학자. 그러나 내가 나의 '낙천주의'를 꼭 가르쳐 주고 싶은, 내가 가장 사랑하고 존경하는 최초의 스승이자 모든 인류의 영원한 스승.

프로이트 '만인 대 일인의 싸움'을 조금도 두려워하지 않고 무서운 집중력으로 그의 학문에 정진했던 유태인. 내가 그의 외디프스콤플렉스의 망령을 잠재우고 시와 예술의 진수를 가르쳐 주고 싶은 정신분석학의 아버지.

괴테 그토록 오만방자하고 시건방진 니체와 쇼펜하우어가 수십 번씩, 수백 번씩 인용을 해먹고도 부끄러운 줄을 몰랐던 세계적인 대작가. 내가 그의 『파우스트』를 수십 번씩 되풀이 읽어가면서 쇼펜하우어와 니체가 인용한 구절들을 체크해 보기도 했지만, 아직도 내 스스로 분석을 하고 판단을 내릴 수가 없는 세계적인 대작가. 내가 다시 태어나면 독일어와 라틴어를 공부하고 『파우스트』의 원전을 다시 읽어보고 싶게 만드는 세계적인 대작가.

오딧세우스 그의 뛰어난 지혜와 강인한 정신을 배워보고 싶은 그리스 신화 속의 인물.

헤라클레스 건강, 힘, 용기, 그의 열두 가지 노역을 마다하지 않던 대담성과 용기를 배워보고 싶은 그리스 신화 속의 인물.

보들레르, 랭보 그들의 저주받은 운명을 배워보고 싶은 시인들.

반고호, 폴 고갱 가난, 광기, 백만 분의 일의 가능성에 매달렸던 위대한 예술가들.

김수영 건강, 정직, 성실, 용기, 그리고 호전적이고 전투적인 정신의 소유자. 그의 미완의 가능성 앞에서, 아아! 라는 탄식의 말로 대신할 수밖에 없는 내가 존경하는 최초의 한국인이자 최후의 한국인.

이라는, 제6장 『우정에 대하여』를 살펴보아도 금방 알 수가 있을 것이다.

나의 『행복의 깊이』 제3권은 자기고백적인 에세이 문체로, 나 자신만의 '독서'와 '산책'과 '일'과 '술'과 '연애'와 '우정'에 대한 祕法이 구축되어 있으며, 그 비법들은 나 자신의 고통을 초월하여, 모든 인간들의 행복의 원리로 작용하고 있다고 해도 과언이 아니다.

나는 가난한 산지기 움막집의 셋째 아들로 태어났고, 초등학교를 졸업하자마자, 재래시장의 싸구려 상품처럼 팔려나간 바가 있었다. 꿈과 낭만도 사치에 지나지 않았고, 자유와 선택마저도 나의 젊음을 움켜쥐고 짓눌러 버리는 악마의 손짓에 지나지 않았다. 하지만 나는 너무나도 어렵고 고통스러웠기 때문에 행복했고, 또한 나는 너무나도 불행했고, 또 불행했기 때문에 행복했다. 진정으로 행복한 사람은 진정으로 불행한 사람이고, 진정으로 불행한 사람은 진정으로 행복한 사람이다. 나의 낙천주의는 너무나도 가난하고, 고통스러웠고, 불행했기 때문에 그 불행한 삶을 살아갈 수 있는 나의 행복론이라고 할 수가 있다. '독서', '산책', '일', '술', '연애', '우정' 등은 나와 너무나도 가깝고, 내가 나의 삶을 언제나 즐겁고 기쁘게 향유할 수 있는 '삶의 세목들' 일 뿐이다. 제1장, 「독서에 대하여」, 제2장, 「산책에 대하여」, 제3장, 「일에 대하여」, 제4장, 「술에 대하여」, 제5장, 「연애에 대하여」, 제6장, 「우정에 대하여」 등은 우리 인간들의 '삶의 세목들'이며, 나의 행복론의 第三位이기도 한 것이다. 우리 인간들의 '삶의 양식'을 살펴보고 있는 『행복의 깊이』 제1권과 우리 인간들의 '삶의 의지'를 살펴보고 있는 『행복의 깊이』 제2권과 우리 인간들이 '삶의 세목들'을 살펴보고 있는 『행복의 깊이』 제3권은 나의 낙천주의 사상의 三位一體가 되어주고 있다고 해도 과언이 아니다.

'사상의 신전을 짓고 모든 사람들을 초대하라!' 최초의 사물에 대한 이해인 개념, 그 개념들의 토대 위에서 하나의 합리적인 사유체계를 드러내고 있는 이론, 그리고 그 이론들의 수많은 집적을 통해서 매우 세련되고 정교하게 이 세상의 삶과 그 이치들을 드러내고 있는 사상—. 나는 이러한 사상을 '그 어떤 것보다도 고귀한 명예이며, 삶의 완성이며, 보다 완전한 인간의 표지'라고 역설한 바가 있다. 나는 나의 스승인 프리드리히 니체에게, 나의 『행복의 깊이』 1, 2, 3권을 통하여 나의 낙천주의 사상을 설명하고 가르쳐 주지 않을 수가 없었다. 어느덧 나는 프리드리히 니체에게 낙천주의 사상을 가르쳐 준 스승이 되었던 것이며, 나의 '愛知의 숲'은 모든 인류에게 맑은 공기와 수많은 식물들을 제공해 주는 자연(사상)의 생산공장이 되어갔던 것이다.

이 세상에서 가장 아름답고 찬란한 '사상이라는 고산지대'에는 수많은 산봉우리와 그 골짜기들이 펼쳐져 있고, 이름 모를 골짜기와 그 벼랑길에는 사시사철 만년설의 마음이 녹아 흐르고 있다. 또한 수많은 동물들과 산새들이 지저귀고 있고, 울창한 원시림과 수많은 야생화들이 사시사철 피어나고 있다. 새로운 말들의 정원과 새로운 개념의 동식물들, 우뚝우뚝 그대들의 남근처럼 솟아 있는 이론들과 이 산봉

우리에서 저 산봉우리까지, 시대와 인종과 환경을 뛰어넘고 우주 끝까지 그 거대한 산맥을 형성하고 있는 사상들—. 사상은 가장 찬란하고 화려한 인식의 제전의 산물이며, 최고급의 지혜의 저장소이다. 아니, 사상은 모든 동식물들을 다 받아들이고도 부족함이 없는 우주이며, 수많은 지혜의 꽃다발들(별들)로 구성되어 있다고 하지 않을 수가 없다. 고전주의, 낭만주의, 현실주의, 초현실주의, 실존주의, 구조주의, 탈구조주의, 염세주의, 회의주의, 공산주의, 낙천주의 등, 그 사상가의 길은 비록, 형극의 가시밭길뿐일지라도 우리 인간들이 도달할 수 있는 최후의 목적지이자 영원불멸의 삶의 길이라고 하지 않을 수가 없는 것이다. 사상은 우주이며, 우리 인간들의 삶의 터전이다. 우리 인간들은 외롭고 쓸쓸할 때에도 사상에 의존하고, 즐겁고 기쁠 때에도 사상에 의존한다. 천재지변을 만날 때에도 사상에 의존하고, 외부의 적들이 침입해 왔을 때에도 사상에 의존한다. 이민족의 영토를 짓밟고 정복자의 궤변을 늘어놓을 때에도 '인간해방'과 '세계평화'라는 사상에 의존하고, 그 식민주의자의 억압에 맞서서 테러리스트의 삶을 살아갈 때에도 '주체성', '자주', '독립', '민족해방'이라는 사상에 의존한다. 사상은 우리 인간들의 일용할 양식이며, 생명 그 자체이다. 사상의 신전만이 영원하고 또 영원하다. 이 세상의 사상가들은 늙음도 죽음도 모르는 人神들이며, 언제, 어느 때나 영원불멸의 삶을 살아가고 있다고 해도 틀림이 없다.

오늘도, 지금, 이 순간에도 서양의 사상과 이론들만을 무자비하게 베껴먹으면서 그 주체성을 잃어버리고 인간 이하의 짐승보다도 못한 삶을 살아가고 있는 우리 한국인들, 독서를 통하여 살아 있는 교육을 가르치지 못하고 출세 위주의 암기 교육만을 가르치고 있는 우리 한국인들, 학교마다 길거리마다 쓰레기들이 넘쳐나고 있는데도, 오로지, 자나깨나, 사색의 당쟁만을 일삼고 있는 우리 한국인들, 대학생도, 대학원생도, 대학교수도, 대학총장도, 교육부장관도, 국회의원도, 법무

부장관도, 외무부장관도, 문화부장관도, 대통령도, 이문열도, 황석영도, 모두가 다같이 표절의 공화국만을 외치고 있는 우리 대한민국—! 그러나, 그러나, 언젠가, 어느 때는 이 세계 속의 변방인 대한민국에서도 나의 낙천주의 사상만은 돼지우리 속의 진주처럼 그 빛을 발하게 될 것이다.

나는 오늘도 '愛知의 숲'을 거닐면서, 모두 네 차례에 걸쳐서 서른 다섯 번의 턱걸이를 했다. 제1회에는 열 한 번, 제2회에는 아홉 번, 제3회에는 여덟 번, 그리고 마지막으로 제4회에는 일곱 번이 바로 그것이었다. 모든 운동들이 다 그럴 테지만, 턱걸이는 팔과 어깨의 근육이 만들어지지 않으면 단 한 번도 할 수가 없게 되어 있다. 나의 최고 기록은 고작 열 한 번에 불과하지만, 체조부문의 선수들은 단 번에 1백회 이상을 거뜬하게 해치울 수도 있을 것이다. 따라서 단 한 번에 기껏해야 열 한 번을 할 수 있는 사람에게는 스무 번이나 서른 번 이상은 영원히 도달할 수 없는 신기록이자 이상적인 기적에 불과하지만, 그러나 단 한 번에 1백 번 이상을 할 수 있는 사람에게는 그것은 식은 죽 먹기보다도 더 쉬운 일이며, 땅 짚고 헤엄치는 일에 지나지 않는다. 나의 턱걸이 실력은 아직도 초보적이며 어린 아이의 수준에 지나지 않지만, 그러나 나는 死神의 맏형님이며, 그 모든 고통들을 나의 신하들로 거느리고 있다. 나의 신하들은 단 번에 1백회 이상의 턱걸이를 할 수 있는 사람들에게는 더없이 예의바르고 정중하게 경의를 표하지만, 기껏해야 스무 번 이하의 이 세상의 어중이 떠중이들에게는 백수의 왕인 호랑이처럼 사납게 덤벼들어서, 단 한 번에 그들의 숨통을 끊어 놓는다. 죽음을 두려워하는 자는 고통을 이길 수가 없지만, 죽음을 거느리고 있는 자는 고통을, 마치, 자기 자신의 신하처럼 거느릴 수가 있다. 고통은 왕 중의 왕인 호랑이며, 그는 死神의 맏형님의 충직한 경호대장이다. 고통은 고통을 두려워하는 자에게는 더욱더 사납게 덤벼들지만, 두 눈을 똑바로 뜨고 一刀必殺의 용기로 무장되어 있는 死神의 맏

형님에게는 어느덧 무릎을 꿇고 충성을 맹세하게 된다.

스토아 학파의 철학자들은 고통을 '악'이라고 규정하지 않고 하나의 '재앙', 즉, 화禍라고 표현한 바가 있다. 고통이 악이라면 그것은 기피의 대상이지만, 고통이 재앙이라면 그것은 피할 수가 없는 어떤 것일 뿐이다. 고통을 천재지변과도 같은 재앙으로 받아들이고, 그것을 긍정한 것은 스토아 학파의 철학자들의 대단한 삶의 지혜라고 할 수가 있다. 그러나 나는 이러한 스토아 학파의 자기 체념적인 견인주의에는 찬성할 수가 없다. 따라서, 만일, 이 세상의 삶이 고통의 연속이고 그 고통과의 싸움이 우리 인간들의 삶의 과정이라면, 나는 이 고통을 '최고의 선'이며 '삶의 쾌락'이라고 정의하고자 한다. 왜냐하면 고통이 없으면 삶의 긴장이 없어지고, 모든 일들이 지나치게 권태롭고 짜증나게 진행될 수밖에 없기 때문이다. 즉, 고통이 있기 때문에 삶의 기쁨과 삶의 쾌락이 있는 것이다. 요컨대 고통을 받아들이고 그 고통을 자기 자신의 신하로 더욱더 크게 끌어 안는 사람은 진정으로 행복한 사람이며, 그는 진정으로 낙천주의자일 수밖에 없는 것이다.

봄밤이 무르익다

누군가의 자전거가 세워져 있다

자전거를 슬쩍 타보고 싶은 거다

복사꽃과 달빛을 누비며 달리고 싶은 거다

자전거에 냉큼 올라가서는 핸들을 모으고

엉덩이를 높이 쳐들고

은빛 페달을 신나게 밟아보는 거다

꽃나무를 사이사이 빠지며

달 모퉁이에서 핸들을 냅다 꺾기도 하면서

그리고 불현듯 급정거도 해보는 거다

공회전하다

자전거에 올라탄 채 공회전하다

뒷바퀴에 복사꽃 하르르 날리며

달빛 자르르 깔려들며

자르르 하르르.
— 신현정, 「자전거 도둑」 전문

고통을 극복한 사람은 선악을 넘어서서, 신현정의 「자전거 도둑」에서처럼, 이 지상낙원에서의 삶을 아름답고 행복하게 살아가게 된다. 그는 "자전거에 냉큼 올라가서는 핸들을 모으고/ 엉덩이를 높이 쳐들고/ 은빛 페달을 신나게 밟아"보기도 하고, "꽃나무를 사이사이 빠지며/ 달 모퉁이에서 핸들을 냅다 꺾기도 하면서/ 그리고 불현듯 급정거도 해보기"도 한다. 또한 그는 "자전거에 올라탄 채 공회전하다/ 뒷바퀴에 복사꽃 하르르 날리며/ 달빛 자르르 깔려들며/ 자르르 하르르"라고, 그의 神技에 가까운 재주를 마음껏 구사해 보기도 하고, 그리고 '자전거 도둑'의 길을 넘어서서, 제일급의 시인으로서의 자기 자신만의 지상낙원(사상의 신전)을 연출해 보이기도 한다. 신현정은 나와 함께, 死神의 맏형님이며, 모든 고통들의 제왕이다. 따라서 고통은 사상가에게는 명약(충신)이 되고, 이 세상의 어중이 떠중이들에게는 치명적인 독약(모반자)이 된다. 사상의 신전은 지상낙원 속에 있고, 그 지상낙원에는 모든 고통들이 충직한 근위병들로 오늘도 경계근무를 서고 있다. '나는 너희들에게 나의 낙천주의 사상을 가르쳐 주고자 한다. 낙천주의 사상은 너희들을 위한 구원의 말씀이며, 너희들은 행복하고, 또 행복하게 살아가지 않으면 안 된다. 하지만, 만일, 너희들이 두 눈을 똑바로 뜨고, 오늘도 너희들 곁에서 사납게 으르렁거리는 고통들과 마주하지 않는다면, 너희들은 어느새 그 고통들을 위한 가장 맛있고, 영양가가 풍부한 먹잇감에 지나지 않게 될 것이다.

아아, 사상의 신전을 짓고 모든 사람들을 초대하라!

너희들은 도덕을 숭배하며, 도덕의 군자로서 죽어간다.

그러나 삶은 도덕 너머에 있고, 그 도덕 너머의 삶은 어떠한 침략전쟁마저도 신성화시킨다.

나는 너희들에게 낙천주의를 가르쳐 주고 싶다.

우리는 죽어갈 수가 있어서 권태롭지 않고 또다시 태어날 수가 있어서 허무하지 않다.

제3장 사색인의 十戒命

— 제5계: 최고급의 인식의 제전을 펼쳐 보아라

— 제6계: 언제나 '실패의 여신'께 감사의 기도를 드려라

제5계: 최고급의 인식의 제전을 펼쳐 보아라;

넓고 깊은 바다에는 모든 강물들이 다 흘러 들어오고 있다.

오늘도 파도와 파도가 부서지고 있다.

모든 물고기들은 '논쟁의 문화'를 향유하고 있다.

장미 같은 지식, 언제나 충직한 개 같은 지식, 화류계 여자 같은 지식, 기생 오래비 같은 지식, 사이비 학자 같은 지식, 일본병정이나 독일병정 같은 지식, 유태인이나 중국인 같이 돈만 아는 지식, 단 하나의 진리만을 선호하는 기독교인이나 공산주의자 같은 지식, 공공복리와 애국심만을 떠들어 대는 지식, 언제나 인간이라는 종의 건강을 위해서 고군분투하고 있는 지식 등—.

우리들이 진정으로 소망하고 있는 최고급의 인식의 제전의 전사는 부분을 전체와 관련시켜 이해하고, 전체를 부분과 관련시켜 볼 줄 아는 깊이 있고 종합적인 시야를 확보한 지식인일 수밖에 없다.

약한 자는 무리를 지으려고 하고, 강한 자는 독립된 인간으로서 살아가고자 한다. 전자는 만인평등과 민주주의를 신봉하며 대중문화를 선호하지만, 후자는 '고귀하고 위대한 것은 고귀하고 위대한 인간에게'

라는 슬로건 아래, 소수의 예외적인 인물과 영웅주의를 선호하게 된다. 대중적인 인간들은 원한 맺힌 저주 감정이 그 기본 감정이며, 그들은 고귀한 인간들의 업적마저도 한없이 깎아 내린다. 하나님 앞에서 만인이 평등하듯이, 고귀하고 위대한 것은 민주주의의 법칙에 어긋난다는 것이 그들의 보편적인 신념이며, 따라서 그들은 때때로 문화적 영웅들의 출현 앞에서 원한 맺힌 저주 감정을 어쩌지 못한다. 원한 맺힌 저주감정이 증오심의 산물이라면, 그들의 원한 맺힌 저주감정은 천민의 그것에 지나지 않는다. 약자는 강자를 증오하지만, 강자는 약자를 경멸한다. 강자는 무리짓는 사회적 동물들의 속성을 이해하고, 그 관용적인 성품으로 모든 것을 다 끌어 안으려고 한다. 문화적 영웅들은 권력을 삶의 본능의 옹호로 이해하며, 그의 독자적인 사상과 이념으로 그 권력의 신전을 짓고자 한다. 그는 새로운 가치의 창조자이며 명령자이다. 그러나 대부분의 대중들은 통속적인 사상과 이념으로 부화뇌동하는 자들이며, 복종하는 자로서의 자기 자신들의 역할을 숨기고, 감히 명령자의 지위를 넘보고 있는 자들이다. 그들은 힘 있는 다수 속에서 자기 자신의 얼굴을 지우고, 그 무엇을 주장할 때조차도 자기 자신의 목소리로 말할 줄을 모른다. 그들은 눈뜬 장님이며, 날이면 날마다 삼류 신문을 읽는 문맹자이며, 그들만의 바벨탑을 쌓아주기를 바라면서도 권력을 혐오하고, 그리고 권력을 혐오하면서도 그 권력이 없으면 살아가지 못하는 바보 얼간이들이다.

> 물론 나는 알고 있다. 오직 운이 좋았던 덕택에
> 나는 그 많은 친구들보다 오래 살아 남았다. 그러나 지난밤 꿈 속에서
> 이 친구들이 나에 대하여 이야기 하는 소리가 들려 왔다. "강한 자는 살아 남는다"
> 그러자 나는 자신이 미워졌다.
>
> — 브레히트, 「살아 남은 자의 슬픔」 전문

베르톨트 브레히트는 독일이 낳은 세계적인 대작가이기는 하지만, 그는 자기 자신이 문화적 영웅이라는 사실을 망각하고, 이처럼 민중의 편에 서서, 자기 자신에 대한 극단적인 혐오감을 드러내 놓고 있는 것처럼 보인다. 그가 태어나고 살다가 갔던 시대는 온갖 피비린내 나는 전쟁과 철권의 통치가 난무하던 시대였고, 따라서 그는 인도주의의 입장에서, 힘없이 쓰러지고 사라져간 대부분의 사람들에 대한 죄책감과 속죄 의식에 사로잡혀 있을 수도 있었을 것이다. 사르트르, 미셸 푸코, 데리다, 발터 벤야민, 아도르노, 호르크 하이머 등, 그의 동시대적인 인물들이 모두가 한결같이 민주주의와 공산주의를 선호했던 것도 바로 이러한 역사 철학적인 시대적 배경 탓일 수도 있었을 것이다. 하지만 고귀하고 위대한 인물의 자기 혐오는 지배자 혐오주의가 극단적으로 자기 분열을 일으킨 것에 불과하다. 물론, 그는 운이 좋아서 오래 살아 남았던 것일 수도 있다. 만일, 운이 좋은 것도 강자의 미덕이라면 그것이 어떻게 「살아 남은 자의 슬픔」일 수가 있겠는가? 임신에서 출생까지, 출생에서 죽음까지도 '싸움'이 근본적인 삶의 방법이며, 따라서 강자의 미덕을 부정한다면 이 세상의 그 어떤 삶도 가능하지가 않게 된다. 강한 자는 오래 오래 살아 남아서, 인간이라는 종의 건강과 그 미래를 감당해 내야만 하고, 또 그리고 수없이 쓰러지고 사라져간 민중들의 삶을 위로해 주고 어루만져 주는 최고급의 인식의 제전의 전사가 되지 않으면 안 된다. 브레히트의 자기 혐오는 '만인 대 일인의 싸움'의 반대 방향에서, 그 하층민의 취향에 맞춘 생명부정에의 의지에 지나지 않는다. 그에게는 권력도 나쁜 것이고, 삶도 나쁜 것이고, 살아 남은 것도 슬픈 것이다. 그러나 그는 그 슬픔의 진정한 주체가 되지를 않고, 그 민중들의 코끝을 끌고 다니며, 사이비 문화적 영웅으로 온갖 부귀영화를 다 누렸던 것이다. 민주주의와 공산주의에는 만인평등과 대중의 취향에 맞춘 사악한 냄새가 코를 찌르고, 고귀하고 위대한 인간들이 그 모든 종적을 감추게 된다.

베르톨트 브레히트가 저 천박한 민주주의자(공산주의자)라면 헨리 입센은 고귀하고 위대한 영웅주의자(낙천주의자)라고 할 수가 있다. 입센의 『민중의 적』(헨리 입센, 『민중의 적』, 신원문화사 2004)은 이 세상에서 가장 고귀하고 위대한 인간, 즉 스토크만이 그의 고향인 히스틴에서, 그 고장 사람들과 '만인 대 일인의 싸움'을 펼쳐 보이고 있는 아름다운 역작이라고 할 수가 있다. 세계적인 대작가로서의 입센의 장점은 '만인 대 일인의 싸움'이라는 주제 아래, 역사 철학적인 이야기의 전개와 매우 개성적인 등장 인물들의 창조라고 할 수가 있다. 스토크만 의사는 머나먼 북쪽지방에서 오랫동안 고생을 하다가 그의 고향인 히스틴으로 내려와 정착을 하게 된다. 그의 고향 역시 자그만 교외의 소읍에 불과하지만, 그는 남다른 관찰력과 학구욕으로 히스틴 지방의 온천수를 발견하고 그것을 관광상품으로 개발하고자 한다. 처음에는 스토크만 의사의 노력을 비웃던 그 지역 사람들이, 스토크만 시장—스토크만 의사의 형이다—의 지도 아래 히스틴 지방을 관광지로 조성하는 데 성공하게 된다. 그 온천관광지의 기획은 스토크만 의사의 독창적인 생각이었지만, 그것을 현실화시킨 것은 그 지역의 정치권력을 장악하고 있었던 그의 형 스토크만 시장이었다. 스토크만 의사는 이상주의자이며, 스토크만 시장은 현실(실용)주의자이다. 어쨌든 히스틴 지역에 수많은 관광객들이 몰려오고, 온천관광 수입은 그 지방의 유일한 경제적 젖줄이 된다. 스토크만 의사는 그 고장의 온천관광지 의무관으로 재직 중이며, 스토크만 시장은 경찰서장과 온천관리위원회의 의장직을 겸하고 있다.

하지만 그들의 천하태평스럽고 장밋빛 희망으로 가득차 있던 어느 날, 전혀 뜻밖에도 청천벽력과도 같은 소식이 전해져 온다. 스토크만 의사가 온천수의 수질검사를 의뢰했던 대학으로부터 그 고장의 온천수는 "음료수는 물론 목욕물로 써도" 안될 만큼 오염되어 있다는 수질검사의 결과가 날아왔기 때문이다. 스토크만 의사는 지난해부터 간혹 "티푸스와 악성 위장병"이 온천관광객들 사이에 발병을 하게 되자, 그 병의 원인을 규명하려고 극비리에 조사에 착수하고 있었던 것이다. 스토크만 의사는 그것을 즉시 온천관리위원회 앞으로 보내고, 그 지역의 『민보』에 기고를 하고, 그리고 또 즉시 온천관광사업을 중단할 것을 역설한다.

그러나 그의 형인 시장의 의견은 다음과도 같았다.

시장 그럼 너는 이 사항을 정식 공문서로 작성해서 온천관리위원회에 제출하겠다는 말이지?

스토크만 네, 그렇습니다. 그것도 시급히.

시장 너는 그 문서에 꽤 강경하고 자극적인 언어를 쓰고 있어. 특히 눈에 거슬리는 것은 우리가 온천을 찾는 관광객들을 독살하는 것과 다름없다고 한 점이야.

스토크만 형님, 달리 표현할 길이 없지 않습니까? 생각해 보세요. 독이 섞인 물을 마시기도 하고, 그것으로 목욕을 하고 있지 않습니까? 가엾은 병자들은 안심하고, 우리를 믿고 건강 회복을 위해 막대한 비용을 쓰고 있는 겁니다.

시장 그럼 네가 생각한 결론은 또다른 배수로를 설치해서 물레방아 골짜기에서 내려오는 불결한 물을 배출하고 지금의 도수관을 전부 다시 설치하라는 말이지?

스토크만 그렇습니다. 다른 방법이 없습니다. 저는 그쪽 일은 잘 모릅니다만……

시장 나는 오늘 아침에 우연히 우리 시에서 일하는 토목기사를 만났다. 그 자리에서 농담처럼 장래의 일이지만 이런 계획을 가지고 있다며 네 계획을 보여 주었다.

스토크만 장래의 일이라고요?

시장 기사는 내가 내민 거창한 공사 계획을 보곤 웃더군. 너는 이 개량 공사에 얼마나 비용이 들 것 같으냐? 생각이라도 해본 게냐? 대략 계산으로도 십만 클로네가 든다더구나.

스토크만 그렇게 큰 돈이?

시장 그뿐이 아니야. 이 개량 공사에 최소한 이 년의 시일이 소요된다는 거다.

스토크만 이 년? 이 년 꼬박입니까?

시장 그것도 빨라야 이 년이야. 그렇다면 그 이 년 동안 온천장은 어떻게 해야 하지? 폐쇄하지 않을 수 없지. 물론 폐쇄하는 도리밖에는 없어. 그리고 온천의 물이 해롭다는 소문이 나돈다면 누가 오겠어? 아무도 오지 않을 테지.

따지고 보면 온천수가 오염되었고, 그 온천수 때문에 '티푸스와 악성 위장병'의 발병의 위험성이 있다면, 그 온천 사업은 즉시 중단하지 않으면 안 된다. 그러나 이처럼 자명한 문제마저도 눈앞의 사소한 이익과 경제적 문제에 부딪치게 되면, 어느 누구도 해결해낼 수가 없는 난제가 되어 버린다. 스토크만 의사는 어느 누구보다도 자기 자신의 고향을 사랑하고 있지만, 한 사람의 의사로서, 즉각 온천관광사업을 중단하고, 오염원인을 제거해낸 다음에 다시 시작하자고 주장하지만, 그의 형 스토크만 시장은 그 도수관 시설을 그대로 사용하다가 적당한 시기에, "개량의 필요성을 검토"해 보자고 말한다. 왜냐하면 물레방앗간 골짜기의 배수로와 온천물을 끌어 오는 도수관의 설치공사에는 적어도 2년이라는 시간과 그 공사비용에만 "십만 클로네"가 있어야만 되기 때문이다. 만일, 그렇게 된다면, 첫 번째는 그 엄청난 공사비용을 감당할 방법이 없고, 두 번째는 그 공사기간 동안 히스틴 지역과의 경쟁관계에 있는 또다른 온천지역으로 모든 관광객들을 빼앗기게 되고, 따라서 히스틴 지역은 폐허가 될 수밖에 없다는 것이 시장의 이로정연한 반대의 논리였다. 스토크만 의사는 이상주의자로서, "시간이 가면 갈수록 문제는 더 복잡해집니다. 여름이 되어 더워지면 틀림없이 사고가 납니다"라고 말하지만, 시장은 현실주의자로서 "어쨌든 너는 너무 과장하고 있어. 적어도 양식 있는 의사라면 좀 더 신중한 태도로 예방방법을 연구할 수도 있지 않은가?"라고, 점진적인 개량방법을 역설하게 된다. 시장은 스토크만 의사의 허황되고 신중하지 못한 태도를 비판하고, 스토크만 의사는 어쨌든 "미봉책"은 안 되며, 형님과의 "더러운 계략의 공모자"가 될 수는 없다고 면박을 주게 된다. 그러자 시장은 스토크만 의사가 작성한 공문서를 위원회에 제출하는 것을 막는 것이 내 임무라고 말하며, 최악의 경우에는 온천관리위원회의 이름으로 모든 시민들을 안심시킬 수 있는 진술서를 작성하여 공포하겠다고 말한다. 또한, 시장은 온천장에 근무하는 일개의 관리(의사)로서 상관의 명령에 거역하면서 자기 소신을 말할 권리가 없다고 말하면, 스토크만 의사는 나는 "이 세상의 사소한 문제에 대해 소신을 말할 수 있는 시민의 자유와 권리가 있다"라고 반박한다. 또 스토크만 시장이 "너는 그 어리석은 고집으로 우리 고장의 번영을 가져올 유일한 돈줄을 잘라 버리려고 하는 거야"라고 말하면, "그 돈줄은 썩었습니다. (……) 우리는 세균과 부패물을 팔아먹고 있는 겁니다. 우리 사회생활 전부가 사기와 죄 속에 뿌리박아 번창하고 있는 겁니다"라고 반박한다. 그리고, 마침내, 시장은, 만일, 그렇다면 "온천장 소속 의무관의 직책"에서 파면시킬 수밖에 없다는 말과 함께, 스토크만 의사를 "자기 고장에 손해를 끼치는 사회의 적"이라고 단언을 하게 된다. 스토크만 시장은 "시민의 의무를" 역설하는 스토크만 의사에게 "민중이란 원래 새로운 사상 같은 건 요구하지도 않고 필요하지도 않아. 그런 것보다는 옛날부터 내려온 관례대로 원만하게 다스리는 게 최선의 방법이다"라고, 반박을 하고, 급기야는 스토크만 의사를 향해서 "너와는 함께 일할 수 없는 인간", 즉, "비정상적인 인간"이라고 인신공격을 퍼붓게 된다.

스토크만 의사는 사사건건 반항적이고 구제불능의 비정상적인 인물일는지도 모른다. 왜냐하면 그가 고향을 사랑하기 때문에 그만큼 털어버리고 싶은 '무서운 악행'은 좀처럼, 그 반향을 얻지 못하고 오히려, 거꾸로 '사회의 적'('민중의 적')으로 배척당하는 빌미가 되어주고 있기 때문이다. 스토크만 의사의 가족은 그의 아내와 여교사인 큰 딸, 그리고 두 어린 아들들로 구성되어 있다. 그의 아내 카트리네는 "권력 없이는 정의도" 어쩔 수가 없다는 현실주의자이며, 그의 딸, 페트라는 아직 때 묻지 않은 순수한 여교사답게, "나는 그 영감쟁이(시장)의 목을 꽉 죄어주고 싶어요"라고 말할 수 있을 정도로 "사회를 위해 자신의 의무를 다"하는 그의 아빠를 전적으로 지지해 주게 된다.

하지만 스토크만 의사 부인인 카트리네는 그 걱정이 태산 같기만 하다. 만일, 스토크만 의사가 그 싸움에서 지고 파면을 당하면, 일정한 수입도 없는 신세로 전락하게 되고, 모처럼 찾아온 행복이 멀리 달아날 것이 너무도 뻔하기 때문이다. 따라서 그녀는 "물론 그들이 당신에게 취하는 수단이 비열하다는 건 알아요. 하지만 이 사회에는 부정이라는 것을 알면서 복종하지 않으면 안 될 것이 허다해요. 여보, 애들이 돌아왔어요. 저 애들을 보세요. 저 애들의 신세가 어떻게 될까요? 생각만 해도…… 안 돼요. 오, 도저히 그렇게 할 수는 없어요"라고 간절하게 애원해 보지만, "안돼, 나는 전 세계가 무너지는 한이 있다고 해도 그 녀석들의 멍에를 지고 기어 다닐 수는 없어. (……) 나는 내 자식들이 성인이 되어 자유인이 되었을 때를 위해서라도 정의를 땅 속에 묻을 수는 없소"라고, 그 싸움의 의지를 굽히지 않는다.

입센의 『민중의 적』은 보기 드물게 '만인 대 일인의 싸움'을 그 핵심적인 주제로 다루고 있고, '진리와 정의의 편'에 서서, 이 세상에서 가장 강한 인간, 즉 고귀하고 위대한 인간을 집중적으로 부각시키고 있다. 기사도적인 모험 정신과 성자의 영웅주의로 무장한 인간에게는 '진리와 정의'는 언제나 변함없는 버팀목이자 그 유일한 목표가 되어 주지만, 눈앞의 사소한 이익을 좇아서 부화뇌동하는 어중이 떠중이들에게는 '진리와 정의'는 단지 하나의 뜬구름에 지나지 않는다. 아니, 스토크만 의사의 반대 방향에서, 반동적인 인물인 그의 형 스토크만 시장에게는 허위와 불의 자체가 그 유일한 진리일는지도 모른다. 스토크만 시장이 돈과 명예와 권력을 다 움켜쥐고 하늘이 두 쪽이 나도 그것을 지켜내려는 무서운 악당이라면, 그 형제들 사이에서 부화뇌동하는 '민보사'의 주필 호스타트와 그 기자인 빌링, 그리고 인쇄소의 사장인 아스라크센은 전형적인 기회주의적인 인물들에 불과하다. 호스타트와 빌링, 그리고 아스라크센은 히스틴 지역의 온천개발의 주인공인 스토크만 의사를 그들의 제일급의 필진으로 극진히 모시며, 온갖 아첨을 다 떨어대다가, 의사와 시장의 그 불꽃 튀는 논쟁이 있은 다음, 시장의 감언이설에 호도되어, 급기야는 스토크만 의사를 '민중의 적'으로 규정하게 된다. 스토크만 의사는 시장과의 그 싸움이 있은 직후, '민보사'로 찾아가, 온천수의 수질검사의 자료와 함께 그의 기고문을 보도해줄 것을 약속받아 내지만, 그 낌새를 알아챈 시장은 극비리에 '민보사'로 찾아가 그 보도가 미칠 수많은 파문들을 역설하게 된다. 첫째, "그 의사 나리가 구상한 개조 계획에는 십만 클로네라는 막대한 금액이 소요되고, 온천의 소유자들은 현재 그 이상의 투자 능력이 없다는 것"이며, 둘째, 그 "공사 완료까지 이 년 동안 온천장을 폐쇄하면" 히스틴 지역의 경제는 완전히 쑥대밭이 된다는 것이 시장의 주요 논지였고, 호스타트, 빌링, 아스라크센도 그 시장의 말에 동조를 하게 된다. 따라서 그들은 모두가 한결같이 "온천물에 독소가 섞였다, 또는 이 고장은 건강상 극히 유해한 곳이다, 아니, 시내 전체가 병균의 소굴이다라고, 하면 어느 누가 찾아오겠소"라고 의견일치를 본 끝에, 아무리 선의로 해석해도 스토크만 의사의 무책임한 언동은 미친 자의 공상에 불과하다고 몰아부치게 된다. 따라서 그들은 스토크만 의사의 자료와 그 기고문을 묵살하고, 스토크만 시장이 그 좋지 못한 풍문을 잠재우기 위해 작성한 진술서를 보도하기로 잠정적인 합의를 보게 된다. 바로 그때 스토크만 의사가 민보사를 방문하게 되고, 스토크만 시장은 옆방으로 숨었다가 곧 들통이 나고 만다. 스토크만 의사는 그의 형인 시장의 비열한 계략을 알아 차리고, "사회의 거역할 수 없는 위력은 내 편이오. 호스타트와 빌링은 『민보』에 퍼뜨리고 아스라크센은 가주 총동맹의 선두에서 지휘하도록 되어 있소"라고, 제법 호기 있게 스토크만 시장을 몰아부치지만, 이내 어느 누구도 그의 편이 아님을 깨닫게 된다. "당신의 논문은 그릇된 생각 위에 세워진 주장이었습니다. (……) 그건 낼 수도 없습니다. 낼 수도 없고 내려고 생각하지도 않고, 내는 것을 당국이 용인하지도 않습니다"라는 호스타트의 말과, "당신의 논문이 신문에 실리는 것은 바로 시민사회를 파괴하는 것과 같습니다"라는 아스라크센의 말이 바로 그것이다. 졸지에, 순식 간에, 히스틴 지역에서 반동적인 인물로 낙인을 찍힌 스토크만 의사는 자비로 팜플렛을 만들고 민중대회를 개최할 수도 없다는 것을 알아차리게 된다. 바로 그때 현실주의자로서 남편의 미친 짓을 만류하러 왔던 카트리네가 그 광경을 목도하게 되고, "그것은 이 고장의 모든 인간들이 모조리…… 꼭 당신처럼 낡은 사상에 절은 아낙네 같기 때문이오. 모두들 자기 집 살림 걱정이나 할 줄 알지 사회 일은 생각하지 않기 때문이오"라고 면박을 당하고, 마침내 남편의 편으로 돌아서게 된다. "단 한 사람의 낡은 사상에 절은 여편네가 경우에 따라서는 사내 구실을 할 수도 있다는 것을 보여 주겠어요. 이제부터 저는 당신 편이예요"라는 말과 함께, "여보, 져서는 안 돼요. 우리 애들이 따라 가겠지요"라는 말이 그것이다.

남다른 애향심을 갖고 있고 눈앞의 사소한 이익보다는 전체의 이익을 생각하고 있는 스토크만 의사, 진리와 정의의 화신인 스토크만 의사, 그러나 그는 병든 사회를 고발하려는 그 어떤 수단도 발견할 수가 없었다. 민보사의 지면도 봉쇄되어 있었고, 팜플렛의 제작도 가능하지가 않았다. 가주 조합에서도, 어떤 시민 단체에서도 그가 민중대회를 개최할 수 있는 장소를 제공하지 않았다. 그러다가, 가까스로 천신만고 끝에, 그의 친구인 홀스텔 선장이 그의 집을 '민중대회의 장소'로 제공하고, 그곳에서 민중대회를 개최할 수가 있었다. 하지만 이미 시장의 편에 가담한 아스라크센이 민중대회의 의장(사회자)으로 선출되고, 자칭, "절제를 존중하고 평화와 온건을 사랑하는" 아스라크센의 그릇된 사회권에 의하여 스토크만 의사는 여론의 뭇매를 맞게 된다.

시장 모두 익히 아시겠지만 현재 봉직 중인 온천 의무관은 본인과 가까운 인척 관계에 있기 때문에 본인이 이 자리에서 발언을 삼가려는 입장을 취하려는 겁니다. 그러나 온천에 대한 본인의 직책 상, 그리고 이 고장 전체의 이해 관계에 관계되는 중대한 문제인 이상 마음을 정하고 감히 등장한 것입니다. 이 자리에 회동하신 시민 여러분 가운데 한 사람이라도 이 고장의 온천 및 고장 전체의 위생 상태에 관한 과장된 해괴한 보도가 세간에 유포되는 것을 원하시는 분은 계시지 않으리라 믿습니다.

아스라크센 (방울을 들어 흔든다) 제군, 진정하십시오. 나는 시장의 동의를 지지하는 사람입니다. 의무관 스토크만 씨의 개혁 운동에는 깊은 저의가 있다는 시장의 의견에 전적으로 동감합니다. 스토크만 씨는 표면에 온천장 문제를 내걸었으나 사실은 혁명을 기대하는 것입니다. 즉 시정을 현임자 외의 다른 자의 손에 넘기려고 획책하는 것입니다. 의사의 이 저의는 의심의 여지가 없는 명백한 사실입니다. 시민 제위께서도 이 점을 인정하시는 데 이의가 없으실 줄 믿습니다. 나 자신도 시정은 시민의 손에 의해 자치적으로 운영되기를 갈망하는 사람 중의 하나입니다. 그러나 이것으로 인해 납세자의 부담이 가중되는 것은 원하지 않습니다. 그러나 의사의 주장을 따르면 결과는 그렇게 되는 길밖에 없습니다. 바보천치 같은, 아차 이건 실례. 요약해서 말씀드리자면 이 문제에 관한 한 스토크만 씨와는 일을 함께 도모할 수 없다는 것입니다. 황금도 너무 비싸게 사들이는 경우가 있습니다.

호스타트 본인 역시 차제에 자신의 입장을 밝힐 필요가 있다고 생각합니다. 스토크만 씨의 개혁 운동에 처음에는 다소의 반향이 있었던 걸로 알고 있습니다. 그래서 본인은 가능한 한 공평한 입장에서 후원을 한 건 사실입니다. 그러나 후일에 본인 등은 허위보고에 농락을 당한 것을 알게 되었습니다.

철부지 어린 소년 시절에 고향을 떠났다가 사랑하는 조국을 잊지 못해 되돌아 왔던 스토크만 의사, 머나먼 북쪽 지방의 외국 땅에서 "세상의 버림을 받고 외롭게 사는 것보다는 차라리 내 고향의 메마른 땅"에서 가난하게 살아가는 것을 동경했던 스토크만 의사, 그토록 꿈에 그리던 고향으로 돌아와 "가슴 속에 따뜻하게 알을 품은 거위 마냥" "온천계획"을 발표했던 스토크만 의사, 그리고 진리와 정의를 사랑하는 의무관으로서 온천수의 오염을 발견하고 그 근본대책을 강구해야 한다고 역설했던 스토크만 의사—, 그러나 그 스토크만 의사가 받아야만 했던 대접은 '미치광이', '공상가', '모반자', '민중의 적'이라는 여론의 뭇매와 그들의 사악한 험담뿐이었던 것이다. 따라서 스토크만 의사는 "이제 온천수의 도수관에 유독 성분이 들어 있다거나 당 시市의 보양지保養地가 병원균의 소굴이라는 문제는 극히 사소한 문제"에 지나지 않는다고 역설하게 된다. 왜냐하면 "즉, 우리들의 정신 생활의 샘이 이미 무서운 독소의 침범"을 받았고, "우리 사회가 허위라는 무서운 질병을 일으킬 가공할 땅에 기초를 두고" 있기 때문이었다. 시장을 비롯한 유력자들과 온천장의 사업자들, 그리고 호스타트와 아스라크센과도 같은 신문사의 기자들과 인쇄업자들, 또 그리고 모든 시민들이 부정부패의 장본인이며, 진리보다는 허위를 신봉하고, 정의보다는 불의를 사랑하는 한심한 무리들에 불과하다. 스토크만 의사, 아니 헨리 입센은 바로 이 지점에서 민주주의 사상의 근본적인 문제를 비판하고, 그 민주주의 사회의 주체들인 민중들을 "진리와 자유를 해치는 가장 위험한 적"으로 규정하게 된다. 민중들은 홀로 설 수 없는 자들이며, 자기 반성과 성찰이 없는 우중들에 지나지 않는다. 또한 그들은 새로운 사상이나 이념보다는 낡디 낡은 관습을 더욱더 좋아하고, 고귀하고 위대한 인간의 창조성보다는 민중의 취향에 맞춘 '대중성'을 더욱더 좋아한다. 그들은 한결같이 삶의 본능의 옹호인 권력을 혐오하고, 복종하는 자보다는 명령하는 자가 얼마나 더욱더 고귀하고 위대한 인간인가를 인정하려고 하지를 않는다. 그들의 자유와 평등과 사랑은 지배자 혐오주의의 극치이며, 무리를 이룬 어중이 떠중이들의 승전가라고 할 수가 있다. 민중들은 위대한 영웅들과 그 권력을 혐오하면서도 자기 자신들의 다수의 힘을 믿고, 한 개인의 독창성이나 천재성보다도 민중의 취향에 짜맞춘 대중성을 더 좋아하며, 진리와 정의의 법정에 서기보다는 여론몰이식의 인민재판을 더욱더 좋아한다.

그 여론몰이식의 인민재판에서 뭇매를 맞고 있는 스토크만 의사—. 그러나 그 여론몰이식의 인민재판 앞에서도, 다음과 같이, 의연하고도 꿋꿋하게, 그 우중들을 크게 꾸짖고 있는 스토크만 의사의 연설은 최고급의 인식의 제전의 전사와도 같다고 하지 않을 수가 없다.

우리 사이에서 진리와 자유를 가장 위태롭게 하는 적은 무리를 이룬 다수입니다. 그 빌어먹을 떼거지로 무리를 이룬 다수.

다수는 불행히도 힘을 가졌습니다. 그러나 그것이 정의는 아닙니다. 정의란 나 자신이나 나 이외의 소수에게만 해당되며 소수만이 항시 옳습니다.

나는 다수 속에 진실이 있다고 하는 미신을 깨뜨릴 하나의 혁명을 시도할 생각입니다. 일반적으로 다수가 신봉하는 진리란 어떤 진리일까요? 그것들은 너무 낡아 금방이라도 쓰러질 것처럼 삐그덕거리는 그런 진리입니다. 그러나 일단 진리가 그렇게 낡은 것이 되어버릴 때 그것 역시 허위가 되어 버립니다. 관습에 따라 이루어진 진리는 글쎄요, 한 17년 내지, 18년 정도 갈까. 기껏해야 이십 년이고 그 이상 가는 것은 없습니다. 그러나 그처럼 해묵은 진리는 항시 천박해지는 법입니다. 그런데도 다수는 그러한 단계에 있는 진리만

> 을 가까이 합니다. 이러한 모든 다수의 진리란 부패하고 역한 냄새를 풍기는 햄과도 같습니다. 그리고 그것이야말로 우리 주위의 도처에서 맹위를 떨치는 도덕적 괴혈병의 원천입니다.*

스토크만 의사는 온천수의 오염의 원인을 규명해 내고 그것을 『민보』에 기고할 때까지는 스스로를 '민중의 벗'으로 자처하기도 했었지만, 그러나 그 계획이 다수의 힘에 의해서 수포로 돌아가게 되자, 이내 그 잘못을 깨닫고 기사도적인 모험 정신과 성자의 영웅주의로 전향을 하게 된다. 우리 사이에 진리와 자유를 가장 위태롭게 하는 적은 무리를 이룬 다수이며, 그 민중들은 불행히도 힘을 가졌다고 하지 않을 수가 없다. 그러나 그 다수가 신봉하는 진리는 언제나 낡디 낡은 통속적인 진리이며, 그 진리는 기껏해야 이십 년 이상 가는 것이 거의 없다. 따라서 그 민중들은 '허위'를 '진리'로, '불의'를 '정의'라고 착각을 하고 있는 자들이며, 그 다수의 힘—어리석은 자들의 다수의 힘—으로 스토크만 의사같은 현명한 인사들을 지배하려는 기만적인 행태를 일삼게 된다. 그리고 『민보』誌는 '민중은 국민의 정수다'라고 말하고 있지만, 그 민중들의 코끝을 잡아 끌고 다니는 비열한 신문에 불과하며, 민중들이란, '머리에서 발끝까지 평민 근성이 골수에 박혀 있는데도 언제나 정신적인 향상을 꾀하지 않는 사회적 천민'(잡종개)에 지나지 않는다. 호스타트, 빌링, 아스라크센 등의 무리를 이룬 다수와 그러한 평민 근성을 가지고 사회의 최정상까지 올라간 스토크만 시장이 그 대표적인 사람들인 것이다. 이 '민중 대 개인', 즉 '만인 대 일인의 싸움'의 과정 속에서 스토크만 의사는 급기야는 '전 사회의 멸망을 원하는 민중의 적'으로 낙인을 찍히게 된다. 그 민중 대회는 스토크만 의사가 개최했음에도 불구하고, "온천 의무관 토머스 스토크만 의사가 민중의 적"

* 이 글은 니체의 『선악을 넘어서』(청하, 1982)의 편집자 해설 속의 번역문을 인용한 것이다. 왜냐하면 니체의 『선악을 넘어서』의 편집자 해설의 번역문이 더욱더 아름답고 뛰어났기 때문이다.

으로 규정됨과 동시에, 히스틴 지역의 공익을 위해 "一家의 정실을 과감히 포기하신 시장 각하에 대한 만세 삼창"으로 끝을 맺게 된다. 그 결과, 스토크만 의사의 집에는 성난 민중들이 몰려와서 돌을 던지고, 그 집안의 유리창은 산산이 부서지게 된다. 어디 그뿐이던가? 유리창 가게에서는 유리창을 갈아 끼워주는 것을 거절하고, 집 주인은 전혀 뜻밖에도 가옥의 명도를 요청한다. 그의 딸인 페트라까지도 극단적인 사상의 소유자라고 학교에서 면직을 당하고, 그 어린 아들들마저도 초등학교에서 쫓겨나고, 그리고 그의 절친한 친구인 홀스텔 선장마저도 면직을 당한다. "어느 나라에 가든 당파의 노예가 아닌 사람"은 단 한 명도 없다는 것이 스토크만 의사의 진단이기는 하지만, 그 당파의 힘은 어떠한 전제 군주의 힘보다도 더욱더 강력하고 거대한 것일 수도 있다. 현대사회의 민주주의는 그 당파의 힘의 극치이며, 그 무소불위의 권력은 고귀하고 위대한 인간의 흔적조차도 끔찍할 만큼 말끔하게 씻어내고 있다고 해도 과언이 아니다. 민주주의는 민중들의 광기 그 자체이며, 우리 인간들의 미래를 한없이 갉아먹는 암적인 종양이라고 하지 않을 수가 없다. 헨리 입센은 이처럼 민주주의의 맹아기에 그 위험성을 정확하게 알아차린 대작가이며, 그의 분신인 스토크만 의사를 통해서 그 민중과의 어렵고도 힘든 싸움, 즉 어떤 승리보다도 더욱더 값진 패배와 최고급의 인식의 제전을 펼쳐 보인 것이다.

스토크만 의사는 "汚名이란 바늘로 허파를 찔린 것 같은 아픔"—"모두 진리 때문이오"가 바로 그 오명의 아픔을 대변해 준다—을 간신히 참으면서, 아메리카로 떠날 준비를 하게 된다. 바로, 그때 그의 형인 스토크만 시장이 찾아와 아주 조심스럽게 타협안을 제시한다. 시장은 공식적으로, '온천관리위원회의 해고통보'를 가져온 것이지만, 부정부패의 화신인 그는 그 이름에 걸맞게 고등술책을 구사한다. 첫 번째는 스토크만 의사는 이 고장에서 개업을 할 수도 없는 만큼, 당분간 이 고장을 떠나 달라는 것이고, 두 번째는 한 반 년 가량 지난 다음, 자신의 잘못을 깨닫고 뉘우치면 곧바로 복직시켜주겠다는 것이다. 그리고 마지막으로 세 번째는 그러한 타협 조건을 제시함으로써 스토크만 의사의 입을 봉해 놓아야겠다는 계산이 깔려 있는 것이다.

그러나 스토크만 의사가 그 시장님의 '흉악한 계략'을 모를 리가 없다. 따라서 스토크만 의사가 "그 마귀, 시민이란 마귀 할멈이 내 목을 조여 나를 괴롭힌다고 해도 결코 응할 수 없습니다"라고 하자, 시장은 몰텐 킬의 유산상속의 건을 끄집어 내며, 함부로 경거망동을 하게 되면, 그 유산상속이 수포로 돌아갈 수 있다고 경고를 한다. 몰텐 킬은 물레방앗간 골짜기의 가죽공장—이 가죽공장은 가장 많은 폐수를 유출시키고 있는 만큼 온천수 오염의 주범 중의 하나이다—의 주인이며, 스토크만 의사의 장인이다. 스토크만 의사는 장인 어른의 유산에 의하여 그의 가정의 장래가 보장받았다는 것은 매우 유쾌한 일이라고 기뻐하면서도, "그 늙은 너구리(몰텐 킬 영감의 별명)는 제가 형님과 그리고 현명한 형님의 친구들과 손을 끊은 것을 매우 좋아한다"라고 독설을 퍼붓게 되자, 스토크만 시장은 더 이상의 화를 참지 못하고 크게 진노를 하게 된다. 몰텐 킬이 시 의회에서 소위 '왕따'를 당한 적이 있는 만큼, 시장과 몰텐 킬은 서로가 서로를 적대시하는 원수지간이다. 따라서 스토크만 시장은 소위 "복수심 강한 몰텐 킬의 유언장을 얻어내려고 미리 짜고 행한 보복 수단이냐"고, 스토크만 의사의 온천수 오염조사 사건의 전말을 왜곡시키게 되고, 그 형제 사이는 두 번 다시 돌이킬 수 없는 '돌아오지 않는 강'을 건너가게 된다.

스토크만 (입이 벌어지지 않을 만큼 어이 없어 한다) 형님, 당신은 제가 평생에 처음 만난 가장 비열한 하등 천민이군요.

시장 이제는 서로의 얘기는 끝난 거다. 네 면직은 번복할 수 없어. 이것으로 나도 네게 선전포고를 한 셈이다. (나간다)

스토크만 퉤퉤, (부른다) 카트리네, 그 놈이 서 있던 자리를 말끔히 닦아야겠소. 어서, 그 왜, 그 애 이름이 뭐더라? 코 끝에 그을음을 바른 애, 그 애한테 시켜요. 어서, 세숫대야를 들고 오게 해요.

스토크만 의사가 자기 형을 "내가 평생에 만난 가장 비열한 하등 천민"이라고 그 분을 삭이지 못하고 있을 때 그의 장인인 몰텐 킬이 찾아온다. 그의 장인은 가죽공장의 악덕사업주이며, 사람됨됨이가 음흉하고 능청스러워서 너구리라고 불리고 있는 것이다. 즉, 그는 늙은 너구리답게 스토크만 의사의 가족들에게 상속해줄 유산으로 온천장의 주식을 아주 싼값으로 싹쓸이했다는 것이다. 왜냐하면, 스토크만 의사에 의하여 온천수의 오염의 문제가 불거지자 그 주식값이 크게 떨어졌기 때문이고, 따라서 더 이상 스토크만 의사가 가죽공장의 폐수 방출 문제와 온천수 오염 문제들을 떠들어 대지 못하게 그의 입을 봉쇄해야만 되었기 때문이다. 이제 스토크만 의사에게 있어서 진리와 정의의 이름으로 '온천수의 오염 문제'를 떠들어 대는 것은 "카트리네와 페트라, 그리고 어린 두 아들의 껍질을 벗기는 것"과도 같은 짓이 되고만 것이다. 너구리는 음흉하고 능청스럽고 교활하다. 늙은 너구리가 시장이고, 시장이 늙은 너구리이다. 스토크만 의사는 장인 어른을 보고 '악마의 화신'이라고 뇌까려 보지만, 그 장인 어른이 제시한 조건 앞에서 어쩔 줄을 모르고 고민에 고민을 거듭하게 된다. 몰텐 킬이 자기 자신이 제시한 조건을 받아들일 것인가, 아닌가를 두 시까지 확답을 해달라고 하고 나가 버리자, 바로 그때, 천하에 간도 쓸개도 없는 인간들, 저 기회주의자의 화신인 호스타트와 아스라크센이 찾아온다.

호스타트와 아스라크센이 "선생은 어젯밤 회합에서 우리가 취한 태도에 대해 몹시 격분하고 계실 줄 압니다"라고 운을 떼자, 아직도 화가 덜 풀린 스토크만 의사는 "오 참으로 훌륭하신 태도였죠. 제기랄, 태도가 다 뭐요. 마치 썩어 빠진 계집년처럼—. 생각만 해도 구역질이 나오"라고 면박을 주게 된다. 호스타트와 아스라크센은 천하에 간도 쓸개도 없는 인간들이며, 오로지 자기 자신들의 눈앞의 이익만을 쫓아 다니는 기회주의의 화신들이다. 그들이 어젯밤의 민중대회 석상에서의 태도와는 정반대로, 스토크만 의사를 찾아온 것은 이제는 온천장의 대주주의 상속자가 된 스토크만 의사에게 오로지 잘 보여야겠다는 일념뿐이었던 것이다. 호스타트와 아스라크센은 스토크만 의사가 온천수의 오염의 문제를 거론한 것마저도, "온천장의 주식을 헐값에 매수하기 위한 교활한 간계"로만 이해를 하고, "차제에 우리 『민보』誌를 송두리째 선생님의 자유로 써달라고" 간청을 하게 된다. 따라서 그 교활한 간계에 의한 여론의 조작에는 『민보』誌가 유용한 수단이 되고, 아스라크센의 가주 조합의 힘과 함께, "이 고장의 고등정치를 실현"시킬 수 있는 수단이 되어 줄 것인지도 모른다.

하지만 스토크만 의사는 눈앞의 사소한 이익보다는 전체의 이익을 더욱더 중요시하는 문화적 영웅답게, 그 기회주의자들을 향해서 단장을 휘두르며, 그들을 모조리 내쫓아 버리게 된다. 왜냐하면 그들은 '민중의 벗'이지만, 스토크만 의사는 '민중의 적'이기 때문이다. 민중의 벗은 '허위'와 '불의'의 편이지만, 민중의 적은 '진리'와 '정의'의 사도이다. 민중의 벗은 다수의 힘으로, 또는 저마다 그 다수의 힘을 빙자하여 눈앞의 사소한 이익을 쫓아가지만, 민중의 적은 이 세상에서 가장 고귀하고 위대한 영웅의 힘으로 전체의 이익을 창출해 낸다. 민중의 벗은 변절과 불의의 화신이지만, 민중의 적은 지조와 정의의 화신이다. 스토크만 의사는, 만일, 민보사와 손을 잡지 않으면, 주식취득 사건의 전말을 모조리 폭로하겠다는 그 '민중의 벗'들의 협박에도 전혀 귀 기울이지 않고, 진리와 정의의 이름으로 그 단장을 휘두르게 된 것이다. 미친 개들에게는 몽둥이가 약이듯이, 그의 기사도적인 모험 정신과 성자의 영웅주의는 이처럼 거침이 없는 것이다. 따라서, 그는 마침내, 그의 장인인 너구리 영감에게, 커다랗게 적은 否字를 통보하게 되고, 그의 진정한 싸움터인 히스틴 지역을 떠나지 않겠다고 선언을 하게 된다. 스토크만 의사의 절친한 친구인 홀스텔 선장이 그의 집을 빌려주고, 그는 홀스텔 선장의 집에서, 빈민들을 무료로 치료하는 병원 겸, 소위 학교에서 '왕따'를 당한 그의 두 아들과 함께, 거리의 부랑자들을 가르치는 학교로 사용하겠다는 계획을 세운다. 그의 아내 카트리네와 그의 딸 페트라가 더없이 고마운 조력자가 되어 준다는 것은 두말할 필요조차도 없다. 따라서 스토크만 의사가 무료로 빈민들을 치료해 주고, 거리의 부랑자들을 가르쳐서 소수의 예외적인 인물들로 육성해 내게 될 것이다. 시장이나 너구리같은 당파의 지도자들은 수많은 사람들을 잡아먹은 이리에 지나지 않으며, 호스타트와 아스라크센 같은 인물들은 또, 그들 나름대로 수많은 민중들을 물어뜯고 그들을 불구자로 만들어 놓는 자들에 지나지 않는다. 따라서 그 민중주의자들의 당파주의와 적당주의가 '정의와 도덕'을 뒤집어 엎고, 그 아름답고 평화로운 고장을 부정부패의 늪으로 몰아가게 된다. 이제는 '민중의 벗'이 '민중의 적'으로 전도되고, '민중의 적'이 '민중의 벗'으로 변모를 하게 된다. 스토크만 의사는 기사도적인 모험 정신과 성자의 영웅주의로 무장한 낙천주의자이며, 그는 이 세계에서 가장 고귀하고 가장 위대한 인물이라고 하지 않을 수가 없다.

이 세상의 어중이 떠중이들은 항상 굳건한 당원과 위험 없는 동지들만을 사랑하고, 그리고 그것에 반하여, 늘 새로운 것과 변화를 죄악시하며, 제 집만을 지키려는 犬公(똥개)들을 닮았다. 그들은 언제나 전통과 역사, 그리고 풍습과 윤리만을 좋아하고, 머나먼 이상 세계보다는 문전옥답의 오곡백과만을 더욱더 좋아한다. 그들의 목표는 눈앞의 이익이며, 그들의 척도는 만인의 평등과 민주주의이다. 그들은 자유와 독창성을 제일 싫어하고, 고귀하고 위대한 인간이 있다는 것을 그 무엇보다도 싫어한다. 어중이 떠중이들의 선은 공동선이며, 그 공동선은 보편적이고 객관적인 토대 위에서 자라난다고, 또한 그들은 주장한다. 그러나 그들의 눈앞의 이익, 즉 부의 공정한 분배와 만인평등은 그들이 소속된 국가와 공동체 사회의 성장을 가로막고, 머나먼 우주와 극북지대를 탐험하려는 미래의 인간들의 탄생을 가로막는다. 온천수의 오염원인을 근본적으로 제거하고, 그 온천지대를 모든 인간들의 건강과 행복이 자라나는 지상낙원으로 가꾸려하기보다는, 우선 눈앞의 이익만을 생각하고, 전체의 이익을 돌보지 않는 그들의 우매함이 바로 그것이다. 따라서 그들의 공동선은 악이 되고, 그들의 만인평등과 민주주의는 기껏해야 어중이 떠중이들의 헛된 망상의 구호에 지나지 않게 된다. 만인이 신봉하는 진리란 더 이상 진리가 아니며, 그 진리는 이미 부패하여 모든 인간들을 해치는 독극물에 지나지 않게 된다. 강한 인간, 독자적인 사상가, 독자적인 철학예술가가 나오기 위해서는 소위 '왕따'를 당하고 십자가에 못박혀서 죽을 만큼의 용기를 지니지 않으면 안 된다. 그것이 자기 자신만의 길이고, 고귀하고 위대한 낙천주의자의 길인 것이다. "이 세상에서 가장 강한 자는 바로 혼자 서 있는 인간이다". 이 말은 니체가 가장 좋아했던 헨리 입센의 천하 제일의 명언인 것이다.

헨리 입센은 그의『민중의 적』을 통하여 민주주의 사회의 모순점과 그 민중들의 위선의 탈을 가장 정확하게 꿰뚫어 보고, 이 세상에서 가장 고귀하고 위대한 인물인 스토크만 의사를 창출해 놓았다고 해도 과언이 아니다. 헨리 입센의『민중의 적』은 그의 후학인 니체에게 가장 큰 영향을 끼친 걸작이며, 니체는 헨리 입센의 사상을 받아들여 그의 '짜라투스트라'를 창출해 내게 되었는지도 모른다. '만인 대 일인의 싸움'은 가장 어렵고도 힘든 싸움이며, 최고급의 인식의 제전에서만 펼쳐지는 싸움인 것이다. 스토크만 의사와 짜라투스트라도 '만인 대 일인의 싸움'의 전형적인 인물들이지만, 반칠환의 '지킴이'(수호신)도 그 '만인 대 일인의 싸움'의 전형적인 인물이라고 하지 않을 수가 없다.

1

하—, 그때가 언제였던가, 풍 맞은 늬 애비와 삼십대 초반의 늬 에미가 머잖아 묵샘에 빠져 죽을 늬 큰성을 앞세우고, 다리가 휘도록 포대기 끈을 조른 갓난쟁이 둘째를 업고 이 솔뫼골 산지기 외딴집에 찾아드는 것을 보았다. 하마 사십 년 전의 일이다. 그때 나는 다만 회초래기 같은 구렁이 새끼였다.

어떤 인연이었을까. 그날 이후 나는 늬 에미, 산지기 외딴집에서 등잔불에 그을은 칠남매를 내리 낳을 때마다 산파 대신 손 잡아주던 문고리처럼 늬 집에서 지금껏 머물러 살아 왔다.

2

패가 망신하여 산지기 동생 오두막 열댓 살 뼈무른 조카 등에 업혀온 늬 큰애비가 풍 맞은 애비보다 먼저 타고 가는 상여를 보았다. 이태 후 그 춥던 겨울, 풍 든 애비마저 숨거둘 때 산발한 에미와 감자알 같던 늬 형제들이 오열할 때도 나는 그저 청뜰 밑에서 점점 예민해져 가는 청각을 곧추고 있을 뿐이었다. 뭍짐승들의 소란스런 울음 소리 틈에서도 젊은 암구렁이의 목소리를 가려낼 줄 아는 나이라면 이해하겠는가. 그때 나는 다만 늬 누이 한 줌 머리채만큼 자란 구렁이 총각에 불과했다.

3

인간의 나이 스무 살, 헌걸찬 인물의 늬 큰성이 뇌염에 걸려 맥없이 샘물에 빠져 죽는 것을 보았다. 샘골 그득한 푸른 이내 탓이었을까, 안친 쌀보다 턱없이 큰 무쇠솥을 데우고 나온 저녁 연기 탓이었을까. 까닭없이 코끝을 자극하는 재채기를 털어내듯 나는 그저 음산한 울음을 나직이 풀었을 뿐이다. 그때 나는 제법 지겟작대기만큼 자란 청년 구렁이로 세 번째 허물을 벗었다.

4

내남 없이 주려 넘던 보릿고개였으나 사발입보다도 형제들 목구녕이 턱없이 크게 벌어지던 그 시절, 마른 눈물도 없이 술찌게미를 집어넣던, 새 주둥

이처럼 빨간 늬 형제들의 목젖을 보았다. 다만, 보았을 뿐이다. 나로서도 살찐 개구리 만나기가 늬형제 이밥보기처럼 어려운 시절이었다.

5

그해, 올도토리가 여물 무렵이었다. 나는 다섯 번째의 허물을 벗었다. 허물을 인간의 눈에 띄게 하는 것은 구렁이 세계의 금기였으니, 칠칠치 못한 나의 허물은 두고두고 구렁이 세계를 살아가는 데 큰 허물이 될 것이었다. 그러나 그때 나의 실수는 나를 다른 구렁이의 운명으로부터 갈라놓는 것이기도 했다. 흐물흐물 내 근육의 틀림대로 양껏 부푼 내 허물은 실제 몸보다 크게 보였을 터, 마당을 쓸던 누이를 보고 에미가 말했다. '두거라. 이거는 아마도 우리 집 업이 틀림없다.' 나는 그것이 무슨 말인지 몰랐으나 에미의 목소리는 나직하고 경건했다. 그 목소리는 나를 사로잡았다.

6

나는 곧 이 집으로부터 나직하고 경건하게 불리는 어떤 존재가 되어야 함을 눈치챘고, 열심히 그 나직하고 경건한 존재의 형태를 연구하기 시작했다. 오래잖아 나는 그것이 이 집안의 길흉화복을 당기고, 물리치는 가신家神의 역할임을 깨달았다. 나직하고 경건한 존재의 다른 이름이 지킴이라는 것도 알게 되었다.

7

늬 에미는 억척스럽고 총명했으며, 형제들은 착하고 똑똑했다. 이것은 나, 지킴이의 말이 아니라 동리 사람들의 수군거림이다. 큰성이 명문 중학교에 붙자, 둘째 성과 시째 성이 우등상을 타왔으며, 누이는 글짓기 상을 타고 에미는 장한 어머니 상을 타왔다. 부끄럽지만 큰 애비와 애비의 죽음도, 발가락 욺이 돋는 양말의 가난도 내 탓이 아니었던 것처럼 이 모두 내 탓은 아니다.

8

지킴이가 된 나는 연애도 잊고 이 집에 '내 탓'을 얹으려 했으나 뜻대로 되지 않았다. 가난했으나 스스로 꿈을 세울 줄 알았고, 꿈을 세웠으나 꿈을 위해 남과 다투지 않았으니, 아무 것도 도울 수 없는 나야 말로 이 집에서 가장 가난한 지킴이였다.

9

너 막내의 수염이 거뭇해지자 머리 큰 성들은 명절마다 수군거렸다. '도시로 가자!' 나는 찬피동물의 속성도 잊어버린 듯 머리속이 뜨거워졌다. 필시 이농 계획은 나를 빼놓은 구상이 틀림없었다. 나는 아직까지도 도시의 아파트에 깃들어 사는 지킴이에 대해 들어본 적이 없다.

10

늬 가족이 도시로 떠나가던 날, 나는 아침 일찍 슬그머니 건너말 송골로 가서 이삿짐을 옮기는 너희 가족을 보았다. 나직이 울었으나 늬 가족이 들을 정도는 아니었다. 대관절 빈 집을 지켜야 하는 지킴이란 무엇인가. 그해 가을, 겨울 잠 준비도 잊고 가으내 굶었다.

11

가끔 소식을 듣기는 했다. 첫째가 장가가고, 둘째가 장가가고, 셋째가, 마침내 너 막내마저 장가갔다는. 형제들 모두 메추라기 흩어지듯 분가해버리자 어지간히 늙은 나는 또 혼란스러웠다. 나는 이제 첫째네 지킴이가 될 것인가, 둘째네 지킴이가 될 것인가. 그러나 곧 깨달았지. 모두 도시 속에 자리잡은 그 어느 곳도 내가 갈 곳이 아님을.

12

늬 가족 떠난 지 십 몇 년, 마당과 청뜰엔 잡초 무성코, 방마다 들쥐들이

쑤알거리는 빈집이지만 아직도 이 집안엔 늬들은 잊어버린 늬 형제들이 살고 있다. 성들은 부산하게 책가방을 싸고, 오늘도 짱아찌 반찬에 보리밥 도시락을 싸는 에미와, 빈집 지키며 처마 그림자를 재는 막내둥이가 이토록 선명하거늘, 나는 언제까지나 이들의 유년의 꿈에 귀기울이며, '내 탓'을 얹기를 희망할 것이다. 어쩌면 오래잖아 이 집을 찾은 형제들 중 하나는 다시는 보지 못할 내 마지막 허물을 집어들고 나직하고 경건하게 중얼거릴 것이다. '아아, 이것은 우리 집 업이었지'라고.

—반칠환, 「지킴이의 노래」 전문

고대 그리스의 헤라클레이토스는 대부분의 사람들이 '어두운 사람', '수수께끼 같은 사람', 혹은 '숨어 사는 사람'이라고 표현하고 있지만, 나는 그가 어느 누구보다도 훌륭하고 독창적인 철학자였다고 생각한다. 그는 '투쟁은 만물의 아버지'라고 부른 최초의 철학자였다. 그리고 한 걸음 더 나아가, '투쟁 속의 조화'를 역설한 최초의 철학자이기도 했던 것이다. 너와 나, 적과 동지, 선과 악, 진과 위, 남과 여, 음과 양, 친구와 친구, 부모와 형제 등, 이 모든 관계들은 애증愛憎이 겹치는 관계이며, 그 투쟁 속에서 조화를 이루는 관계라고 할 수가 있다. 머나먼 고산영봉들은 천하의 절경일 수도 있지만, 그 풍경의 내부로 파고 들어가면 그 모든 것이 싸움이 아닌 것이 없다. 풀과 풀의 싸움, 나무와 나무의 싸움, 짐승과 짐승들의 싸움이 바로 그것이다. 또한 고산영봉에서 내려다 보는 대전은 아름다운 도시일 수도 있지만, 그 풍경의 내부로 파고 들어가면 그 모든 것이 싸움이 아닌 것이 없다. 날이면 날마다 그치지 않고 일어나는 증오, 질투, 시기, 살인, 강도, 강간 등의 사건들이 바로 그것을 말해 준다. 우리 인간들이 걸음마를 배우면서부터 제일 먼저 배우는 것은 그 싸움의 연습 과정이라고 할 수가 있다. 숨박꼭질, 말놀이, 퀴즈게임, 수수께끼, 전쟁놀이, 축구를 비롯한 운동 역시도 그 싸움의 연습과정이라고 할 수가 있는 것이다. 알렉산더,

나폴레옹, 징기스칸, 줄리어스 시이저, 진시황, 호머, 셰익스피어, 니체, 마르크스, 보들레르, 랭보 역시도 천하의 명장들이며, 최고급의 인식의 제전의 전사들이라고 할 수가 있는 것이다. 최고급의 인식의 제전의 전사만이 아름답고 위대하며, 바로 그 문화적 영웅만이 이 세상을 더욱더 넓고 아름답고 풍요롭게 바라볼 수 있는 낙천주의자라고 해도 틀린 말이 아니다.

사색인의 십계명 제5계: 최고급의 인식의 제전을 펼쳐 보아라! 나는 이 제5계를 쓰기 위해서 아뤼트르 랭보의 『지옥에서 보낸 한 철』, 보들레르의 『악의 꽃』, 횔덜린의 『빵과 포도주』, 하종오의 『반대쪽 천국』, 반칠환의 『뜰채로 죽은 별을 건지는 사랑』을 읽어보다가, 육친의 혈연성과는 아무런 상관도 없이, 한국 현대시의 새로운 경지를 선보이고 있는 반칠환의 「지킴이의 노래」를 선택할 수밖에 없었다. 「지킴이의 노래」는 그 수호신의 아름답고 거룩한 생애를 노래한 시이며, 만인들(시인의 가족들)에 의해서 버림받은 지킴이(수호신)를 신화적 차원에서 새롭게 조명해 내고 있는 가장 탁월하고 아름다운 시라고 하지 않을 수가 없다. 그 지킴이는 한 가정의 수호신의 역할을 자처하며, 그 가정으로부터 버림을 받기까지의 사십여 년 간의 역사를 가장 탁월하고 아름답게 노래를 하고 있다. 거기에는 시인의 가족의 역사에 대한 위대한 통찰이 담겨 있으며, 한 걸음 더 나아가, 마치 자기 자신의 이상국가를 창출해 냈던 플라톤처럼, 연애도 잊고, 가정도 꾸미지 않고, 오로지 시인의 가정(국가)만을 위해 헌신하다가, 그 만인들(시인의 가족, 또는 국민들)로부터 버림을 받고 우울하고 쓸쓸하게 죽어가고 있는 구렁이(수호신)에 대한 위대한 통찰이 담겨 있는 것이다. 그 수호신화에는 '만인 대 일인의 싸움'이 이중적으로 겹쳐져 있다. 첫 번째는 시인의 가족으로부터 버림을 받은 구렁이의 싸움이며, 두 번째는 만인들의 반대 방향에서, 그 구렁이를 수호신으로 재창조해 놓고 있는 시인의 싸움이다. 이 글을 쓰고 있는 나는 속물근성에 사로잡혀 있는 만인들(시인의 가족들, 또는 어중이 떠중이들)에 불과하지만, 반칠환은 그 지킴이와 함께, 이처럼 문화의 수호신이 되어가고 있는 것이다. 그리고 그 수호신화는 한 가정의 내면의 이야기만이 아닌, 인류 전체의 이야기에 맞닿아 있다는 점에서, 가장 찬란하고 가장 아름다운 감동의 드라마라고 하지 않을 수가 없다. 한 집안의 "길흉화복을 당기고, 물리치는" 수호신의 역할을 담당했던 구렁이, "연애도 잊고" "가난했으나 스스로 꿈을 세울 줄" 알았던 시인의 가족들을 너무나도 끔찍하게 아끼고 사랑했던 구렁이, 그리고 마침내 "도시로 가자"라는 시인의 가족들의 말 한 마디에, "찬피동물의 속성도 잊어버린 듯 머릿속이 뜨거워졌다"는 구렁이, 그처럼 너무나도 끔찍하게 아끼고 사랑했던 시인의 가족들이 떠나자 "그해 가을, 겨울잠 준비도 잊고 가으내 굶었다"는 지킴이가 어떻게 한 가족사의 사적인 수호신으로만 머무를 수가 있겠으며, 또한 구체적인 역사를 토대로 하여 그 수호신화를 재창조해 놓고 있는 「지킴이의 노래」가 어떻게 한 개인의 업적일 수만이 있겠는가? 반칠환의 「지킴이의 노래」는 장중하고 울림이 큰 대서사시적인 감동의 드라마이며, 한국문학의 새로운 쾌거라고 나는 가장 자신 있고 힘 있게 말할 수가 있다. 「지킴이의 노래」는 가장 아름답고 거룩하고 순결한 수호신의 노래이다. 구렁이의 '만인 대 일인의 싸움'과 시인의 '만인 대 일인의 싸움'이 낳은 한국문학의 경사이며, 최고급의 인식의 제전의 성과라고 하지 않을 수가 없다. 스토크만 의사가 지킴이이고, 지킴이가 스토크만 의사이다. 헨리 입센이 반칠환이고, 반칠환이 헨리 입센이다. 따라서 모든 지식인들은 언어의 사제이며, 언어의 사제는 문화의 수호신이라고 하지 않을 수가 없는 것이다.

탤버트 아, 너 존 탤버트, 내가 너를 부른 것은 너에게 전술을 가르쳐 주고, 설사 너의 애비가 노령으로 수족도 못 쓰고 맥없이 앉아서 죽음만을 기다리게 되더라도 탤버트의 이름이 너 안에 소생하기를 바라서였다. 허나 아, 이 무슨 나쁜 운성運星의 장난이냐! 네가 찾아든 곳은 죽음의 향연 속, 무서운 위험을 피할 수 없게 됐다. 그러니 얘야, 나의 제일 빠른 말에 올라 타라. 그러면 단숨에 달려서 이곳을 빠져 나갈 길을 가르쳐 주겠다. 자, 지체말고, 빨리. (……)

존 그럼 제가 머물러 있겠으니, 아버님이 도망치십시오. 아버님의 죽음은 국가의 중대사입니다. 그러니 목숨을 소중히 하십시오. 아무런 값어치도 없는 저는 죽어도 괜찮습니다. 저 같은 걸 죽여봐야 프랑스군은 자랑도 될 수 없지만, 아버님이 죽으면 적의 자랑이 될 뿐 아니라 모든 희망이 죽음입니다. 여기서 도망치셔도 아버님의 지금까지의 명예가 더럽혀질 리 없지만, 아직 아무 공적도 없는 저의 경우는 큰 치욕이 됩니다. 아버님이 도망치시면 기회를 기다리기 위해서일 거라고 사람들은 말하겠지만, 제가 도망치면 겁이 나서 그런 거라고 틀림없이 모두 다 말할 것입니다. 첫 싸움에서 겁을 먹고 도망친대서야 제게는 영원히 싸움에 이겨 볼 가망은 없습니다. 이렇게 무릎을 꿇고 부탁합니다. 저를 명예스럽게 죽게 해주십시오. 치욕을 짊어지고 살아 있기는 싫습니다.

—셰익스피어, 「헨리 6세」(『셰익스피어 전집 5』, 휘문출판사, 1971)에서

셰익스피어: 아직도 그의 언어와 문체 속에서, 마냥, 그대로 행복하게 살아보고 싶은 세계적인 대작가. 내가 더없이 초라해 지고 더없이 행복해 지는 위대한 스승.

—반경환, 「우정에 대하여」(『행복의 깊이 3』)에서

나는 반칠환의 「지킴이의 노래」를 몇 번이고 되풀이 읽으면서, 한국어와 우리 한국인들의 영광을 생각해 보고 또 생각해 보았다. 나는 반칠환이가 청동보다도 더 오래가는 문체로, 내가, 셰익스피어 앞에서 보다도 더없이 초라해 지고 더없이 행복해질 수 있는 세계적인 대서사시인으로 자라나기를 빌고, 또 빌어본다. 나는 아직도 세익스피어는

수많은 인물들이 겹쳐져 있는 통개인적인 인물이며, 영국인들이 그들의 제국주의적인 관점에서 제멋대로 조작해낸 가공의 인물이라고 믿고 있다. 왜냐하면 셰익스피어의 희극과 비극, 그리고 사극들은 「헨리 6세」에서처럼, 한 개인의 창작품이라고는 도저히 상상할 수도 없을 만큼, 장중하고 그 울림이 크다고 할 수밖에 없기 때문이다. 아아, 최고급의 인식의 제전을 펼쳐 보아라. 바로, 그러면 너는 세계적인 대사상가, 또는 문화의 수호신이 될 것이다.

가장 찬란한 최고급의 인식의 제전이란 부처와 예수처럼, 혹은 호머와 셰익스피어처럼, 신적인 인물들에 의해서 펼쳐지며, 그 인식의 제전을 통해서 우리 인간들은 고급문화인으로 자라나게 된다. 고급문화인은 그 신적인 문화적 영웅들의 자식들이며, 그 영웅의 지혜에 의해서 양육되지 않으면 안 된다. 낙천주의자, 즉 문화적 영웅이 되기 위해서는 수없이 죽어야만 하고, 그리고 그때마다 수없이 새롭게 탄생하지 않으면 안 된다. '만인 대 일인의 싸움', 이 싸움을 행할 수 있는 사람은 밤하늘의 새로운 신성처럼 극히 드물다. 그는 전형적으로 지혜와 용기와 성실 등의 삼박자를 다 갖춘 인물이며, 위험을 기피하기보다는 그 위험의 강도를 더욱더 가중시켜 나가는 인간이다. 만인의 반대 방향에서, 그 만인들로 하여금 무차별적으로 집단폭력을 행사하게 하는 인간, 새로운 이상국가를 건설할 수 있을 만큼 정치적이지만, 그 정치적 색채가 전혀 풍기지 않는 인간, 저 천박하고 어리석은 만인(민중)들이 사소한 눈앞의 이익만을 생각하고 있을 때에도, 그는 언제나 전체의 이익만을 생각하고 수천 년의 소나무처럼, 늘 푸르고 장중한 인간, 분명한 사상과 그 목적 아래 자기 자신을 끊임없이 심판하고 채찍질 할 줄 아는 인간, 자기 자신의 조국이 위험에 빠지고 더 큰 시련에 빠져 있을 때에도 오로지 자기 자신의 사상과 이념과 그 목표를 향하여 정진하고 또 정진하면서, 마침내 자기 자신의 조국과 인류 전체를 구해내는 인간, 자그만 동정심과 연민에 얽매여서 저 천박한 사제들처럼 자기 자신의 가능성을 말소시켜 버리지 않는 인간, '만인 대 일인의 싸움'을 통해서 더 큰 삶의 활력을 느끼는 인간—. .

아아, '만인 대 일인의 싸움'만이 아름답고 훌륭하다. 아아, 그대들이여! 최고급의 인식의 제전을 펼쳐 보아라. 그러면 그대들을 향하여 그 모든 사람들이 자다가도 벌떡 일어나 기립박수를 치게 될 것이다.

제6계: 언제나 '실패의 여신'께 감사의 기도를 드려라;
우리는 실패를 할 때마다 더욱더 독수리처럼 자유롭게 날아다닌다.

'실패는 성공의 어머니'라는 말도 있고, 다섯 번씩, 여섯 번씩 실패를 거듭했음에도 불구하고, '하나님 아버지 감사합니다'라고 언제, 어느 때나 기도를 드렸다는 유태인들의 교훈도 있다. 성공이란 그 뜻(목적)을 이룬 것을 말하지만, 그러나 이 세상에서 진정한 성공이란 있을 수가 없는 것이다. 학생회장, 정당의 총재, 대통령, 외교관, 국회의원, 법관, 재벌그룹의 총수 등이 그 목적일 수도 있지만, 그러나 그 목적이 달성되는 순간, 전면적인 실패가 기다리고 있기 때문일는지도 모른다. 보다 낫고 보다 완전한 세상, 즉 플라톤적인 이상국가와 그 국민이 되기 위해서는 우리 인간들은 너무나도 미약하고 불완전한 존재에 지나지 않는다. 모든 교육의 목표가 '전인 교육'이라면 지금까지의 교육의 역사는 실패의 역사이며, 이 세상의 어중이 떠중이들만을 양산해온 역사이다. 알렉산더 대왕은 그처럼 뛰어난 두뇌와 행운의 여신의 은총을 입었음에도 불구하고 그토록 소망했던 문화제국, 즉 '알렉산드리아'를 건설하지 못했고, 나폴레옹 역시도 그처럼 뛰어난 두뇌와 '불가능은 없다'라는 영웅정신으로 무장했음에도 불구하고 그토록 소망했던 '유럽연방의 건설의 꿈'을 실현시키지 못했다. 요컨대 보들레르, 랭보, 모차르트, 반 고호, 폴 고갱, 호머, 괴테, 셰익스피어 등도 마찬가지이다. 인류의 역사는 실패의 역사이며, 실패의 역사는 인류의 역사이다.

그러나 그럼에도 불구하고 우리 인간들이 이 세상의 삶을 살아가고 있는 것은 그 불가능에 대한 꿈이 있기 때문이다. 불완전한 인간으로서의 완전한 인간에 대한 꿈과 지상낙원에 대한 꿈은 우리 인간들의 삶의 동기와 그 목적이 되어준다. 모든 성공은 하나의 신기루이며 허상에 불과하지만, 그 성공으로 향한 도전의 정신은, 거꾸로, 어느 누구도 이룩할 수 없는 성공의 길인 것이다. 나는 모든 인간들에게 언제나 '실패의 여신께 감사의 기도를 드려라'고 권해 주고 싶다. 왜냐하면 가장 아름답고 멋진 실패만이 그 주체자의 성공을 보증해 주고 있기 때문이다. 실패는 성공의 어머니이며, 그 어머니에게 감사의 기도를 드린다는 것은 우리들의 몫인 것이다.

아리스토클레스, 즉 플라톤(B.C. 427—347?)은 그리스의 아네테에서 태어났고, 그는 매우 부유한 명문귀족 출신이었다. 아버지는 아테네 왕의 후손이었고, 어머니는 유명한 정치가 솔론의 후손이었다. 그는 어렸을 때 정치에 뜻을 두기도 했었지만, 그의 조국인 아테네가 스파르타와의 전쟁에서 패배를 하자, 곧바로 그 정치에 환멸을 느꼈던 모양이었다. 그리고 그는 시인이 되기 위해서 문학공부를 했지만, 20세가 될 무렵, 우연히 '아고라'에서 소크라테스를 만나고, 그 스승 밑에서 철학을 공부하게 되었다. 플라톤은 그리스 최고의 중심 국가였다가, 졸지에, 스파르타의 식민지가 되어버린 그의 조국 아테네를 재건해 보겠다는 꿈을 갖고 있었지만, 그의 나이 28세 때, 그가 그토록 사랑했고 존경했던 소크라테스가 사형을 당해 버리자, 이집트로, 페르시아로, 그리고 이탈리아로 유학을 다니면서, 그의 '이상국가'의 꿈을 갖게 되었던 모양이다.

플라톤의 '이상국가'는 그의 지상낙원이자 인류의 역사에 있어서 가장 위대한 인간의 꿈의 산물일 수밖에 없다. 우리 인간들이 무리를 짓는 사회적 동물이 된 것은 무리를 지음으로써 외부의 적이나 자연의 재앙에 대처하고, 공동으로 생산하고 공동으로 분배할 수 있는 최선의 생존수단을 바로 거기서 발견했기 때문이다. 우리 인간들은 다른 동물들에 반하여 매우 나약한 동물이며, 공동체 사회의 바깥으로 나아가서는 어떠한 생존수단도 발견하기가 힘들게 되어 있다. 중산층 이상의 안락한 가문 출신인 로빈슨 크루소의 28년 2개월 동안의 무인도의 삶을 생각해 보고, 또한 그에게는 어떻게 문명과 문화의 삶이 가능할 수 있는가를 숙고해 보기를 바란다. 그는 날이면 날마다 집을 짓거나 보수를 하고, 사다리를 만들고, 사냥을 나가거나 농사를 짓고, 또 동굴과 요새와 배를 만들고 있지만, 그의 몰골은 흡사 인간도 아니고 원숭이도 아닌, 이상하고도 괴기한 새로운 변종의 퇴화된 동물과도 같았다. 무리를 짓는 인간으로서의 최고의 형벌은 인간 사회로부터 유리된 그것이며, 그것은 모든 불행의 표지일 뿐이었던 것이다. 돈과 명예와 권력은 무리를 짓는 동물로서의 인간관계의 산물이며, 그 돈과 명예와 권력으로부터 멀어져 있다는 것은 모든 문명과 문화의 삶으로부터 배척되어 있다는 것을 뜻한다. 로빈슨 크루소가 그의 사나이다운 의지와 용기로써 그토록 어렵고 힘든 무인도의 삶을 극복해 내면서 '자기 자신의 장원의 주인이자 황제가 되었다'라고 너스레를 떨고는 있지만, 요컨대 그는 단 한 번도 영국인이라는 사실과 기독교인이라는 사실을 잊어 본 적이 없는 것이다.

우리 인간들은 결코 '홀로서기'를 이룩할 수 없는 나약한 동물이며, 따라서 그 단독자의 자유를 희생시키고서야 무리를 짓는 사회적 동물로서의 최선의 생존수단을 발견하게 되었던 것이다. 도덕, 법, 전통, 풍습, 역사, 종교 등의 제도적 장치들은 우리 인간들을 결집시킬 수 있는 힘으로 작용하고, 인간 그 자체보다도 더욱더 중요한 신앙이 되어 버렸다고 해도 과언이 아니다. 심지어는 인간이 사라지고 도덕과 법과 전통과 풍습과 역사와 종교들만이 살아 움직이고 있는 것인지도 모른다. 법 앞에서 만인평등을 외치거나 그 법을 신성시할 때에도 우리 인간들은 꼭두각시처럼 움직이게 되고, 도덕을 숭배하고 도덕적 인간임을 내세울 때에도, 우리 인간들은 간신히 그 주체자의 존재의 정당성을 입증받게 된다. 전통, 풍습, 역사, 종교 앞에서도 마찬가지이며, 우리 인간들은 마침내 그 제도적 장치들에 의해서 사회적 동물로 입증되고, 돈과 명예와 권력을 중요시 하는 문명과 문화인이 될 수가 있었던 것이다. 로빈슨 크루소 같은 무인도 사람에게는 돈은 휴지조각에 불과하며 명예와 권력은 너무나도 조잡하고 공허한 말장난에 지나지 않는다. 따라서 우리 인간들은 자기가 살고 있는 공동체 사회를 증오하는 사람들조차도 그 인간 사회로부터 격리될까봐 그 무엇보다도 걱정을 하게 되고, 공동체 사회가 명령하는 그 어떤 것들마저도 '법률의 준수'라는 이름으로 감당해 내게 된다. 대영제국의 꿈, 아메리카 합중국의 꿈, 나치의 꿈, 로마제국의 꿈, 다국적 자본으로 지칭되는 유태인들의 꿈, 그 꿈들이 그 인간들을 거룩하고 위대하게 해준 것이다. 따라서 모든 역사가들은 국가를 형성한 민족들을 중요시하고, 그 국가를 신성시할 필요가 있었던 것이다. 요컨대 우리 인간들은 국가를 통해서 그 나약함을 극복하고 전지전능한 신이 되어가고 있는 것인지도 모른다.

> 조국은 부모나 조상보다 더 존귀하고 더 신성하며, 또 신들이나 뜻 있는 사람들이 보기에 더욱 가치 있는 것임을 너는 모르는가? 너는 조국에 대하여 존경하고 순종하며, 조국이 노여워할 때에는 아버지가 노여워할 때보다도 더 양보해야 해. 너는 조국을 설득하거나, 그 명하는 바를 무엇이나 행해야 해. 조국이 네게 견디고 참으라고 하는 것은 무엇이나 행해야 해. 조국이 네게 참고 견디라는 것은 무엇이나, 매질이나 투옥이나, 모두 참고 견디어야 해. 또 조국이 너더러 전쟁터로 가라 하면 부상을 당하게 되건 전사하게 되건 전쟁터로 가야 하고, 또 이것이 옳은 일일세. 너는 기피해서도 안 되며, 후퇴해서도 안 되며, 맡은 곳을 버리고 떠나도 안 되네. 전쟁터에서나 법정에

서나 그밖의 어디에서나 나라와 조국이 명하는 것을 행하지 않으면 안 되네.
— 플라톤, 『플라톤의 대화』(종로서적, 1981)에서

인간이란 운동하고 있는 물질적 분자들의 모임이다.

국가—大레바이아탄(Leviathan)—는 하나의 人工的 인간인데, 군주는 그 영혼이고 관리는 관절이며 상과 벌은 신경이고 그것의 부는 힘이며 안전은 직무이고 고문은 기억력이며 공평과 법은 그의 이성과 의지이고 평화는 건강이며 선동은 병이고 내란은 그것의 죽음이다.

추리는 명칭을 솜씨 있게 다루는 것이고 진리는 명칭들을 정확하게 배열하는 것이다.

욕망은 어떤 대상을 향한 운동이고 혐오는 어떤 대상에서 떠나는 운동이며 선과 악은 욕망과 혐오에 대조되어 이해된다.

자연적 상태에서는 개인 대 개인의 투쟁이 있다. 평화를 보장하기 위하여 사람들은 그의 의지에 의하여 법을 만들기 때문에 시민법에 구속을 받지 않는 최고의 권력(군주나 혹은 주권단체)을 수립하는 계약을 체결한다. 군주정치, 귀족정치, 민주정치의 세 가지 정체 중에서 평화를 유지하는 가장 효과적인 정체는 군주정치이다.
— 토마스 홉스, 「레바이아탄」(『세계사상대계제2권』, 신태양사, 1971년)에서

자연의 상태에 있어서 모든 사람은 자유롭고 평등한 것이며 누구도 자연적으로 다른 사람에게 지배권을 가질 수 없다. 자연법은 자연의 상태를 지배한다. 하나님으로부터 물려 받은 이성은 자연법을 示現한다. 또 누구든지 다른 사람의 생명, 건강, 자유 또는 소유물을 해쳐서는 아니 되며 만일 누구든지 다른 사람을 해친다면 해를 입은 사람은 해친 사람을 벌할 권리를 가진다.

사람은 그의 노동에 의해서 그의 노동의 생산물인 재화를 획득한다. 모든 사람이 자기 자신의 행위의 심판자라는 자연의 상태로부터 결과되는 불편을

代置하기 위하여 사람들은 계약을 맺고 이 계약으로써 인간의 타고난 권리를 수호하며 인간을 다스릴 수 있는 권력이 부여된 시민정부를 창조한다. 만일 정부가 시민들의 안전과 권리를 침범함으로써 이러한 사회 계약을 위반하고 인민에게 반역한다면 인민들은 정부를 해산할 권리를 가진다.

— 존 로크, 「시민정부론」(『세계사상대계제2권』, 신태양사, 1971년)에서

즉 사회계약은 모든 인간이 동일한 조건하에 놓여져서, 동일한 권리를 향수할 수 있는 평등성을 각 공민 간에 세워준다는 것이다. 이리하여 계약의 성질상, 주권자의 모든 행위, 즉 모든 일반의지의 정당한 행위는 모든 공민으로 하여금 동등하게 의무와 이익에 참여하게 하는 것이다. 그러므로 주권자는 단체로서의 국민을 인정할 따름이고, 그것을 구성하고 있는 각 개인 간에 전혀 차별을 두지 않는 것이다. 그러면 대체 정확히 말해서, 주권의 행위란 무엇일까. 그것은 우자優者와 열자劣者 간의 협약행위를 말함이 아니요, 단체와 그 각 성원 간의 협약행위를 말하는 것이다. 이 협약은 사회계약을 기반으로 하는 고로 합법적이요, 만인에 공통함으로 공평하며, 일반의 복지를 도모하는 외에 다른 목적이 없으므로 유익한 것이며, 공공의 힘과 지상권至上權에 의해서 보증을 받고 있기 때문에 확고부동한 것이다. 국민이 협약만을 복종하고 있는 한, 그들은 아무에게도 복종하고 있는 것이 아니고, 제 자신의 의사만을 따르고 있는 것이다. 그러므로 주권자의 권리의 범위와 공민의 권리의 그것을 묻는 것은 곧 공민이 상호 간에, 즉 개인은 전체에 대해서, 전체는 개인에 대해서 어느 정도로까지 의무를 질 수가 있느냐를 물음과 마찬가지 질문이 되는 것이다.

— 장 자크 루소, 『사회계약론』(휘문출판사, 1976)에서

나무를 치명적으로 손상시키지 않고서도 타국의 신화라는 나무를 성공적으로 이식移植해낸다는 것은 불가능하다. 그 나무는 아마 한때, 외국적 요소를 무시무시한 싸움에 의하여 떨구어버릴 정도의 힘과 건강을 가지고 있었

을 것이다. 그러나 이식된 나무는 대개 쇠약해 지고 위축되거나 순간적으로 무성하기도 하다가 이내 죽어버리고 만다. 우리는 독일 본질의 강력하고 순수한 핵심을 높이 평가하여 우리가 바로 그것에 의하여 강력하게 뿌리내린 외국적 요소의 제거작업을 해낼 수 있기를 기대하며 독일 정신이 자각적으로 자기 자신에게 복귀하는 것이 가능하다고 간주하게 되는 것이다. 아마도 독일 정신이 라틴적인 것을 배제함으로써 그 투쟁을 시작해야 한다고 많은 사람들은 생각할 것이다. 그것을 위한 외적인 준비와 격려는 이번 전쟁에서 보여준 무적의 용기와 피에 물든 영광 속에서 충분히 볼 수 있을 것이다. 그러나 내적인 필연성은, 이 길에 있어서의 선구적인 숭고한 투사들, 예컨대 루터 및 우리의 위대한 예술가와 시인들, 이들에게 동등하고자 하는 경쟁심 속에서 찾아져야 한다. 그러나 독일 정신은 그런 투쟁을 자기의 수호신 없이, 자기의 신화적 고향 없이, 모든 독일적인 사물의 부흥없이 해낼 수 있다고는 믿지 않을 것이다. 그러므로 독일인이 고향에 돌아갈 길을 몰라 두려워하며, 자기를 오래 전에 잃어버린 고향으로 되돌려 보내줄 인도자를 찾기 위하여 두리번거린다면, 그는 단지 디오니소스의 새가 환희에 차서 유혹적으로 부르는 소리에 귀기울이기만 하면 된다. 그 새는 그의 머리 위에서 선회하면서 그에게 가는 길을 가르쳐 주고자 할 것이다.

— 니체,『비극의 탄생』(청하, 1982년)에서

소크라테스도 국가를 신성시했고, 홉스도 국가를 신성시했다. 존 로크도 국가를 신성시했고, 장 자크 루소와 초기의 니체도 국가를 신성시했다. 국가는 땅과 사람에 의해서 건설되며, 그 구성원들은 동일한 언어, 민족, 전통, 역사, 풍습, 종교 의식 등을 공유하고 있지 않으면 안 된다. 의식주의 문제를 저마다 혼자서 해결해야 된다는 것은 불가항력적인 난제와도 같지만, 공동으로 생산하고 공동으로 분배하는 공동체 사회에서는 그것이 그렇게 어려울 것이 없는 것이다. 농민들과 군인들, 관리들과 노동자들, 상인들과 학자들, 그리고 학생들과 선원들—. 이 모든 다양한 직업에 종사하는 사람들이 모여 살면서, 저마다의 성격과 취향에 맞는 일에 종사한다는 것은 모든 인간들의 이상적인 사회가 아닐 수가 없는 것이다. 내가 여기서 단도직입적으로 말해본다면, 모든 국가는 공산국가라고 역설할 수가 있는 것이다. 모든 국가의 조직은 공산주의 형태로 구성되어 있으며, 부의 공정한 분배가 그 관건이라고 할 수가 있다. 사회로부터 격리되면 죽음이라는 것, 무리를 짓는데서 최선의 생존수단을 발견했다는 것이 우리 인간들을 공산주의자로 만들고, 더욱더 폭넓게 사유재산제도를 옹호했던 오늘날의 자본주의 국가—사유재산제도를 철폐했던 공산주의 국가는 두말할 필요도 없이—들마저도 그 공산주의의 근본체제를 뿌리째 뽑아버릴 수는 없었던 것이다. 상속세, 증여세, 양도세, 재산세, 소득세 등의 조세제도를 통하여 부의 세습을 방지하며, 다른 한편, 가난한 사람들에게 최저생활비와 교육비와 의료보험의 혜택을 제공해 주고 있는 것이 바로 그것을 말해 준다. 이처럼, 이와 같은 사회보장제도 없이, 만일 무제한적인 사유재산제도만을 허용한다면, 그 국가의 정치체제는 곧바로 무너지게 될 것이다. 자본주의 사회는 어린이들마저도 공동으로 생산하고 공동으로 양육한다는 공산주의 체제에서 한 걸음도 벗어나지를 못하고 있다. 유치원에서부터 대학교까지, 그토록 정교하고 세련되게 준비된 교육과정을 생각해 본다면, 어느 자본가 개인이 그 무리로부터 이탈된 예외자일 수가 있겠는가? 요컨대 자본주의는 사회적 동물들의 파렴치한 만행이며, 전체 인류에 반하는 대역제도일는지도 모른다. 인간은 나약하지만 무리짓는 동물로서의 인간은 더없이 강하고, 개인은 불행하지만 인간은 행복하다.

소크라테스 10세 이상의 국민은 모두 먼 고장에 보내 아직 부모들의 관습에 젖지 않는 동안에 한 곳에 수용하여 우리가 지금까지 이야기해 온 법규에 따라서 훈련(교육)을 실시하면, 우리가 바라던 국가와 제도는 신속히 그리고 쉽사리 이루어질 수 있네. 그렇게 하면 국가 자체가 행복하게 운영될 뿐더러 그 안에 태어난 국민들도 큰 복락을 누리게 되네.

소크라테스 15년 동안이네. 그리하여 그가 50세가 되어 맡은 임무를 무난히 마치고 실무나 학술적인 지식에 있어서 우수한 재능을 나타내면 드디어 그 최종 목표에 도달하였다고 볼 수 있으므로 일체를 비추는 빛의 근원에서 선 자체를 간취해야 하네. 이것이야말로 그들이 본보기로 삼고 생애를 통해 나라와 동포들과 자기 자신에 대하여 행할 바 전형이기 때문이네. 이리하여 그들은 철학을 그 주요 과제로 하며 순번이 오면 지배자의 자리에 앉아 정무에 관여하는데 이것이 나라를 위하는 길이기 때문이네. 즉 반드시 해야 하는 일이기 때문에 하는 것이지 결코 자기 이익을 위해서가 아니네.

— 플라톤, 『플라톤의 국가론』(집문당)에서

플라톤의 이상국가는 공산주의이었고, 그 구성원들 모두가 다 같이 행복한 사회이었다. 그의 국가론은 교육론이 주조를 이루고 있고, 궁극적으로는 이 세상에서 가장 뛰어나고 훌륭한 '철인정치가'를 육성하여 그들이 통치하는 나라를 건설하는 것이 그 목표이었다. 이상국가에서의 어린아이는 국가의 소유물이었고, 그의 어머니와 아버지는 친족권을 가질 수가 없다. 어른들은 모든 아이들의 아버지와 어머니이었고, 아이들은 모두가 다같이 형제자매이었다. 그들은 모두가 다같이 자기 자신의 자식들과 부모형제를 따질 필요가 없었던 것이고, 따라서 그들은 자기 자신보다는 국가를 우선시하게 되었다. 어린아이는 엄마의 젖을 뗄 무렵이면 탁아소에 보내지게 되고 그곳에서 10세 때까지 체육과 음악을 공부하게 된다. 음악은 어린 아이들로 하여금 성격이 온화하고 덕이 많은 아이들로 자라나게 하고, 체육은 몸의 건강뿐만이 아니라, 불굴의 인내와 용기, 그리고 굳센 정신을 가진 아이들로 자라나게 한다. 그 아이들이 10세가 지나면 수학, 역사, 철학, 기하학 등의 청소년 교육을 20세까지 배우게 하고, 그리고 그때까지 배운 것을 가지고 시험을 보게 된다. 그 시험에 통과한 사람은 30세까지 다시 공부를 하게 되고, 그렇지 못한 사람은 평민계급으로서 농사를 짓거나 상업에 종사를 하게 된다. 그리고 30세까지 교육을 받은 사람은 다시 시험을 보게 되고, 그 시험에 통과한 사람은 철인정치가의 공부를, 그렇지 못한 사람은 군인계급으로 남아서 국토를 방위하게 된다. 철인정치가는 30세부터 35세까지 정치와 철학을 집중적으로 공부를 하면서, 본격적으로 철인정치가의 수업을 받게 된다. 그리고 35세 이후에는 국가의 여러 요직을 거치면서 50세까지 국정운영의 경험을 쌓고, 50세 이후가 되면 철인정치가가 되어 순번제로 국정운영의 책임을 맡게 된다. 철인정치가의 교육을 받는 동안에도 철인정치가로서의 능력이 부족하면 군인계급이나 평민계급으로 내려 보내게 된다. 플라톤은 신이 사람을 만들 때, 금과 은과 동을 사용했다고 생각했고, 그리고 교육을 통하여 자기 자신들의 계급을 찾아주어야만 한다고 생각했다고 한다. 왜냐하면 교육을 통해서가 아니면 어떤 아이가 철인정치가의 계급(금)인지, 또는 군인계급(은)이나 평민계급(동)의 아이인지 알 수가 없었기 때문이다. 따라서 그의 이상국가에서 가장 타기할 만한 것은 계급의 분배와 조정이 잘못된 경우이며, 그 최종심급은 지식의 척도라고 하지 않을 수가 없다. 철인정치가보다 더 현명한 사람이 군인 계급에 속해 있다거나 군인계급보다 더 현명한 사람이 평민계급에 속해 있다면 그것은 결코 용납될 수가 없다. 또한 군주국가에서는 신분의 이동이 막혀 있지만, 이상국가에서는 그 능력과 재능을 인정받으면 평민계급출신이라고 할지라도 철인정치가가 되어 한 나라의 최고의 통치자가 될 수가 있다.

철인정치가는 이 세상에서 가장 건강하고 지혜로운 사람이며, 궁극적으로는 이상국가의 통치자이다. 그의 역할은 국가를 통치하는 일과 전쟁터에서 병사들을 지휘하는 것, 그리고 모든 백성들을 교육시키고, 각자의 신분에 맞는 직업과 그 지위를 찾아주는 것이다. 따라서 그는 결혼을 할 수도 없고, 사유재산을 가질 수도 없다. 오직 국가와 민족을 위해서 노력해야 하는 것만이 그의 사명과 임무이며, 그의 통치 아래서는 모든 국민들은 자유와 평화와 행복을 누리게 된다. 즉, 평민들은 저마다 자기에게 주어진 일을 성실하게 하고, 군인은 용기를 가지고 전쟁터로 가고, 그리고 철인정치가는 그의 지혜를 가지고 그 국가를 다스리지 않으면 안 된다. 플라톤은 그의 이상국가를 위해서, 모든 시인과 예술가들을 추방시켜버린 바가 있다. 청소년들이나 병사들에게, 사랑 노래나 슬픈 노래를 들려주어서는 안 된다는 것이 그것인데, 왜냐하면 그 노래들은 청소년들과 병사들을 더없이 나약하게 만들고 있기 때문이다. 신이 만든 침대도 있고, 목수가 만든 침대도 있고, 화가가 그린 침대도 있다. 신이 만든 침대는 본질적인 침대이고, 목수가 만든 침대는 실용적인 침대이며, 화가가 그린 침대는 가상적인 침대이다. 따라서 이데아(본질)의 세계에서 두 단계나 떨어진 침대(화가가 그린 침대)는 쓸모가 없다는 것이 그것이다. 시인과 예술가들을 쓸모가 없는 인간들이라고 추방해 버린 것은 플라톤의 최고의 실수이긴 하지만, 어쨌든 그는 인류의 역사상, 최초로 그의 '이상국가'를 기획하고 연출해 냈던 것이다.

플라톤은 그의 나이 30대 중반 무렵, 디온의 초청을 받고 시라쿠사에 갔다고 한다. 디온은 시라쿠사의 폭군 디오니소스의 처남이었고, 플라톤으로 하여금 그 폭군 디오니소스를 바로잡아 줄 것을 기대했던 모양이었다. 그러나 디오니소스는 거꾸로 플라톤을 사로잡아 아테네와의 숙적인 스파르타의 군대에 팔아버렸고, 플라톤은 안리케리스의 도움으로 가까스로 탈출을 했다고 한다. 그리고 아테네로 돌아와서 최초의 아카데미를 설립하고, 후진 양성을 위하여 최선의 노력을 다했다고 한다. 플라톤의 나이가 60세 때, 시라쿠사의 디온이 또 한 번 그를 초청했고, 그때는 폭군 디오니소스가 죽고 그의 아들 디오니소스가 왕이 되어 있었다고 한다. 새로운 왕으로 등극한 디오니소스는 그의 아버지와는 다르게 매우 어질고 온화한 성품이었지만, 또다시 그의 이상국가를 건설하려던 플라톤을 감옥에 가두어 버리고, 디온을 나라 밖으로 추방을 시켜버렸다고 한다. 이번에도 플라톤은 그의 제자들의 도움으로 시라쿠사를 탈출했지만, 그의 나이 77세 때, 또다시 디오니소스의 초청을 받고 시라쿠사를 방문하게 된다. 플라톤은 비록, 77세의 고령임에도 불구하고 시라쿠사에다가 그의 이상국가를 건설해야겠다는 꿈을 버릴 수가 없었던 것이다. 하지만 이번의 경우에도 디오니소스는 약속을 어기고 플라톤을 감옥에 가두어 버렸고, 플라톤은 가까스로 피타고라스 학파의 도움으로 그곳을 탈출해 나왔다고 한다. 그토록 세 번씩이나 투옥을 당하고도 이상국가의 꿈을 버릴 수가 없었던 플라톤, 그러나 그의 실패는 이 세상의 어느 승리보다도 더 아름답고 값진 실패라고 하지 않을 수가 없다(서정욱 편, 『만화서양철학사』, 자음과 모음, 2003 참조).

다시 말해서, 플라톤의 이상국가의 꿈과 그 좌절에는 얼마나 엄청난 아픔이 배어 있었던 것일까? 세계적인 대사상가로서의 투옥은 씻을 수 없는 치욕이었음에도 불구하고, 그 아픔, 그 죽음의 위험을 염두에 두지 않고, 두 번씩, 세 번씩 연거푸 시라쿠사를 방문하고, 이미 이승의 생을 다한 것 같은 77세의 몸으로도 또다시 투옥되었던 그의 좌절에는 얼마나 엄청난 아픔이 배어 있었던 것일까? 라파엘로의 「아테네 학당」이라는 그림에는 플라톤이 이상주의자로, 그의 제자 아리스토텔레스가 현실주의자로 그려져 있지만, 그러나 플라톤은 이처럼 현실주의자이기도 했던 것이다. 그는 모든 사람들이 행복하고 평화로운 공산국가를 건설하기 위하여, 단 하나뿐인 그의 목숨까지도 바쳤던 것이다. 그는 불가능한 현실 속에서, 그 불가능한 현실을 외면하지 않고, 그 불가능의 꿈을 온몸으로 밀고 나갔던 것이다. 그의 실패는 그 어떤 승리보다도 더 아름답고 값진 실패일 수밖에 없다.

스티븐 호킹은 그의 『시간의 역사』(까치글방, 1998년)에서 "모든 물리이론은, 그것이 가설에 불과하다는 의미에서 항상 잠정적인 이론이다. 여러분은 그 가설을 결코 입증할 수 없다. 실험 결과가 어떤 이론과 아무리 여러 번씩 일치한다고 하더라도, 여러분은 다음 번에도 또 그 결과가 이론과 모순되지 않으리라고는 절대로 확신할 수 없다"라고, 말하고 있는데, 만일, 그렇다면, 모든 물리이론은 잠정적인 가설에 지나지 않는 것이다. 물리이론이란 자연의 참된 이치를 밝혀주는 것이지만, 그러나 그것이 하나의 가설과 오류에 지나지 않는다는 사실을 망각할 때, 그것의 과학적인 정당성이 입증되고 있는 것인지도 모른다. 자연과학 분야에서의 노벨상의 역사가, 그 수상자의 이론이 오류이었음을 증명해 주고 있다는 말이 있듯이, 우리 인간들의 사상과 이론의 역사란 오류의 역사일는지도 모른다. 그 오류의 역사는 거짓의 역사이며, 실패의 역사이다. 그러나 우리 인간들의 위대성은 그 오류의 역사와 실패의 역사 속에서도, 오늘날의 문명과 문화를 건설하고, 진정한 인간의 삶의 역사를 기록하고 있다는 점일 것이다. 오류의 역사가 하나의 참된 교훈이 되어주고 우리 인간들의 삶을 일구어 내고 있다면, 실패의 역사 역시도 하나의 참된 교훈이 되어주고 우리 인간들의 삶을 일구어 내고 있다고 하지 않을 수가 없다. 더 이상 오류를 두려워 할 필요도 없고, 또한 더 이상 실패를 두려워 할 필요도 없다. 그 오류와 실패는 우리 인간들이 전지전능한 신이 아니기 때문에 되풀이 되고 있는 것이지, 우리 인간들의 오만방자함이나 나태함 때문에 되풀이 되고 있는 것은 아니다. 아름다운 실패는 아름다운 삶을 낳고, 아름다운 삶은 그의 실패를 승리보다도 더욱더 고귀하고 위대하게 만들어 준다.

나는 레오나르드 다 빈치의 전기를 읽다가 그의 스승이자 당대의 최고의 거장이었던 베로키오가, 레오나르드가 천사의 그림을 그렸을 때, 그만 그의 붓을 꺾어버렸다는 사실을 새삼스럽게 이해하게 되었고, 몇 날, 며칠 동안을 그 신선한 충격에서 헤어나오지를 못했던 경험을 간직하고 있다. 아직도 나는 그 신선한 충격에서 헤어나오지를 못하고 있고, 산책을 하거나 쉽게 잠을 이루지 못하는 밤에, 그 사제지간의 아름다운 명장면을 떠올려 보게 된다. 베로키오에게 있어서 레오나르드의 출현은 그의 사망선고 이상이며, 레오나르드에게 있어서 그의 스승 베로키오는 그가 짓밟고 넘어가야 할 '인식론적 장애물'에 불과하다. 레오나르드가 천사의 그림을 그렸을 때, 붓을 꺾어야만 했던 베로키오의 심정은 어떠했을까? '나는 틀렸다, 나는 화가로서 더 이상 존재할 가치조차도 없다'라고 탄식했을까? 아니면, 물에 빠진 어린 녀석을 구해 주었더니, 이제는 내 생명마저도 빼앗아간다라고, 벌컥 부아가 치밀어 올랐을까? 또, 그것도 아니라면, 이 세상의 진정한 그림은 레오나르드라는 천재에 의해서만 그려질 수 있는 것이라고 기뻐했을까? 나는 베로키오도 인간인 이상, 그 탄식, 부아, 기쁨이 중층적으로 겹쳐져 있을 것이라고 생각한다. 하지만 진정한 스승으로서의 베로키오는 그 탄식, 부아, 기쁨 중에서, 그 기쁨을 선택하고 이 세상에서 가장 위대하고 훌륭한 화가, 즉 레오나르드 다 빈치의 탄생을 아주 감동적으로 맞이하게 된다. "천재란 레오나르드를 두고 하는 말이로구나! 다시는 내 손에 물감을 묻히지 않겠노라!"라는 말이 바로 그것이다. 오늘날, 화가로서의 베로키오는 죽었지만, 진정한 스승으로서 그는 인류의 문화사 전체 속에 영원히 살아 남아 있다.

우리 학자들은 인간적으로는 더없이 교활하고, 학문적으로는 더없이 고루하다. 그들은 돈, 명예, 권력—, 이를테면 대학제도, 학회, 언론, 문학상, 출판제도를 이용하여, 훌륭한 제자의 출현을 가로막고, 그 제자들의 영광의 무대를 빼앗아버린다. 또한, 그의 못난 제자는 '아버지 살해'가, 프로이트가 역설한 대로, 모든 문화를 움직여 가는 근본적인 힘이라는 것을 알면서도, 그 스승의 권위가 두려워, 어떠한 홀로서기도 시도하지를 않는다. 그 극단적인 예가 김현과 정과리의 관계이며, 그들의 관계는 前근대적인 부자세습의 나쁜 선례에 지나지 않는다. 그러나 진정으로 위대한 천재는 '아버지(스승)'를 살해하고 매우 어렵고 힘들지만 가시밭길의 형극 속을 헤매다니다가, 그의 말년이나 사후에 평가를 받는 것이 보통이다. 思無邪의 경지는 스승으로서의 선행조건이고, 모태이며, 토양이라고 하지 않을 수가 없다. 좋은 생활의 태도와 좋은 학습의 태도가 思無邪의 전제조건임은 두말할 필요조차도 없다. 나는, 지금, 이 순간에도 위대한 스승으로서의 베로키오의 인간 승리가 레오나르드의 「모나리자」나 「최후의 만찬」보다도 더 아름답다고 생각한다. 만일, 베로키오가 없었더라면, 레오나르드의 천사의 그림이 존재할 리가 없었고, 이 세상에서 가장 위대하고 훌륭한 스승으로서의 전범이 영원히 사라져 갔을는지도 모른다. 대부분의 역사가들은 레오나르드의 천재성과 그의 예술작품만을 부각시키고, 위대한 스승 베로키오에 대해서는 그 관심조차도 보이지를 않는다. 그 역사가—호사가들은 눈에 보이는 현상만을 쫓아다니는 판단의 어릿광대들이며, 그 이면에 숨어 있는 진실은 이해하지도 못하는 눈 뜬 봉사들이다. 베로키오와 레오나르드 다 빈치—, 이 아름다운 사제 관계를 생각해볼 때, 우리가 미처 갖추지 못한 덕목은 과연 무엇일까? 그것은 두말할 필요조차도 없이, 아름다운 사제의 관계이며(반경환, 「강준만 비판」, 『비판, 비판 그리고 또 비판』, 새미출판사, 2002년 참조할 것), 성공보다도 더욱더 아름다운 실패의 전범이라고 해도 과언이 아니다.

이러한 승리보다도 더욱 더 아름답고 위대한 실패는,

미이내스 아닙니다. 각하, 잔엔 손도 대지 않았습니다. 의향만 있으심 각하는 이 지상의 조우브(제우스)신이 되실 수 있습니다. 대양이 둘러싸고 하늘이 덮은 이 천하는 뭐고 다 각하의 것이 될 수 있습니다. 가지실 의향만 있으심 말입니다.

폼피이 그 방법을 말해보게.

미이내스 세계의 세 공동 소유자, 각하의 동료 세 사람은 지금 각하의 배 안에 있습니다. 제가 닻줄을 끊어 놓겠습니다. 그리고 바깥 바다로 나가서 그 분네들의 목을 자릅시다. 그러면 죄다 각하의 차지가 됩니다.

폼피이 아, 그건 자네가 실행했어야 할 것이지, 입 밖에 내지 말고! 나로선 비겁한 일이야, 자네가 하면 충성이 됐을 것이지만, 여보게 실속을 차리는 것이 내 명예는 되지 못하네. 명예가 있고서 실속이 있는 것이 아닌가. 계획을 입 밖에 낸 것을 후회하게. 나 몰래 했으면 나중에 칭찬을 받았을 것 아닌가. 그러나 이제는 안 되네. 포기하고 술이나 들게.

미이내스 (혼잣말로) 그럼 이제 당신의 시들어가는 운명은 그만 따르겠어. 탐내면서도 주겠다는데, 받지 못하는 위인이 무엇을 차지하겠느냐 말이야.

라는, 셰익스피어의 「앤토우니와 클레오파트라」(『셰익스피어 전집 6』, 휘문출판사, 1971)의 한 장면을 들 수도 있을 것이다. 이 주연의 자리는 폼피이와 옥타비오 시이저, 그리고 앤토우니와 레피더스가 회담을 끝낸 뒤의 자리이며, 서로가 서로에게 적대적인 발톱을 숨기고 있는 동상이몽 속의 자리이기도 하다. '승리냐/ 패배냐', '죽느냐/ 사느냐'의 생사의 갈림길에서 폼피이는 너무나도 아름답고 멋진 실패의 길을 택했다고 할 수가 있다. 천하를 움켜쥐고 있는 세 사람, 즉 옥타비오 시이저와 앤토우니와 레피더스와 전쟁을 벌인다는 것도 용기가 필요했지만, 그러나 그토록 간절하게 소망했던 천하의 大權을 포기하고 '명예'를 택했다는 것은 너무나도 크고 엄청난 용기가 필요했다고 하지 않을 수가 없다. 그렇다. 명예가 있고 大權이 있는 것이지, 大權이 있고 명예가 있는 것이 아니다. 명예와 생명은 하나이며, 고귀하고 위대한 인간은 그 명예를 더럽히고 大權을 잡을 수는 없는 것인지도 모른다. 비록, 폼피이는 옥타비오 시이저에게 패배를 하여 한 줌의 재로 사라져 갔지만, 그의 성공(승리)보다도 더욱더 아름답고 멋진 실패(패배)는 이처럼 전 인류의 심정을 '감동의 장'으로 몰아 넣어가고 있다고도 할 수가 있는 것이다.
그 아름답고 멋진 실패의 예는

지극히 시시한 발견이 나를 즐겁게 하는 야밤이 있다
오늘밤 우리의 現代文學史의 변명을 얻었다
이것은 위대한 힌트가 아니니만큼 좋다
또 내가 '시시한' 발견의 偏執狂이라는 것도 안다
중요한 것은 야밤이다

우리는 여지껏 희생하지 않는 오늘의 문학자들에 관해서
너무나 많이 고민해왔다
金東仁, 朴勝喜같은 이들처럼 私財를 털어놓고
文化에 헌신하지 않았다
金裕貞처럼 그밖의 위대한 선배들처럼 거지짓을 하면서
소설에 골몰한 사람도 없다……

그러나 덤삥出版社의 20원짜리나 20원 이하의 고료를 받고 일하는
14원이나 13원이나 12원짜리 번역일을 하는
불쌍한 나나 내 부근의 친구들을 생각할 때
이 죽은 순교자들을 어떻게 생각해야 하나
우리의 주위에 너무나 많은 순교자들의 이 발견을
지금 나는 하고 있다

나는 광휘에 찬 新現代文學史의 詩를 깨알같은 글씨로 쓰고 있다
될 수만 있으면 독자들에게 이 깨알만한 글씨보다 더
작게 써야 할 이 고초의 時期의
보다 더 작은 나의 즐거움을 피력하고 싶다

덤삥出版社의 일을 하는 이 無意識 大衆을 웃지 마라
지극히 시시한 이 발견을 웃지 마라
비로소 충만한 이 韓國文學史를 웃지 마라
저들의 고요한 숨길을 웃지 마라
저들의 무서운 放蕩을 웃지 마라
이 무서운 浪費의 아들들을 웃지 마라

라는 김수영의 「이 韓國文學史」에도 나타나고 있고, 또한 그 아름답고 멋진 실패의 예는

돌아보면
내 인생은 실패투성이

이제 다시는 실패하지 않겠다
두 번째 화살은 맞지 않겠다고
조용히 울며 다짐하다가

아니야
지금의 난
실패로 만들어진 나인데
실패한 꿈을 밀어 여기까지 왔는데
나에게 실패보다 더 무서운 건
의미 없는 성공이고
익숙한 것에 머무름이고
실패가 두려워 도사리는 것

실패했다는 이유만으로 사라지지 않는다

성공했지만 의미 없는 것들이 있고
비록 실패했지만 더 의미 있는 것도 있다
누군가는 의미 있는 실패라도 하며 쓰러져야만
그 쓰라림을 딛고 넘어 새날은 온다

이제 같은 실패를 반복하지 말고
준비에 실패함으로
실패를 준비하지 말고
실패를 정직하게 성찰하며
늘 새로운 실패를 하자

라는 박노해의 「늘 새로운 실패를 하자」에도 나타나고 있다.

그렇다. 에베레스트를 오르려면 언제나 목숨을 걸어야 하고, 남극이나 북극지방을 탐험할 때에도 언제나 목숨을 걸어야 한다. 자기보존본능이 모든 유기체의 근본본능이지만, 때때로 그 자기보존본능을 위해서는 자기 자신의 목숨마저도 걸지 않으면 안 된다. 따라서 자기 자신의 단 하나뿐인 목숨을 건다는 것은 지상 최대의 모험이며, 언제나 실패의 가능성을 염두에 두지 않으면 안 된다. 이 썩어빠진 '한국문학사'마저도 자기 자신들의 私財를 아낌없이 털어서 헌신했던 김동인, 박승희 같은 사람들 때문에 기록할 수가 있었던 것이고, 또한 이 썩어빠진 '한국문학사'마저도 김유정처럼 거지짓을 하거나 싸구려 덤삥출판사의 번역일을 하면서 피와 땀과 눈물로 시를 썼던 김수영이 있었기 때문에 기록할 수가 있었던 것이다. 이 '한국문학사'는 실패한 인생들이 기록한 역사이며, 그토록 오랜 수배자의 생활과 囹圄의 생활을 했으면서도 '늘 새로운 실패'를 찾아나서는 박노해 시인이 있었기 때문에 영원히 그 빛을 잃지 않고 있는 역사일는지도 모른다. 실패는 성공의 징검다리이며, 문명과 문화의 전제조건이다. 부처도 떠돌이 탁발승으로 죽어갔지, 극락의 세계를 정복하지는 못했다. 예수도 십자가에 못박혀 죽어갔지, 하늘 나라의 천국을 건설하지는 못했다. 랭보도, 보들레르도, 호머도, 셰익스피어도, 소크라테스도, 플라톤도, 데카르트도, 칸트도, 쇼펜하우어도, 마르크스도, 니체도, 헤겔도 그 어느 누구보다도 가장 처절하고 비참한 실패를 기록하고 죽어갔지, 이 세상에서 결코 완전한 승리를 기록할 수는 없었던 것이다. 꿈은 어디까지나 이루어질 수 없는 꿈이며, 그 불가능을 먹고 자라난다. 헤라클레이토스의 말대로, '투쟁이 만물의 아버지'라면, 언제나 완벽한 성공만을 바란다는 것은 사기꾼들의 천박한 심보에 지나지 않는다. 모든 역사는 실패의 역사이며, 그 실패의 아름다운 기록이다. 우리 인간들이 이성적인 동물인 것은 그 '실패의 여신'께 감사의 기도를 드릴 줄 안다는 것이다. 인간의 몸으로 태양신의 마차를 타고 하늘 나라를 정복해 보고 싶었던 패이어손, 천마 페가수스를 타고 올림프스의 신전으로 날아 올라갔던 벨레로폰, 끝끝내 하늘 끝까지 날아 올라가 태양마저도 정복해 보고 싶었던 이카루스—. 불완전함, 나약함, 허약함, 무력함, 유한성의 한계를 전혀 의식하지 않으면서 언제, 어느 때나 도전적이고 야심만만한 관점으로 이 세상을 바라본다는 것, 언제, 어느 때나 현실에 안주하지 않고 머나먼 이상 세계를 찾아서 그 불가능의 목표를 현실화시킨다는 것, 또 때로는 승리보다도, 어떠한 패배보다도 더욱더 아름답고 멋진 실패를 통하여 자기 자신의 삶을 완성한다는 것, 그리고 어떠한 최악의 사태나 고통마저도 비극의 주인공처럼 웅대하고 담대하게 받아들이고, 자기 자신의 행복을 연주한다는 것—, 이러한 삶들이 패이어손, 벨레로폰, 이카루스의 삶의 전모였는지도 모른다. 천재란 인식의 혁명을 통하여 새로운 사상을 완성하고, 그리고 그 모든 규칙을 옛날의 전제군주처럼 명명하는 사람이지, 칸트의 말대로, "예술에 규칙"만을 부여하는 왜소한 존재가 아니다. 학문의 천재, 예술의 천재, 정치의 천재, 도덕의 천재, 체육의 천재 등, 이 세상에는 수많은 천재들이 존재하고 있지만, 그러나 그는 어느 특정 영역의 자그만 장소와 그 울타리에만 갇혀 있는 존재가 아니다. 천재란 하늘이 빚어낸 존재이며, 달리 말하자면 신적인 존재(문화적 영웅)이다. 모든 영역에는 천재가 필요하고, 우리 인간들은 그들의 위대함에 경의를 표하면서 살아가게 된다. 천재의 그 위대성에 의하여 우리 인간들은 이 세상의 황야 속에서도 삶의 희망을 잃지 않고 아름답고 행복하게 살아가게 된다. 천재가 없으면 우리 인간들의 삶은 생기를 잃게 되고, 그 모든 것이 시시하고 귀찮아지게 된다. 요컨대 우리 인간들의 삶이 이처럼 아름답고 찬란한 것은 그 문화적 영웅들의 가장 처절하고 비참한 실패가 있었기 때문인 것이다.

公 告

오늘 講師陣

음악 部門
모리스 라벨

미술 部門
폴 세잔느

시 部門
에즈라 파운드
모두
缺講

金冠植, 쌍놈의 새끼들이라고 소리지름. 持參한 막걸리를 먹음.

教室內에 쌓인 두터운 먼지가 다정스러움.

金素月
金洙暎 休學届

全鳳來
金宗三 한 귀퉁이에 서서 조심스럽게 소주를 나눔. 브란덴브르그 협주곡 제5번을 기다리고 있음.

校舍.
아름다운 레바논 골짜기에 있음.
— 김종삼, 「詩人學校」 전문

대한민국의 역사상, 가장 위대하고 뛰어난 탐미주의자였던 김종삼, 그 역시도 가장 처절하고 비참한 실패 속에서 비명횡사해간 시인이었다고 해도 과언이 아니다. 그의 「시인학교」는 플라톤의 이상국가처럼, 이 세상 그 어디에도 존재하지 않는다. 따라서 "음악 부문/ 모리스 라벨"도, "미술 부문/ 폴 세잔느"도, "시 부문/ 에즈라 파운드"도 언제나 "결강"만을 기록하고 있을 뿐, 출강할 수 없는 강사진에 지나지 않는다. 김수영도 영원히 출석할 수 없는 시인 지망생이며, 김소월도 영원히 출석할 수 없는 시인 지망생이다. 김관식, 전봉래, 김종삼은 영원히 개설되지 않을 그 「시인학교」에서 술이나 마시고 음악이나 듣는 백수건달들이며, 단도직입적으로 말한다면 실패한 인생들에 지나지 않는다. 모리스 라벨도 실패한 인생이고, 폴 세잔느도 실패한 인생이며, 에즈라 파운드도 실패한 인생이다. 김관식도 실패한 인생이고, 김수영도 실패한 인생이다. 그러나 그 실패한 인생들이 "아름다운 레바논 골짜기에서" 이룩해낸 '탐미주의의 드라마'는 가히 최고급의 수준이라고 하지 않을 수가 없다. 더 이상의 언어의 절제가 필요없는 간결한 시행들, 그리고 그 언어들보다도 여백이 더 꽉 차 보이는 상징적이고도 함축적인 공간들—, 요컨대 김종삼의 「시인학교」는 그의 아름다운 언어들이 테니스장의 공처럼 튀어오르고, 또한 그 실패한 인생들이 저마다 독특한 개성적인 면모를 띠면서 되살아나고 있는 것이다. 김종삼의 시인학교는 부재하는 채로 존재하고, 그 예술가들 역시도 부재하는 채로 존재한다. 그리고 그들의 사상과 이념과 취향이 저마다 색다르게 돋보이면서, 아름다운 하모니—즉, '투쟁 속의 조화'를 이룩해 내고 있는 것이다. 김종삼은 부재하는 시인학교와 부재하는 예술가들을 완벽하게 재현해 내고 있고, 그 실패한 인생들을 어떠한 승리자보다도 더욱더 고귀하고 위대하게 재창조해 놓고 있는 것이다. 실패는 삶의 윤활유이며, 원동력이다. 실패하지 않은 삶은 무의미와 권태에 둘러싸여 있는 삶에 불과하며, 아귀지옥의 삶에 지나지 않는다. 실패만이 아름답고, 실패만이 더욱더 찬란하다. 그 실패가 어떤 성공과 어떤 승리보다도 더욱더 아름답고 찬란할 때 우리는 그것을 성공이라고 부르게 된다.

꿈은 하늘 높이 태양처럼 이글이글 타오르고 있고, 최고급의 전사는 한 마리의 불나비가 되어간다. 그는 승리를 원하지 않고 승리보다 더욱더 찬란한 실패를 원한다. 요컨대 그의 싸움은 승리가 아니라, 어떻게 실패할 것인가에 그 초점이 맞추어져 있는 것이다. 대부분의 인간들은 자그만 승리에 만족하거나, 아니면 아주 작은 실패에도 의기소침해 지기 마련이지만, 한 사람의 낙천주의자는 승리보다도 실패를 선택하고, 그리하여 가장 처절하고 비참한 실패에 더욱더 기뻐한다. 실패가 없다면 그의 삶이 없는 것이며, 그 잇달은 실패는 그의 삶의 원동력이 된다. 내 고난에 썩고 썩은 사람이라며 어떠한 모험도 마다하지 않던 오딧세우스, 고상하게 살 수는 없어도 고상하게 죽어갈 수는 있다고 자살해 버린 아이아스, 그리고 비겁하게 살지 않고 친구의 원수를 갚고 장렬하게 전사해간 아킬레스, 또한 부처, 예수, 보들레르, 랭보, 반 고흐, 폴 고갱 등은 그들의 수없이 많은 좌절과 실패를 통하여 이 세상의 삶을 얼마나 더욱더 아름답고 풍요롭게 바라보았던 것인가!

꿈에서 본 몇 집밖에 안 되는 화사한 小邑을 지나면서

아름드리 나무보다도 큰 독수리가 날아가는 것을 보면서

來日에 나를 만날 수 없는
미래를 갔다

소리없이 출렁이는 물결을 보면서
돌뿌리가 많은 廣野를 지나
— 김종삼, 「생일」 전문

실패는 성공의 징검다리이며, 실패하는 자만이 "來日에 나를 만날 수 없는/ 미래를" 갈 수가 있다. 대부분의 어중이 떠중이들은 한두 번의 실패로 좌절을 하고 말지만, 그는 수없이 실패를 되풀이 할 때마다 더욱더 "큰 독수리"처럼 자유 자재롭게, 그의 이상적인 국가—낙천주의자만이 살 수 있는 지상낙원—를 향하여 날아가게 된다. 요컨대 실패하는 자만이 날이면 날마다 새로운 「생일」을 맞이하게 될 것이다.

여기 태양신의 마차를 몰았던
패이어손이 잠들었노라
너무도 위대하게
그는 실패하고 말았지만
그는 실로

용감했노라

언제나 실패의 여신께 감사의 기도를 드려라! 그러면 당신도, 당신도, 세계적인 대사상가가 될 수도 있을 것이다.

흔히들 독일 정신은 뿌리로, 이태리 정신은 잎으로 만든 월계관으로, 프랑스 정신은 꽃으로, 영국 정신은 열매로 표상된다고 말한다. 그렇다면 미국과 중국과 일본과 우리 대한민국의 정신은 어떻게 표상할 수가 있는 것일까? 미국과 중국은 세계적인 대제국을 꿈꾸고 있는 만큼, 그들의 정신은 이 뿌리와 왕관과 꽃과 그리고 그 열매로 표상할 수도 있을 것이다. 그러나 일본은 영원한 대제국을 꿈꾸고는 있지만, 그 제국을 결코 건설하지 못할 것이라는 점에서, 일본 정신은 '벌레먹은 낙과'로 표상되고, 우리 대한민국의 정신은, 대한민국의 國號가 부끄러울 정도로 그 어떤 목표도 없는 만큼, 그 어떤 새싹도 틔워볼 수 없는 '쭉정이'로 표상될 수 있을 것이다.

여기는 대한민국, 좀도둑질로 유명한 국민의 나라요!

여기는 대한민국, 사회적인 문제나 국가의 문제에 있어서 근본적인 해결책보다는 저마다의 사소한 이익 앞에 눈이 어두워 그 문제를 더욱더 악화시키는 부정부패한 국민의 나라요! 여기는 대한민국, 세계 제2위의 경제대국인 일본의 역사를 대한민국의 입맛에 맞게 쓰겠다고 덤벼들다가 더 큰 손해만을 보고 있는 무목표, 무책임, 무의지의 국민의 나라요!

여기는 대한민국, 날이면 날마다 새로운 과학적 발명과 그 획기적인 공갈포만을 양산해 내고, 황우석 교수처럼 논문의 조작과 표절로 국제적인 망신을 당하고도 아무런 근심 걱정이 없는 醜韓民國의 나라요!

우리 대한민국이 '추한민국'의 나라가 된 것은 독일, 이태리, 프랑스, 영국, 미국, 중국, 일본과는 정반대 방향에서, 너무나도 아름답고 멋진 실패를 완성할 수가 없었기 때문이라고 할 수가 있다. 요컨대 실패를 두려워하는 민족은 하루살이처럼 노예의 민족에 지나지 않으며, 그 아름답고 멋진 실패를 완성할 줄 아는 민족은 이 지구상에서 가장 찬란한 영원한 제국의 민족이라고 하지 않을 수가 없는 것이다.

제4장 사색인의 十戒命

— 제7계: 역사의 감각이 마비되지 않도록 조심하고 또 조심하라

— 제8계: 언제나 낙천적이어야 한다

제7계: 역사의 감각이 마비되지 않도록 조심하고 또 조심하라;

세목의 진정성 이외에도 전형적인 상황에서의 전형적인 인물의 창조—.

마르크스와 엥겔스의 말대로, 리얼리티, 혹은 역사의 감각이 마비되면 우리 인간들의 삶과는 무관한 뜬구름 속의 이야기가 되거나 언제나 부재하는 신들의 이야기가 될 것이다.

우리 사색인들의 지식은 언제나 땅 속 깊이 뿌리를 박고 하늘 높이 그 줄기를 뻗어가야 하며, 수많은 가지와 무성한 잎들로 넓게 넓게 퍼져 나가지 않으면 안 된다. 마치, 이그드라실 나무처럼—.

가브리엘 마르께스의 『백년 동안의 고독』은 라틴 아메리카의 가상의 공간, 즉 마콘도의 상징적 축도이긴 하지만, 그의 역사적인 감각은 현실과 환상, 현실과 이상, 그리고 죽음과 삶을 자유 자재롭게 넘나들면서, 위대한 리얼리즘의 승리를 구현해 내고 있다. 그의 리얼리즘은 신화적인 차원에서는 '신화적(환상적, 이상적, 마술적)인 리얼리즘'이며, 역사적 차원에서는 '역사적인 리얼리즘'이고, 성의 차원에서는 '성적인 리얼리즘'이며, 현대정신분석학적인 차원에서는 '내면 의식의 리

얼리즘'이다. 언제나 역사를 일직선적으로 바라보고 모든 것을 경제적 차원에서만 바라보려는 유물사관이야말로 지나친 획일주의이며, 바로 그 유물사관은 이미 그 패배가 결정되어 있었던 역사 감각의 소산에 지나지 않는다. 하늘에서 땅으로 내려오는 서양의 관념철학을 비판하고, 세계의 해석보다는 그 혁명을 꿈꾸었던 마르크스의 철학은 그러나 모든 것을 경제적인 잣대로 재단해 버린 오류와 함께, 인류의 역사상, 가장 처절하고 비참한 피비린내를 풍겼을 뿐인 것이다. 인간의 사회적 지위가 그 의식을 결정할 때도 있고, 인간의 의식이 그 존재를 결정할 때도 있다. 또 그리고 경제가 최종심급일 때도 있고, 이데로올로기로서의 문화가 최종심급일 때도 있다. 다시 말해서, 대통령, 장관, 국회의원의 자리가 그 의식을 결정할 때도 있지만, 오히려, 거꾸로, 대통령, 장관, 국회의원의 자리를 거절함으로써 인간의 의식이 그 존재를 결정할 때도 있는 것이다. 또, 그리고, 이와 마찬가지로 한 나라의 흥망성쇠는 경제력이 결정적일 수도 있지만, 문화선진국에서는 이데올로기로서의 문화가 그 국가의 운명을 결정할 수도 있는 것이다. 따지고 보면, 어느 철학자의 말대로 최종심급이란 고독의 순간은 찾아오지 않으며, 모든 것은 중층 결정되게 되어 있다고 해도 과언이 아니다. 세목의 진정성 이외에도 전형적인 상황에서의 전형적인 인물의 창조라는 마르크스와 엥겔스의 리얼리즘이 그들의 경직되고 그만큼 혁명적인 역사관을 반영하고 있긴 하지만, 그러나 그렇다고 해서 우리가 그들의 리얼리즘을 부정하고 거부할 필요는 없는 것이다. 리얼리즘이란 현실의 삶을 중요시 하는 사상이며, 그것이 만인의 평등과 부의 공정한 분배를 지시하고 있는 만큼, 우리 인간들의 삶을 지상낙원(공산주의)으로 인도해 주고 있는 것이다.

인간은 홀로 설 수 없는 사회적 동물이며, 따라서 무리를 짓는 형태로, 그 모든 것을 공동으로 생산하고 공동으로 분배하겠다는 약속 아래에서 국가를 세우게 된다. 이러한 점에 있어서 개인의 자유와 사유재산제도를 무한대로 허용하고 있는 듯한 자본주의는 인간 사회에 반하는 대역제도이며, 파렴치한 만행의 산물이라고 하지 않을 수가 없다. 사회로부터 독립된 인간의 삶을 창출해 냈다는 점에서 다니엘 디포의『로빈슨 크루소』는 불후의 고전에 올라선 작품이긴 하지만, 그러나 로빈슨 크루소마저도 대영제국과 기독교 사상의 가치관에 더욱더 매달리게 되어 있는 것이다. 로빈슨 크루소에게는 돈과 명예와 권력이 필요가 없었다. 왜냐하면 사회로부터 고립되어 혼자 살고 있는 인간에게는 돈과 명예와 권력이 아무런 가치가 없었기 때문이고, 또 그리고 돈과 명예와 권력이란 철두철미하게 인간 관계의 산물이기 때문이다. 모든 국가는 공동으로 생산하고 공동으로 분배하겠다는 사회적 약속(계약)에 따라서 세워진 공산주의 국가이며, 나 역시도 이러한 점에 있어서는 공산주의자이다. 그러나 공산주의는 최소한도의 위계질서를 거부하는 만인평등사상에 기초하고 있으며, 모든 것을 사회주의적인 가치관에 따라 개인의 자유와 그 창의성을 허용하지 않는다. 만일, 만인평등과 부의 공정한 분배가 가능하다면 그것은 이상적인 지상낙원일 수도 있겠지만, 그러나 그 지상낙원은 무의미와 권태에 둘러싸여 있는 지옥이거나 구소련과 동구권의 나라들이 증명해 주고 있듯이, 모든 것이 하향적으로 평준화되고 부패한 관료계급이 등장하게 될는지도 모른다.

공산주의는 창살없는 감옥이고, 자본주의는 그 모든 것이 가능한 자유주의의 세계로 통한다. "너희들을 속박하던 봉건적 긴박은 풀렸다. 이제부터 너희들은 자유인이고, 너희들도 열심히 노력하면 부자가 될 수 있다"라는 자본가들의 말은 봉건사회 체제에서 노예의 생활을 하고 있는 사회적 천민들에게는 그 무엇보다도 달콤한 꿀맛처럼 들렸는지도 모르지만, 자본주의 사회는 돈이 그 모든 것을 결정하는 사회에 지나지 않는다. 자본주의 사회의 신적인 인간의 존재 기반은 부의 척도이며, 돈은 우리 인간들의 행복의 바로미터이다. 그러나 자본주의 사회는 공산주의와 마찬가지로 이 지구상에서 그 영속적인 체제를 유지할 수가 없다. 진정한 자본주의 사회라면, 경제적 강자들이 경제적 약자들을 하루 아침에 다 잡아먹고, 오직 소수의 자본가들만이 이 지구상에 살아 남아 있게 될는지도 모른다. 그리고, 만일 그렇게 된다면, 소수의 자본가들은 그들의 의식주를 해결하기 위하여 너무나도 어렵고 힘든 육체 노동에 시달리며 하루살이와도 같은 나날을 살게 될는지도 모른다. 자유시장 경제체제 아래에서도 중소기업육성책과 보호무역주의는 여전히 판을 치고, 더욱더 정교하고 세련된 조세제도를 통하여 부의 세습을 방지하고, 수많은 사회보장제도를 통하여 그 구성원들의 삶을 보호하고 육성해 준다. 자본주의 사회는 인간 사회에 반하는 대역제도의 산물이며, 파렴치한 만행에 지나지 않는다. 따라서 자본주의 사회 체제는 너무나도 허약한 체제이며, 공동으로 생산하고 공동으로 분배한다는 공산주의 사상에 너무나도 뿌리 깊게 의존하고 있는 체제에 지나지 않는다. 나는 일찍이 한 사람의 자유는 타인의 자유를 짓밟고 만인의 평등은 최소한도의 위계질서조차도 부정하게 된다라고 말한 바가 있다. 우리는 무리를 짓지 않으면 홀로 설 수 없는 나약한 동물이며, 무리를 짓는 데서 최선의 삶의 수단을 발견한 사회적 동물이다. 사회적 동물들은 한 사람의 자유보다는 도덕과 법과 질서와 역사와 전통을 더욱더 중요시하게 되고, 따라서 그 분업과 협력의 형태로 이 세상에서 가장 찬란하고 위대한 문명과 문화를 건설하게 된다. 자유인은 로빈슨 크루소처럼 야만인이고, 사회인은 문화인이다. 어떤 국가도 그 구성원의 시민권을 함부로 박탈할 수 없고, 또한 어떤 개인도,

1

참으로, 나는 암울한 시대에 살고 있구나!

악의 없는 언어는 어리석게 여겨진다. 주름살 없는 이마는

무감각을 나타내게 되었다. 웃는 사람은
끔찍한 소식을
아직 듣지 못했을 따름이다.
나무에 관한 이야기가 곧
그 많은 범죄행위에 관한 침묵을 내포하므로
거의 범죄나 다름없으니, 이 시대는 도대체 어떻게 된 것이냐
저기 천천히 길을 건너가는 사람은
곤경에 빠진 그의 친구들이
아마 만날 수도 없겠지?

물론 나는 아직 생계를 유지하고 있지만
믿어 다오, 그것은 우연일 따름이다. 내가
하고 있는 그 어떤 행위도 나에게 배불리 먹을 권리를 주지 못한다.
우연히 나는 살아 남은 것이다. (나의 행운이 다하면, 나도 그만이다.)

사람들은 나에게 말한다. 먹고 마셔라! 네가 그럴 수 있다는 것을 기뻐하라!
그러나 내가 먹는 것이 굶주린 자에게서 빼앗은 것이고,
내가 마시는 물이 목마른 자에게 없는 것이라면
어떻게 내가 먹고 마실 수 있겠느냐?
그런데도 나는 먹고 마신다.

나도 현명해 지고 싶다.
옛날 책에는 무엇이 현명한 것인지 씌어져 있다.
세상의 싸움에 끼어들지 말고 덧없는 세월을
두려움 없이 보내고
또한 폭력 없이 지내고
악을 선으로 갚고

자기의 소망을 충족시키려 하지 말고 망각하는 것이
현명한 것이라고.
이 모든 것을 나는 할 수 없으니,
참으로 나는 암울한 시대에 살고 있구나!
(……)

3
우리가 잠겨버린 밀물로부터
떠올라오게 될 너희들은
우리의 허약함을 이야기할 때
너희들이 겪지 않은
이 암울한 시대를
생각해 다오.
신발보다도 더 자주 나라를 바꾸면서
불의만 있고 분노가 없을 때는 절망하면서
계급의 전쟁을 뚫고 우리는 살아오지 않았느냐.

그러면서 우리는 알게 되었단다.
비천함에 대한 증오도
표정을 일그러뜨린다는 것을.
불의에 대한 분노도
목소리를 쉬게 한다는 것을. 아, 우리는
친절한 우애를 위한 터전을 마련하고자 했었지만
우리 스스로가 친절하지 못했단다.

그러나 너희들은, 인간이 인간을 도와주는
그런 정도까지 되거든

관용하는 마음으로

우리를 생각해 다오.

라는 베르톨트 브레히트의 「후손들에게」의 반대 방향에서, 그 국적을 함부로 바꿀 수는 없다. 베르톨트 브레히트의 「후손들에게」의 "신발보다도 더 자주 나라를 바꾸면서"라는 시구는 저 양차 대전의 피비린내 나는 격동의 시기에나 가능했던 예외적인 상황일 뿐인 것이다. 개인의 자유와 창의성은 최대한도로 보장되어야 하지만, 그러나 그것은 그가 소속된 국가의 체제가 허용할 수 있는 범위 내에서만 한정된다. 법률의 준수는 모든 시민들의 의무인 것이다.

리얼리즘은 삶의 본능의 옹호이며, 공산주의의 산물이다. 그러나 리얼리즘을 지나치게 경직되고 실현 가능성도 없는 사회주의의 리얼리즘으로만 이해하고 해석하는 것은 적절하지 않다. 만인평등과 부의 공정한 분배가 가능한 공산주의는 건설할 수도 없지만, 플라톤이 저마다의 능력의 차이에 따라서 평민계급, 군인계급, 철인정치가 계급으로 규정한 바가 있듯이, 언제나 그 구성원의 능력의 차이에 따라서 사회적인 위계질서가 세워진 공산주의는 가능하다. 개인의 자유와 창의성, 그리고 사유재산제도는 공동체 사회가 규정하고 있는 법률과 제도의 한계 내에서, 가능하면 최대한도로 보장해 주지 않으면 안 된다. 다양성과 복잡성, 그리고 무모순의 원리로서의 일관성은 나의 리얼리즘의 전제조건이며, 나의 현실주의는 삶의 본능의 옹호로서의 현실주의이다. 신화적 리얼리즘과 역사적 리얼리즘, 그리고 성적인 리얼리즘과 내면 의식의 리얼리즘이 바로 그것이다. 신화적 리얼리즘은 초월성의 세계를 다루고, 역사적인 리얼리즘은 인간의 구체적인 현실을 다룬다. 성적인 리얼리즘은 우리 인간들의 성적 욕망을 다루고, 내면 의식의 리얼리즘은 우리 인간들의 심리, 즉 내면 의식을 다룬다. 가브리엘 마르께스의 『백년 동안의 고독』은 '현대의 창세기'와 '라틴 아메리카의 상징적 축도'라고 불리우고 있는 만큼, 내가 역설한 바 있는 반경환식의 리얼리즘의 걸작품이라고 하지 않을 수가 없다.

열에 들뜬 듯한 계속적인 철야로 지칠대로 지친 그는, 어느 날 아침 그의 침실로 들어온 백발이 성성한 노인이 누구인지 분간할 수가 없었다. 그 사나이는 프루덴시오였던 것이다.

한참 만에야 그를 알아본 호세 아르카디오 부엔디아는 죽은 사람도 나이를 먹는다는 사실에 놀라면서 설레이는 듯한 향수를 느끼며 외쳤다.

"이거 프루덴시오 아닌가! 이렇게 멀리까지 잘 와 주었네."

죽고서 오랜 세월이 흐름에 따라 살아 있는 사람을 그리워하는 마음은 점점 강해져서, 친구가 그리워지는 생각도 더해갈 뿐, 죽음 속에서도 느끼게 되는 죽음에 대한 심한 공포를 느껴, 프루덴시오는 수많은 사람 가운데서도 최대의 적인 사나이에 대하여 애정을 품게 되었던 것이다.

—『백년 동안의 고독』 82면

마콘도 사람들이 기억의 회복을 축하하고 있는 동안, 호세 아르카디오 부엔디아와 멜키아데스는 그들의 옛정을 두터이 하고 있었다.

이 집시는 이 마을에 정착할 심산이었다. 사실 그는 죽음의 세계에 있었지만, 고독을 견딜 수 없어 이 세상으로 돌아온 것이었다. 삶의 집착에 대한 벌로 모든 초자연적인 능력을 박탈당하여 같은 종족에게도 미움을 사게 된 그는 죽음도 아직 발견하기에 이르지 못한 이 세계의 외진 구석에 몸을 숨기고서, 은판사진술銀板寫眞術의 개발에 힘을 기울일 결심을 하고 있었다.

— 앞의 책, 55면

신화란 사실보다도 더 사실적인 허구의 이야기이며, 그것은 우리 인간들의 상상력의 산물이다. 모든 신화의 전제조건은 우리 인간들의 자기 초월성과 행복한 삶이라고 하지 않을 수가 없다. 유한하고 불완전한 인간이 전지전능한 인간을 동경하게 될 때에도 신화는 탄생하게 되고, 모든 인간들이 다같이 보다 낫고 보다 행복한 삶을 소망하게 될 때에도 다양한 신화들이 탄생하게 된다. 사랑과 미의 여신인 아프로디테도 구체적인 인물(신화 속에서의 구체적인 인물)이며, 천마 페가수스도 구체적인 동물이다. 백 개의 눈동자를 지닌 거인도, 시지프스도, 오딧세우스도, 헤라클레스도 구체적인 인물들이며, 예수도, 부처도, 시바도, 마호메트도 구체적인 인물들이다. 그들은 모두가 우리 인간들의 상상력에 의해서 탄생된 인물이며, 신화라는 허구의 공간에서 자기 자신들의 삶을 연출해 내고, 그리고 그럼으로써 우리 인간들의 삶을 일깨우고 인도해 주고 있는 것이다. 『백년 동안의 고독』은 신화적인 공간에서 신화적인 현실을 반영하고 있다. 마콘도의 족장인 호세 아르카디오 부엔디아는 그의 고향에서 '닭싸움의 내기' 끝에 명예결투를 신청하고, 그 결과 '프루덴시오'를 단칼에 살해해 버렸던 것이다. 그러나 그 '프루덴시오의 망령' 때문에 정든 고향을 등지고 어느 누구도 살지 않던 외딴 곳에 마콘도를 건설했지만, 바로 그곳까지 프루덴시오는 끈질기게 찾아와 주었던 것이다. 하지만 그들은 어느덧 불구대천의 원수지간이 아니라, 절친한 친구 사이가 될 수밖에 없었는데, 왜냐하면 '세월의 흐름에 따라 서로가 서로를 그리워하는 마음이 간절'했기 때문이다. 1)의 예문이 호세 아르카디오 부엔디아가 프루덴시오의 망령을 반갑게 맞이하고 있는 장면이라면 2)의 예문은 싱가포르의 해협에서 열사병으로 죽은 집시의 예언자 멜키아데스가 다시 찾아와, 마콘도의 집단적인 불면증과 기억상실증을 치료해 주고 은판사진술의 개발에 열중하고 있는 장면이라고 할 수가 있다. 멜키아데스는 집시로서 초자연적인 예언 능력이 있었지만, 삶에 대한 집착의 벌로써 그 초자연적인 능력을 박탈당하고, 호세 아르카디오 부엔디아를 찾아와 옛정을 두텁게 쌓아가고 있는 인물이다. 마콘도의 족장인 호세 아르카디오 부엔디아는 서구의 문명, 즉 모스코테 시장과 니카노르 신부로 대변되는 서구의 문명과의 싸움에서 패배를 하고, 스스로, 자발적으로 밤나무에 묶여서 죽어간 인물이지만, 이처럼 자유 자재롭게 죽은 자들의 영혼과도 대화를 나눌 수가 있는 인물이었던 것이다. 그는 순수하고 때 묻지 않은 인간이며, 영혼의 문제는 신부가 없어도 얼마든지 신과 직접 대면하여 처리를 해왔던 것이다. 그의 스스로 자발적인 감금과 결박 상태는 순수하고 때 묻지 않은 영혼의 패배를 뜻하며, 따라서 "이윽고 목수가 관을 짜기 위하여 그 치수를 재자, 창 밖에서는 노란 꽃비가 하늘로부터 쏟아지기 시작했다. 이 꽃비는 이 마을에 밤새도록 소리 없이 쏟아져, 지붕을 뒤덮고, 대문을 열 수 없을 만큼 수북이 쌓여 밖에서 잠자던 가축들이 질식해 죽을 정도였다"라고, 호세 아르카디오 부엔디아가 죽었을 때의 꽃비가 쏟아져 내린 명장면은 그의 정신적인 승리를 뜻한다. 신화는 상상력의 산물이며, 우리 인간들의 꿈의 산물이다. 우리는 신화가 없으면 꿈을 꿀 수도 없고, 또한 행복한 삶을 살아갈 수도 없다.

가브리엘 마르께스는 신화적 상상력의 대가이자, 그 신화 속을 자유 자재롭게 날아 다니는 신화적인 리얼리즘의 대가이다. 그의 작품에는 산 자와 죽은 자의 대화도 자연스럽게 나타나 있고, 하늘에서 노란 꽃비가 쏟아지는 명장면도 묘사되어 있다. 4년하고도 11개월이나 지속되는 장맛비도 묘사되어 있고, 10년 동안이나 계속되는 불볕 더위도 묘사되어 있다. 미녀 레메디오스가 손을 흔들며 승천하는 장면도 있고, 動物娼街를 경영하는 이색포주도 있다. 말의 그것과도 같은 거대한 자지에다가 다양한 문신을 하고 그 좆값을 받아서 65회나 세계일주를 했다는 장면도 나오고, 종점 없는 열차를 타기 위하여 萬年周遊券을 사는 사람도 나온다. 이러한 신화적 리얼리즘은 때로는 이상적이고, 때로는 환상적이며, 그리고 또 때로는 마술적이다. 이상적이라고 하는 것은 그 신화 속에 우리 인간들의 궁극적인 꿈이 담겨 있다는 것을 말하고, 환상적이라고 하는 것은 전혀 터무니 없긴 하지만,

너무나도 아름답고 슬프다는 것을 말하고, 그리고 마지막으로 마술적이라고 하는 것은 전혀 실현 가능성이 없는 異蹟이 너무나도 자연스럽고 빈번하게 나타나고 있다는 것을 말한다. 가브리엘 마르께스는 신화 속에서, 신화와 함께 살면서, 그 신화적 체험들을 너무나도 아름답고 감미롭게 소설적인 명장면들로 연출해낸 것이다. 이것은 그의 신화적 리얼리즘의 승리이고, 또한 그의 신화적인 역사 감각이 마비되지 않은 증거이기도 한 것이다.

가브리엘 마르께스의 신화적 리얼리즘의 승리는 역사적인 리얼리즘의 승리로 이어지고, 역사적인 리얼리즘의 승리는 성적인 리얼리즘의 승리로 이어진다. 그리고 그 성적인 리얼리즘의 승리는 내면 의식의 승리로 이어지고, 어쨌든 리얼리즘은 모든 예술의 최종적인 심급인 것이다. 역사 감각이 마비되고 역사 철학적으로 불임의 동물들이 '리얼리즘과 모더니즘'을 극단적으로 대립시키고 그 갈등을 조장해 왔지만, 나의 리얼리즘에서는 더 이상의 '리얼리즘과 모더니즘'의 극단적인 대립 갈등은 존재하지도 않는다. 리얼리즘과 모더니즘이 나의 리얼리즘 속에 하나로 통합되고, 그 결과는 모든 세계인들의 마음 속을 사로잡고 그 심금을 울리게 될 것이다.

1) 마콘도는 불과 수년 만에 당시 알려져 있던 인구 3백명 되는 어느 마을보다도 정돈되고 부지런한 마을이 되었다. 그곳은 정말 행복한 마을이었다. 30세를 넘은 사람이 하나도 없을 뿐 아니라, 아직 죽어간 사람도 하나 없었던 것이다.

마을이 처음 건설될 무렵부터, 호세 아르카디오 부엔디아는 부지런히 올가미와 새장을 만들었다. 그의 집뿐만 아니라 온 마을이 곧 휘파람새, 카나리아, 벌새, 울새들로 꽉 찼다. 갖가지 많은 새들의 합창이 너무나 시끄러웠기 때문에 우르술라는 현실의 감각을 잃지 않도록 귀에 밀랍을 끼우고 있을 정도였다.

멜키아데스의 일행이 맨 처음 찾아와 두통을 낫게 하는 유리구슬을 팔며 돌아다녔을 때에도 마을 사람들은 이 늪지대의 음침한 구석에 처박힌 곳을 용케도 찾아왔다고 놀랐지만, 뒤에 들은 집시들의 이야기에 따르면, 사실은 그들도 새들의 울음소리를 따라 길을 더듬어 찾아왔다는 것이었다.
— 앞의 책, 14—15면

2) 새 집의 건축이 거의 끝나갈 무렵, 우르술라는 그를 공상의 세계에서 끌어냈다. 그녀는 남편에게 모두가 희망하는 흰 빛깔이 아니라 푸른 빛으로 건물 외부를 칠하라고 지시한 관청의 통지를 내밀었다. 호세 아르카디오 부엔디아는 무슨 영문인지를 모르는 채로 그 싸인을 읽고서,

"이 사나인 도대체 누구야?"

하고 물었다.

"시장이예요, 정부가 임명하였다는."

우르술라는 말하기 거북한 듯이 이렇게 대답했다.

— 앞의 책, 61면

3) 그는 결혼식이 끝나는 즉시, 자기 교회로 돌아갈 계획이었으나, 동물적인 추행이 성행하고, 아이들에게 세례를 받게 하지도 않고 주일의 규칙도 지키지 않는 마콘도 주민들의 영혼의 황폐함에 어이가 없어, 여기만큼 신의 씨앗을 필요로 하는 데는 없다고 생각했다. 이리하여 그는 1주일쯤 더 머물면서, 아직도 할례를 하는 이교도들을 그리스도의 품안으로 끌어들이고, 정을 통하고 있는 남녀를 정식 부부로 만들어 주고, 병자를 기적으로 고쳐 줄 결심을 했다. 그러나 이 신부의 말에 귀를 기울이는 사람은 아무도 없었다. 영혼 문제는 신과 직접 이야기 하여 오랫 동안 신부 없이도 처리해 왔고, 원죄에서 시작되는 악 같은 건 잃어버리고 말았다는 것이, 그들의 대답이었다.
—앞의 책, 87면

가브리엘 마르께스의 『백년 동안의 고독』은 라틴 아메리카의 상징적 축도이며, 그의 역사적인 리얼리즘이 너무나도 사실적으로 묘사된 소설이라고 하지 않을 수가 없다. 그의 역사 감각이 라틴 아메리카의 과거와 현재를 꿰뚫어 보고, 그 아름답고 풍요로웠던 공동체 사회가 어떻게 피폐화되고 해체되어 갔는가를 너무나도 사실적이면서도 웅변적으로 보여주고 있는 것이다. 마콘도는 어느 마을보다도 정돈되고 부지런한 마을이었으며, 정말로 아름답고 행복한 마을이었다. 모든 마을의 사람들이 정부의 힘 같은 것은 조금도 빌리지 않고 도로를 내고 마을을 건설했으며, 또 영혼의 문제는 신부가 없어도 스스로 직접 신과의 만남을 통하여 처리해 왔던 것이다. 따라서 마콘도에는 30세를 넘은 사람이 하나도 없었고, 아직도 죽어간 사람이 한 명도 없었던 것이다. 마콘도는 어느 것 하나 부족한 것이 없었던 마을이었으며, 인간과 인간, 인간과 자연, 그리고 인간과 동물들이 더없이 아름답고 평화스럽게 살고 있었던 마을이었다.

그러나 이처럼 평화롭고 행복했던 마을에 국가의 관리—그는 식민주의자들의 꼭두각시에 불과하다—가 부임해 오고, 그 관리(모스코테 시장)를 따라 니카노르 신부가 들어오게 된다. 모스코테 시장은 정부의 관리 같은 것은 필요가 없다는 주민들의 의사에 반하여 건물의 외부를 흰 빛이 아니라 '푸른 빛'으로 칠할 것을 명령하고, 니카노르 신부는 "아직도 할례를 하는 이교도들을 그리스도의 품안으로 끌어 들이고, 정을 통하고 있는 남녀를 정식 부부로 만들어 주고, 병자를 기적으로 고쳐 줄 결심"을 하게 된다. 따라서 모든 것이 가능하고 어느 것 하나 부족한 것이 없었던 공동체 사회는 그 평화를 잃게 되고, 원주민과 외지인들과의 영원히 화해할 수 없는 싸움이 시작되게 된다. 원주민은 야만인이고 외지인들은 문명인이다. 야만인들은 이교도인 피식민주의자들이고, 문명인은 기독교를 믿는 식민주의자들이다. 하지만 전자는 평화주의자들이고 후자는 호전주의자들이다. 따라서 모든 것이 가능하고 어느 것 하나 부족한 것이 없었던 공동체 사회는 끊임없는 내전과 내란의 소용돌이에 휘말리게 되고, 그 쓰라린 역사를 안고 소멸과 몰락의 길을 걸어가게 된다. 식민주의자들은 강자의 힘으로 그들의 법을 만들고, 야만적인 법률의 힘으로 그 법률의 준수를 강요하며, 그리고 제3세계의 천연자원과 모든 영혼까지도 약탈해 나간다. 언어가 곧 권력(법)이라면, 식민주의자들만이 말할 권리를 가지며, 그들의 지식으로 모든 사건과 사물들을 규정하고, 그리고 모든 재산을 빼앗고 약탈해갈 수 있는 권리를 갖게 된다. 원주민은 모든 재산과 영혼까지도 다 빼앗겨버린 야만인이며, 외지인은 원주민들의 모든 재산과 영혼까지 다 빼앗고도 신의 축복을 받은 문명인이다.

아우렐리아노 부엔디아 대령은 마콘도의 족장인 호세 아르카디오 부엔디아의 둘째 아들이며, 조용하고 온화하며, 금세공으로 물고기를 만들던 인물이다. 그는 아버지의 반대를 뿌리치고 모스코테 시장의 막내 딸인 레메디오스와 결혼했던 인물이지만, 그의 장인 어른이 자유파의 빨간표를 빼고 보수파의 파란표를 집어넣는 것을 보고, "무엇을 택한다고 묻는다면, 그야 자유파이지. 보수파 놈들이란 모두가 사기꾼이니까"라고 너무나도 의연하게 반란군(자유파)에 가담했던 인물이다. 자유파는 "비밀결사 프리메이슨 회원으로서, 성직자들을 교수형에 처하고, 민사혼(종교의식에 따르지 않고 하는 혼인)과 이혼제도를 채택하며, 서자에게도 적자와 동일한 권리를 인정하고, 중앙정부로부터 그 권리를 박탈하여 국가를 분단시키는 연방제를 주장하는 나쁜 사람들의 집합체였다. 그러나 이와 반대로, 신으로부터 그 권위를 받은 보수파는, 공공의 질서와 가정 도덕의 유지를 위하여 노력하고 있는 사람들로, 기독교의 신앙과 권위의 원칙을 수호하고, 국가가 많은 자치체제로 분열되는 것을 용납하지 않고 있다는 것"이었다. 대부분의 원주민들은 자유파였고, 서양의 식민주의자들과 그들의 하수인들은 보수파였다. 그 부정선거 이후, 곧바로 전쟁이 일어났고, 전국에는 계엄령이 선포되었다. 마콘도 역시도 예외는 아니었고, 테러리스트이자 자유주의자인 알리리오 의사는 재판 절차도 없이 총살을 당했다. 그 군인들의 폭행을 만류하던 니카노르 신부는 개머리총에 맞아 머리가 터졌고, 모스코테는 시장과 사령관이라는 직함에도 불구하고 한 사람의 대위 밑의 꼭두각시 같은 존재로 전락했다. 따라서 너무나도 조용하고 온화한 성격이었던 아우렐리아노 부엔디아 대령도 그들의 만행을 더 이상 참지 못하고 그의 친구인 마르께스를 찾아가, "모두에게 준비를 시키게. 이제부터 전쟁으로 들어가는 거야"라고, 반란군에 가담하지 않을 수가 없었던 것이다.

아우렐리아노 부엔디아 대령은 32회나 반란을 일으켰지만, 그때마다 모두 패배를 했다. 그리고 그는 14회의 암살과 73회의 복병, 거기다가 1회의 총살형의 난을 벗어났고, 말 한 마리를 충분히 죽일 수 있는 스트리 키니네를 마시고도 죽지 않았다. 그는 언제나 부하들의 선두에 서서 싸웠으며, "승리보다도 더 어렵고 더 처참한 패배"를 위하여 "네르란디아 협정에 서명"을 하고 말았다. 그가 승리보다도 더 어렵고 더 처참한 패배인 네르란디아 협정에 서명을 했던 것은 '자유파 사절단'들의 반동적인 요청 때문이기도 했던 것이다.

그는 정치 고문들 사이에 놓인 의자에 모포로 몸을 두르고 앉아서, 사절단원들이 늘어 놓는 제안을 잠자코 듣고 있었다.

그들이 요구하는 첫째는, 자유파 지주들의 지지를 얻기 위하여 토지 소유권의 조사를 포기해야 한다는 것이었다. 그리고 둘째로, 기독교인들의 지지를 얻기 위하여 성직자들을 억압하는 싸움을 중지해야 한다는 것이고, 마지막 조건은, 지금까지의 가정윤리를 지키기 위하여 적자와 서자에게 평등한 권리를 인정하려던 주장을 포기해야 한다는 것이었다.

"그렇다면 우리가 싸우는 목적은 단지 정권획득에 있다는 말이로군."

요구 조건의 낭독이 끝나자, 아우렐리아노 부엔디아 대령은 웃으면서 말했다.

"아니죠, 이건 단순히 전략적인 전환입니다."

하고 사절단의 한 사람이 말했다.

"지금 단계에서 우리에게 필요한 것은 민중적 기반을 확대시키는 데 있지 않습니까? 앞으로의 문제는 그때 가서 생각하기로 하고……"

아우렐리아노 부엔디아 대령의 정치고문 한 사람이 재빨리 말을 가로막았다.

"그건 모순입니다. 만일 전략적 전환이 옳은 것이라면, 그것은 보수정권도 옳다는 것이 됩니다. 당신 말처럼 그렇게 해서 민중적 기반을 확대시킬 수 있는 것이라면, 이미 현 정권은 광범위한 민중의 지지를 얻고 있다는 것이 됩니다. 따라서, 결국 우리들은 근 20년 동안이나 대중의 감정을 무시한 싸움을 해왔다는 결론밖에 되지 않습니다."

그는 아직도 말을 더 계속할 기세였으나, 아우렐리아노 부엔디아 대령이 눈짓으로 제지하고 말했다.

"이제 새삼스럽게 그런 말을 해도 소용없습니다. 박사님, 이제부터 우리 싸움의 목적은 단지 하나, 즉 정권획득을 위해서란 말입니다."

그는 미소를 지은 채, 사절단이 내놓은 서류를 받아들고 서명을 하려 했다.

"알았어요, 당신들의 조건을 다 받아들이겠소."

— 앞의 책, 172—173면

이제 자유파는 원주민의 이익과 자유와 평등과 사랑을 위해서 싸우는 것도 아니고, 또한 기독교 문명에 반대하고 연방제도를 정착시키기 위해서 싸우는 것도 아니다. 자유파의 지도자들은 보수파들을 타도하기 위한 전쟁을 통하여 그들의 돈과 명예와 권력을 축적하고, 이제는 자기 자신들의 사소한 이익을 지키기 위하여 라틴 아메리카의 전체 이익을 포기해 버렸던 것이다. 즉, 자유파 지주들의 지지를 얻기 위하여 토지소유권의 조사를 포기한다는 것과 기독교의 성직자들을 타도하기 위한 싸움을 중지해야 한다는 것, 그리고 만인평등의 권리를 포기해야 된다는 것이 바로 그것이었다. 이제는 자유파가 보수파이고, 보수파가 자유파이다. 그들은 모두가 다 같이 똑같은 권력을 얻기 위해 싸우는 일란성 쌍둥이들이며, 언제, 어느 때나 그들의 사상과 이념을 헌신짝처럼 버릴 수 있는 더럽고 추한 인물들에 지나지 않았던 것이다. 따라서 아우렐리아노 부엔디아 대령은 승리보다도 더 어렵고 더 처참한 패배를 위하여 네르란디아 협정에 서명을 하고, 권총자살을 기도하게 되었던 것이다.

그러나 지극히도 불행하게 그의 자살기도는 실패—그가 가슴에 대고 쏜 총알은 그의 생명과는 전혀 상관이 없는 가슴 부위를 뚫고 나갔던 것이다—했고, 그는 돈과 명예와 권력에 대한 영광을 버린 채, 마콘도의 작업장에 틀어박혀 금세공의 기술자로 살아가게 된다. 그는 20년 동안이나 지속된 내란에 종지부를 찍게 된, 네르란디아 협정에 서명한 공로로 대통령으로부터 수여된 훈장도 거절했고, 전후에 받게 되어 있었던 종신연금도 거절했다. 아우렐리아노 부엔디아 대령의 고독은 영원히 잃어버린 낙원에 대한 상실감에서 오는 고독이며, 그리고 그 실향 이후, 눈앞의 사소한 이익을 위하여 전체의 이익을 훼손시켜 버리는 인간들에 대한 전면적인 실망감에서 비롯된 고독이다. 그의 고독은 보수파의 사상과 이념으로도 치유될 수 없는 고독이며, 또한 자유파의 사상과 이념으로도 치유될 수 없는 고독이다. 요컨대 아우렐리아노 부엔디아 대령의 고독은 인생이란 서어커스의 놀음판에서 그 환멸과 상실감 때문에 비롯된 고독이기도 한 것이다.

아우렐리아노 부엔디아 대령이 라틴 아메리카의 정치적 정통성을 위해서 너무나도 의연하게 전쟁에 가담했던 인물이라면, 그의 형님의 손자인 호세 아르카디오 세군도는 산업의 현장에서 부단히 억압받고 신음하던 노동자의 이익을 위해서 너무나도 의연하게 일어났던 인물이라고 할 수가 있다. 정치적 평화와 산업 평화가 그들의 목표가 되었던 것은 서구의 식민주의와 기독교적인 문명의 침투 때문이며, 그 두 평화는 영원히 손에 넣을 수 없는 신기루가 되어 버린다. 아우렐리아노 부엔디아 대령이 그 전쟁에서 패배를 하고 그의 작업장으로 은둔해 버리자, 어느새 마콘도에는 산업자본의 물결이 급물살을 타고 몰려오게 된다. 어느덧 마콘도에는 철도와 바다의 항로가 개설되고, 미국의 바나나 회사가 들어오자마자 수많은 토목기사, 농업기사, 수문학자, 지질학자, 그리고 변호사와 수많은 자본가들이 몰려오게 된다. 마콘도는 어느덧 근대화된 소도시로 탈바꿈을 하게 되고, 날이면 날마다 수많은 사건들과 그 소문들로 문전성시를 이루게 되었던 것이다. 호세 아르카디오 세군도는 어느덧 바나나 회사의 '노동 감독의 직책'을 팽개쳐 버리고, 동맹파업을 주도한 '국제적 음모의 선동자'가 되어 있었던 것이다. 왜냐하면 노동자들의 '비위생적인 주거, 엉터리 의료, 부당한 노동조건, 또 그리고 바나나 회사의 경영주들이 현금 대신에 버지니아산 햄을 살 수 있는 상품권'으로 그들의 임금을 주고 있었기 때문이다. 호세 아르카디오 세군도는 그 동맹파업을 주도한 댓가로 "5킬로그램이나 되는 사슬을 발에 채우고, 도보로 주 형무소로 연행"되었지만, 그러나 그가 풀려 나왔을 때에도 그 어느것 하나 달라진 것이 없었다. 아니, 그 부당한 행위들이 개선되기는커녕,

그밖에 모든 사람들이 비난의 대상으로 삼고 있던 것은 다음과 같은 실정들이었다. 회사의 촉탁의사들은 환자들의 진찰을 잘 하지 않고, 간호부에게 명령하여 환자들을 진찰실 앞에 한 줄로 세워놓고, 학질이든 임질이든 변비증이든 간에 깡그리 유산동 색깔의 알약을 주고 있다. 좌우간 모든 환자에게 이 치료법을 쓰기 때문에, 아이들은 몇 번이고 되풀이하여 줄에 서서 받아 먹지 않고 가지고 돌아와 이 알약으로 빙고게임을 하는 형편이다.(……)

이러한 비난을 솜씨좋게 말살시키는 데는, 그 옛날 아우렐리아노 부엔디아 대령에게 귀찮게 따라다녔고, 지금은 바나나 회사의 콧김을 쏘이고 있는 늙

은 변호사들이 일역을 맡고 있었다. 그들은 노무자들이 만장일치로 가결한 요구서도 오랫동안 바나나 회사에 전달하지 않았다. 뒤늦게 이것을 안 브라운 씨는 호화스런 유리를 붙인 객차를 꾸며, 회사 경영주였던 사람들과 함께 마콘도에서 자취를 감췄다.

그런데 다음 토요일에 그들 중 하나가 창녀의 집에서 발각되었다. 노무자들은 그들에게 협조하겠다고 자진하여 나선 이 창녀와 알몸으로 자고 있던 그에게 강제로 요구서에 서명케 했다. 그러나 간사한 변호사들은 법정에서, 이 사나이는 회사와 아무런 관계가 없다고 증언하고, 그 말의 의혹을 씻기 위하여 그를 사기범으로 고소하여 체포케 했다.

얼마 뒤에 브라운씨 자신이 몰래 3등차에 탔다가 붙잡혀 다른 한 통의 요구서에 서명을 해야 했다. 그러나 그는 다음날 머리를 검게 염색하고 더듬거리는 스페인어로 말하면서 판사 앞에 출두했다. 이리하여 변호사들은 이것은 아라바마주 랏드빌 출신의 회사대표 잭 브라운 씨가 아니라, 마콘도 태생의 다고벨트 폰세카라는 회사와는 전혀 관계가 없는 약종상이라고 증언했다.

이것을 본 노무자들이 새로운 방법을 취하려 하자, 약삭빠른 변호사들은 영사와 외무장관의 확인을 붙여서, 브라운 씨는 지난 6월 7일 시카고에서 소방차에 깔려 죽었다는 내용의 사망증명서를 가두에 붙이게 했다.

이나,

이 터무니 없는 방법에 실망한 노무자들은 마콘도의 관리들을 상대로 하는 것을 포기하고, 상급 재판소에 소송을 제기했다. 그러나 여기에서도 간교한 변호사들은 그 요구에는 근거가 없다, 이제까지 바나나 회사에는 고정 노무자란 존재하지 않고 계절에 따라 임시로 고용하는 노무자만이 있을 뿐이라고 증언했다. 그 결과 버지니아산의 햄이나 만병통치의 알약, 크리스마스 때의 임시 변소 등은 사실무근이라고 인정되어, 재판소 판결에 따라 고정 노무자가 없다는 내용을 증명하는 엄격한 문구를 늘어놓은 공고문이 나붙었다.

에서처럼, 오히려 더욱더 악화되어 있었던 것이다.

늙은 변호사들은 자본가들의 하수인이었고, 자본가들은 늙은 변호사들을 고용하여, 모든 법망을 제멋대로 빠져 달아나고 있었다. 노동자들의 정당한 요구서도 전달되지 않았고, 회사의 경영주였던 사람들은 마콘도에서 자취를 감추어 버렸다. 그들 중의 한 사람이 사창가에서 잡혀 나왔어도 소용이 없었고, 회사의 대표인 잭 브라운 씨가 3등 열차에 탔다가 붙잡혀 나왔어도 소용이 없었다. 전자의 경영주는 노동자들의 혐의와는 정반대로 전혀 엉뚱한 사기범으로 체포되었고—이 사기혐의는 그의 신변을 보호해 주기 위한 것에 불과하다—, 후자의 잭 브라운 씨는 마콘도의 '다고벨트 폰세카라는 회사와는 전혀 관계가 없는 약종상'이라고 석방시켜 주었을 뿐만 아니라, '영사와 외무장관의 확인을 붙여서, 그가 시카고에서 소방차에 치여 죽었다는 내용의 사망증명서를 가두에 붙이게 되었던 것이다. 따라서 노동자들이 최후의 수단으로 "마콘도의 관리들을 상대로 하는 것을 포기하고 상급재판소에 소송을 제기"했지만, "이제까지 바나나 회사에는 고정 노무자란 존재하지 않고 계절에 따라 임시로 고용하는 노무자만이 있을 뿐이라고 증언했다. 그 결과, 버지니아산의 햄이나 만병통치의 알약, 크리스마스 때의 임시변소 등은 사실무근이라고 인정되어, 재판소의 판결에 따라 고정 노무자가 없다는 내용을 증명하는 엄격한 문구를 늘어놓은 공고문이 나붙게" 되었던 것이다.

법이 없어도 행복하고 평화로웠던 마콘도는 어느덧 무소불위의 자본가들이 판을 치게 되고, 무법천지가 되어버렸던 것이다. 그 결과, 더욱더 큰 대규모의 동맹파업이 일어났고, 잭 브라운 씨와 그의 동국인들은 군대의 보호 아래 안전지역으로 대피하고, 대규모의 동맹파업자들에 대한 발포명령이 하달되었던 것이다. 그날 정오쯤에는 노동자들과 여자 어린이들까지 합쳐 3천 명이 넘는 군중들이 마콘도역에 집결해 있었고, 계엄령의 군대는 더 이상의 성난 군중들의 함성을 참지 못하고 무차별적으로 그들의 기관총을 난사해 버렸던 것이다. 호세 아르카디오 세군도가 의식을 되찾았을 때는, 그는 자기 자신이 수많은 시체들 속에 누워 있다는 사실을 알 수가 있었다. 그리고 그는 자기 자신이 2백 차량의 화물열차에 태워져 있다는 것을 알 수가 있었고, 계엄령의 군대가 그 시체들을 水葬시키기 위하여 바다로 싣고 간다는 것을 알 수가 있었다. 호세 아르카디오 세군도는 칠흑같이 어두운 밤, 그 억수같이 쏟아지던 빗속에서 탈출을 할 수가 있었지만, 이제는 어느 누구도 대규모의 동맹파업과 그 대량살상의 참상을 인정하지 않고 있었다. 아니, 오히려, 거꾸로 지난밤의 정부의 특별고시에 의하면, "모든 노동자들은 역전에서 물러가라는 명령에 복종하여 얌전히 집으로" 돌아갔고, 그리고 "조합의 지도자들마저도 애국심을 발휘하여 그들의 요구를 의료의 개선과 집집마다 변소를 설치한다는 두 가지 조건으로 국한시켰다"는 것이었다. 따라서 군 관계자가 그 사실을 잭 브라운 씨에게 알리자, "그는 이 새로운 조건을 받아 들였을 뿐만 아니라, 쟁의의 해결을 축하하는 의미에서 3일간의 파아티 비용을 부담하겠다고 제안을 했다"는 것이었다.

자본주의 사회의 신적인 존재의 척도는 부의 척도이고, 돈은 행복의 바로미터라고 해도 과언이 아니다. 그들은 모두가 수전노이고 구두쇠이며, 자기 자신들의 행복과 안락만을 위해서 언제, 어느 때나 최후의 종말을 연출해 내게 된다. 돈은 검은 것을 희게 만들고, 흰 것을 검은 것으로 만든다. 선을 악으로 만들고, 악을 선으로 만든다. 돈만 있으면 그 모든 것을 살 수도 있고, 더럽고 추한 영혼을 천국으로 인도해줄 수도 있다. 따라서 돈이 있기 때문에 인간과 짐승이 구별되고, 언제, 어느 때나 늙은 변호사들을 고용하여 면죄부를 살 수도 있게 된다. 그리고 그 자본가들이 초국적 자본가가 되어 제3세계로 침투해 들어가게 되면, 제3세계의 민족주의자들은 불순한 반동분자가 되어 게릴라가 될 수밖에 없고, 그들의 하수인에 불과한 지배계급의 인사들—정치인과 관료들과 법조인들—은 자기 자신의 민족혼과 동족들을 때려잡는 반민족주의적인 철권을 휘두르게 된다. 요컨대 그 독재권력을 옹호하고 비호해 주는 세력들은 사악한 식민주의자들이며, 제3세계의 독재정권들은 그 민족국가의 천연자원과 노동력을 아주 싼 헐값에 팔아버리고, 그리고 그것도 모자라서 그 식민주의자들과 자본가들에게 온갖 특권과 특혜를 베풀어 주게 된다. 따라서 제3세계의 자연은 파괴되고 천연자원은 고갈되며, 그리고 그 국민들은 만성적인 기아와 질병에 시달리게 된다. 그리고 또 어쩌다가 제3세계의 민족주의자들이 올바른 정권을 세우고 그 식민주의의 잔재를 청산하려고 하게 되면, 그 식민주의자들은 또다시 반민족적인 게릴라들을 양성하고 그 올바른 민족국가를 전복시키기 위하여 온갖 사악한 술수를 다 동원하게 된다. 돈이 돈을 낳는 형태를 띠게 되는 자본주의는 너무나도 사악하고, 그 자본의 간계는 전지전능한 하나님도 막을 수가 없다. 그 전지전능한 자본가들이 더 이상의 화를 참지 못하는 최악의 경우에는 너무나도 주체적이고 올바른 독립국가를 불순한 테러 국가로 낙인을 찍어버리고, 마치, 베트남 전쟁과 이라크 전쟁의 경우에서처럼, 전면적인 대규모의 살육 전쟁을 연출해 내고, 끝끝내는 그들의 하수인에 불과한 반민족주의적인 독재정권을 세우게 된다. 이로써 완벽한 허위와 완벽한 범죄의 세계는 전지전능한 하나님의 은총을 받고 태어나게 되며, 모든 세계인들은 그 제국주의적인 마수 앞에서 무릎을 꿇게 된다.

대한민국이 그 제국주의적인 마수 앞에서 꼼짝달싹도 하지 못하고 있는 것처럼, 마콘도 역시도 그 제국주의적인 마수 앞에서 꼼짝달싹도 하지 못하고 있는 국가이며, 완벽한 허위와 완벽한 범죄가 판을 치고 있는 세계에 지나지 않는다. 호세 아르카디오 세군도는 천신만고 끝에 살아나 '멜키아데스의 방'으로 숨어들을 수가 있었고, 그는 이미 지난밤에 정부의 특별고시를 읽을 수가 있었던 것이다. 잭 브라운 씨의 발표와 함께 비는 내렸고, 그 장맛비는 1주일 후에도 여전히 그칠

줄을 모르고 있었다. “죽은 사람은 없다. 노무자들은 만족하고 가족에게로 돌아갔다. 바나나 회사는 비가 오는 동안은 활동을 정지한다.” 그리고 이 공식발표는 독재 정부가 수없이 되풀이 반복하고 전국적으로 유포시켰기 때문에, 모든 국민들이 그것을 믿고 신뢰하게 되었다. 또 그리고 장맛비가 계속되는 동안 ‘군인들은 낮동안에는 바지를 무릎까지 걷어 올리고 강물처럼 된 거리에서 아이들을 상대로 뱃놀이를” 했지만, 그러나 “날이 저물고 소등시간消燈時間이 되면 그들은 총으로 민가의 대문을 부수고 들어가 침대에서 용의자를 끌어내어 연행해” 갔다. 그리고 “그들은 한 번 가면 돌아오는 일이 없었다. 정령 제4호에 따라 불량배, 살인범, 방화범, 폭도 등의 수색과 체포가 계속되는 것으로 생각되었다. 그러나 군 당국은 소식을 물어보려고 사령실로 달려온 희생자의 가족에게조차 그 사실을 부인했다. “그건 당신이 꿈을 꾼 거요. 마콘도에서는 아무 일도 일어나지 않았소. 지금도 그렇고, 또 앞으로도 그럴 거요. 이 마을은 평화로울 뿐이오.”

완벽한 허위와 완벽한 범죄의 세계―. 이처럼 전지전능하고 무소불위인 식민주의자들의 절대 권력 앞에서 마콘도의 정치적 평화와 산업평화는 영원히 붙잡을 수 없는 신기루에 지나지 않는다. 마콘도의 족장인 호세 아르카디오 부엔디아가 그 밤나무 밑의 움막집(개집과도 같은 움막집)으로 유폐되고, 아우렐리아노 부엔디아 대령이 그의 금세공의 작업장으로 유폐되었다가 밤나무 밑에서 서서 죽어 갔던 것처럼, 호세 아르카디오 세군도 역시도 ‘멜키아데스의 방’에서 유폐되어 죽어 갔다. 그들의 고독의 역사는 공포의 역사이고, 그들의 공포의 역사는 고독의 역사이다. 가브리엘 마르께스는 제3세계의 그늘 아래 신음하고 있는 마콘도의 역사―그의 조국인 콜롬비아의 역사―를 꿰뚫어 보고 바로 그 역사 의식을 통하여 그의 역사적인 리얼리즘의 승리를 완성해낼 수가 있었던 것이다.

모든 사상과 이론, 그리고 모든 예술과 문학작품마저도 그 최종심급은 이 반경환식의 리얼리즘이라고 할 수가 있다. 물고기가 물을 떠나서 살 수가 없듯이, 현실의 삶을 반영하지 않는 관념론이나 추상 예술은 그 일면의 타당성에도 불구하고 언제, 어디서나 만인들의 심금을 울릴 수는 없을 것이다. 아니, 오히려, 거꾸로, 그 일면의 타당성마저도 지나치게 편협하고 경직된 현실주의를 비판하고 일깨워 주고 있는 것인만큼, 모든 사상과 예술의 최종심급은 언제, 어느 때나 리얼리즘인 것이다. 이제는 낙천주의자로서 내가 선언하건대, 더 이상의 리얼리즘과 모더니즘의 싸움은 가능하지 않다. 나는 그 현실주의를 통해서 나의 낙천주의의 새싹을 가꾸고, 그리고 그 열매들을 수확해 낸다. 현실주의는 나의 낙천주의의 토양이며, 나의 낙천주의는 그 현실주의의 토양에서만 자라난다.

사색인의 십계명 제7계: 역사의 감각이 마비되지 않도록 조심하고 또 조심하라!

가브리엘 마르께스의 세 번째 리얼리즘의 승리는 성적인 차원에서 이루어지며, 그 성적인 욕망은 우리 인간들의 본질적인 욕망이라고 하지 않을 수가 없다.

1), 일요일 설교에서, 호세 아르카디오와 레베카는 남매가 아니라는 사실이, 니카노르 신부의 입을 통하여 밝혀졌다. 그러나 그런 말이 어디 있느냐고 생각한 우르술라는 절대로 이 두 사람을 용서하려 하지 않았다. 교회에서 돌아온 두 신혼 부부에게, 다시는 이 집에 발을 들여 놓지 못하도록 언명했다. 자기에게 있어서는, 이제 두 사람은 죽은 것과 같다고 말했다. 그들은 하는 수 없이 묘지 정면에 있는 작은 집을 얻어, 호세 아르카디오의 그물침대 하나만을 가지고 나와 새살림을 차렸다.

결혼식을 올린 그날 밤에, 레베카는 그녀의 슬리퍼 속에 숨어 있던 전갈에게 발을 물렸다. 혓바닥에 마비가 왔지만, 그러나 그것은 그들의 소란스러운 첫날밤에는 조금도 방해가 되지 않았다. 이웃사람들은 하룻밤에 여덟 번, 그리고 낮잠을 잘 때 세 번 씩이나 사람들의 잠을 깨우는 외침소리에 어리둥절하여, 이 지나친 정열이 죽은 이들의 평화를 교란하는 일이 없도록 기도했다.
— 앞의 책, 98면

2), 그가 달걀 흰자로 아마란타 우르술라의 불룩한 젖가슴을 문지르거나 코코아 기름으로 탄력 있는 넓적다리나 붉으레한 배를 문지르고 있노라면, 그녀는 그의 놀라운 물건을 인형처럼 가지고 놀아, 거기에다 입술연지로 광대의 눈을 그리기도 하고, 눈썹그리개로 터어키인 같은 수염을 그리기도 하고, 비단 나비타이를 달거나 은종이로 만든 작은 모자를 씌우기도 했다.

어느 날 밤 그들은 온몸에 복숭아 잼을 바르고서 개처럼 서로 핥으며 기어다니다가 복도에서 미친 듯이 애무한 것까지는 좋았지만, 그들을 산 채로 뜯어먹으려고 날아든 한 떼의 식인나비의 습격을 받고야 정신을 차렸다.
— 앞의 책, 387면

어느 날 제우스 신이 인간을 만들고 성적 욕망을 불어넣어 주기 위해 에로스에게 그의 몸 속으로 들어갈 것을 명령했다고 한다. 에로스는 어쩔 수 없이 제우스의 명령에 따르면서 "수치심이라는 놈만은 제발 들어오지 않게 해주세요. 저는 수치심과는 함께 살 수가 없습니다"라고 전제 조건을 달았다고 한다. 『이솝우화』는 우리 인간들의 성적 욕망에는 수치심이 없다는 것을 날카롭게 희화화시킨 이야기이며, 에로스는 언제나 시끄러운 사건의 악질적인 사주자라는 것을 상기시켜 주기도 한다. 호세 아르카디오와 아우렐리아노 부엔디아 대령, 즉 그 두 형제들과 정을 통하고 각각의 사내 자식을 낳은 요부 필라르, 모스코테 시장의 일곱 명의 딸들 중 하필이면 초경도 치르지 않은 레메디오스와 결혼을 하겠다고 우겨대는 아우렐리아노 부엔디아 대령, 말의 그것과도 같은 거대한 자지에다가 온갖 문신을 하고 성을 상품화시켜 65회나 세계일주여행을 했다는 호세 아르카디오, 그의 어머니가 요부인 사실을 참지 못하고 근친상간을 시도했던 아르카디오, 피아노 조율사이자 댄스 교사인 피에트르 크레스피를 둘러싸고 친자매나 다름없는 사이이면서도 그 사랑의 쟁탈전을 벌어야만 되었던 레베카와 아마란타, 왕비와도 같은 조강지처 페르난다를 두고서도 페트라 코테스와 함께 살면서 그 뜨거운 애정행각만큼이나 가축수를 늘려 나갔던 아우렐리아노 세군도, 수많은 정부들과 함께 욕정을 채우면서 17명의 이복 아들을 두었던 아우렐리아노 부엔디아 대령, 그녀와 정을 통하기만 하면 그 사내들은 죽게 되고 끝끝내 그 사랑의 아픔을 치유하지 못하고 하늘로 승천해 버린 레메디오스, 연적인 레베카가 호세 아르카디오와 결혼하자, 이번에는 그토록 사랑했던—쟁취의 대상이었던—피에트르 크레스피의 청혼을 거절했던 아마란타, 그리고 피에트르 크레스피가 동맥을 끊고 자살을 해버리자, 한 평생 정절을 지키면서 살고자 했었지만, 자기 자신도 모르게 증손자 뻘인 호세 아르카디오와 비밀리에 낮 뜨거운 정사를 벌여야만 했었던 아마란타—. 호세 아르카디오 부인디아의 가계사는 성적 욕망의 역사이며, 그 욕망으로 인하여 몰락해간 역사라고 하지 않을 수가 없다.

밤새껏 교접하고도 할딱이는
계집의 맨드라미 붉은 소음순.
발볌발볌 물안개 오는 어스름 새벽녘에 나와
샛노란 오줌 누며
아, 짐승이 따로 없구나, 탄식한다.

한 걸음 떨어진 데
작약꽃 붉은 보지 쩍, 벌어진 걸 보고,

에그머니나!

장석주의 「가협시편」에서 알 수가 있듯이, 꽃은 식물의 생존의 결정체이고 청춘은 인간의 생존의 결정체이다. 꽃은 수많은 벌과 나비들을 불러 모아야 하고, 청춘남녀는 언제, 어느 때나 성교를 즐기지 않으면 안 된다. 성적 욕망은 종의 본능이며, 또한 그것은 종족의 명령이기도 한 것이다. 발정기에는 자기 짝을 찾아서 자기 자신의 목숨까지도 걸어야만 하고, 아름답고 화려한 꽃은 그 암내(향기)를 통하여 수많은 이성들을 사로잡지 않으면 안 된다. 모든 성교는 반드시 달콤하고 짜릿하지 않으면 안 된다. 만일, 성교가 고통스럽고 괴롭기만 한 그것이라면, 우리 인간들의 역사는 최후의 종말을 맞이하게 될 것이다.

그러나 호세 아르카디오 부엔디아의 가계사는 그처럼 뛰어난 성적 욕망을 타고 났으면서도, 그 성적 욕망 때문에 몰락해간 비극적인 가계사에 지나지 않는다. 거기에는 다 그럴만한 까닭이 있는데, 왜냐하면 라틴 아메리카의 원주민들은 서양인들의 침략을 받고서, 최악의 생존 근거를 선택할 수밖에 없었기 때문이다. 16세기 경, 영국의 해적인 프란시스 드레이크가 리오야차를 습격해온 것이 바로 그것이다. 우르술라 이구아랑의 고조 할아버지(300여년 전의 할아버지)는 그의 가족들을 이끌고 첩첩산중의 인디안 마을로 이사(도피)를 갔고, 그때부터 돈 호세 아르카디오 부엔디아의 가문과 인연을 맺기 시작했던 것이다. 우르술라는 그녀의 일생 내내 근친상간의 망령에 시달렸으며, 그 망령에 사로잡힐 때마다 영국의 해적인 프란시스 드레이크를 저주하지 않을 수가 없었다. 왜냐하면 우르술라의 가문과 호세 아르카디오의 가문과의 3백년 동안의 근친교배로, 그녀의 고모가 '돼지꼬리가 달린 아들'을 낳았었기 때문이다. 우르술라와 호세 아르카디오 부엔디아도 사촌 간(친사촌이 아님)이며, 따라서 우르술라는 그녀의 결혼식 때 정조대를 찬 채로 시집을 갈 수밖에 없었던 것이다. 그녀가 그 정조대를 푼 것은 호세 아르카디오 부엔디아가 '닭싸움의 내기' 끝에 '고자'라는 놀림을 참지 못하고 물리적인 강제력을 행사—프루덴시오를 죽이고—했기 때문이다. 1)의 예문은 호세 아르카디오가 친남매나 다름없는 레베카—그녀는 어릴 때 입양을 한 여동생이다—와 결혼을 하게 되자, 그 결혼식을 인정할 수 없었던 우르술라와 모자지간의 인연을 끊은 뒤, 그 뜨겁고 열렬한 성교의 장면이며, 2)의 예문은 아마란타 우르술라(이모)와 아우렐리아노(조카)가 그야말로 성적 욕망의 노예가 되어 너무나도 원색적이며 낯 뜨거운 정사를 벌이는 장면이다. 가브리엘 마르께스는 모든 성교는 변태성욕이다라고 주장하고 있으며, 그는 그 변태성욕의 명장면들을 극사실주의(극현실주의)적인 기법으로 연출해 내고 있는 것이다. 성교는 삶의 절정이며, 환희 그 자체이다. 내가 『행복의 깊이』 제3권, 제5장 「연애에 대하여」에서 쓴 바가 있듯이, "우리 인간들의 성적욕망은 그 대상에 대한 차별도 없고, 어떤 물리적인 힘으로도 완벽한 금제"가 가능하지도 않다. 그러나 우리 인간들의 성 윤리는 일부다처제를 배격하고 자연에 반하는 일부일처제도를 대부분이 채택하고 있으며, 이 성 윤리를 그 무엇보다도 중요시하고 있다. 첫 번째는 종족의 명령에 따라 근친상간의 위험성을 제거하는 것이며, 두 번째는 사회적 동물이라는 집단 내에서 그 위계질서를 세우는 것이다. 근친상간은 종의 약화에 기여하고, 무차별적인 난교는 사회적인 위계질서를 무너뜨린다.

하지만 라틴 아메리카와 아프리카와 아시아의 소수 민족들은 외세의 침략을 받고, 극단적으로 생존의 위기에 몰린 결과, 근친상간을 장려하거나 묵인할 수밖에 없었던 것이다. 민족과 민족, 인종과 인종, 그리고 부족과 부족들 간의 교류가 끊어지고, 더 이상의 종족 번식의 방법이 없어진 결과, 그렇게 할 수밖에 없었던 것이다. 가브리엘 마르께스는 그의 '성적인 리얼리즘'을 통하여 서구의 식민주의자들을 고발하고, 이처럼 소중하고 아름다운 성을 왜곡시킬 수밖에 없었던 호세 아르카디오 부엔디아의 가계사의 비극을 완성했다고 해도 과언이 아니다. 모든 성욕은 변태성욕이며 그 변태성욕이야말로 자연스럽고 아름다운 성욕이다. 성욕은 삶의 절정이며, 환희 그 자체이다. 따라서 그 성욕의 자연스러운 물길이 끊긴 호세 아르카디오 부엔디아의 가계사는 아마란타 우르술라와 아우렐리아노의 근친상간의 결과로 '돼지꼬리가 달린 아이'가 태어나게 되고 그 역사를 마감하게 된다. 그것은 집시의 인간 멜키아데스가 예언—"이 집안의 최초의 인간은 나무에 묶이고, 마지막 인간은 개미에게 뜯어먹힌다"—했던 결과이며, 마콘도의 족장의 아내인 우르술라가 그토록 염려했던 결과이기도 한 것이다.

가브리엘 마르께스의 세 번째 리얼리즘의 승리가 성적인 차원에서 완성된 것이라면, 그의 네 번째 리얼리즘의 승리는 내면 의식의 차원에서 완성된 것이라고 할 수가 있다. '내면 의식의 차원'이라는 나의 이 말은 프로이트적인 정신분석학과는 매우 다르고, 이러한 점에 있어서 나는 프로이트의 정신분석학을 경멸한다. 프로이트의 정신분석학은 지나치게 성적 욕망으로 좁혀져 있고, 그의 성적 욕망은 나의 '상승 욕망'—반경환의 『행복의 깊이』 제1권, 제2장 「상승주의의 미학」을 참조해 주기를 바란다—으로 그 권위를 종속시키지 않으면 안 된다. 인간의 무의식은 성적 욕망으로 이루어진 것도 아니고, 또, 모든 인간들이 정신분석학자의 도움을 받아야만 하는 환자들도 아니다. 돈, 명예, 권력, 사랑, 삶, 증오, 질투, 시기, 기쁨, 슬픔, 고통, 희열, 비애, 아픔 등의 다양한 감정들이 있고, 우리 인간들은 날이면 날마다 그 감정들의 지배를 받으면서 살아간다. 따라서 인간의 심리는 그 여러 감정들로 매우 정교하고 복잡하게 구축되어 있으며, 사랑이나 성적 욕망들도 그 감정들을 불러 일으키는 하나의 개념들에 지나지 않는다. 프로이트의 정신분석학이라는 샛강은 인간의 심리를 다루는 심리학, 즉 정신분석학이라는 *大海* 앞에서 조건 없이 그 꼬리를 내리지 않으면 안 된다. 나는 그러나, 지금 이 자리에서 정신분석학을 논하고 있는 것도 아니고, 또 그것을 더욱더 정교하고 세련되게 연구해볼 계획도 갖고 있지 않다. 내가 지금 이 자리에서 매우 깊이가 있지만, 그러나 그것을 더욱더 간략하게 다루고 싶은 것은 『백년 동안의 고독』의 '고독'이다. 『백년 동안의 고독』은 호세 아르카디오 부엔디아 가계의 고독이며, 가브리엘 마르께스의 주제이다.

'백년 동안의 고독'은 아름답고 멋지고 우아한 고독도 아니며, 또 그 고독의 생산성을 자랑하고 있는 것도 아니다. 그 고독은 타인들과의 소통이 단절되고, 자기 자신의 존재와 실존의 근거가 무너지는 고독이다. 그 고독은 삶의 패배와 그 비극에 맞닿아 있는 만큼 수많은 고통과 아픔을 생산해 내고, 또 그 좌절과 절망을 생산해 낸다. 너무나도 처절하고 끔찍할 정도로 아름다운 고독이며, 이 세상의 삶을 혐오하고, 저주하고, 헐뜯는 고독이다. 그 고독의 생산성은 이승에서는 버림을 받지만, 신의 세계에서는 축복을 받게 된다. 서구의 문명과의 한 판의 싸움에서, 그 어떠한 싸움의 자세도 갖추어 보지 못한 채, 스스로 자발적으로 밤나무 밑에 묶이고 개처럼 살다가 죽어간 위대한 족장 호세 아르카디오 부엔디아, 자기 자신의 민족의 주체성과 그 자유을 위하여 수많은 전쟁을 연출해 냈지만, '자유파도, 보수파도 다같이 개새끼들'이라는 분노를 참지 못하고, '승리보다도 더 어렵고 더 처절한 패배'를 자초하고 금세공의 작업장으로 은둔해 들어갔다가 밤나무 밑에 서서 죽어갔던 아우렐리아노 부엔디아 대령의 고독, 호세 아르카디오와의 행복했던 결혼생활도 잠시, 그가 느닷없이 암살을 당하자 자기 자신의 집이 다 허물어지도록 한 발자국도 나오지 않았던 레베카의 고독, 피에트르 크레스피가 동맥을 끊고 자살을 해버리자, 그와 레베카의 파멸에 대한 양심의 가책 때문에 검은 천으로 손을 감고—그녀는 이글이글 타오르는 장작불에 손을 집어 넣었던 것이다—레베카와 자기 자신의 수의를 짜던 아마란타의 고독, 자기 자신의 마음과는 상관없이 사랑의 대상들을 하나 하나 죽음으로 몰아넣고 끝끝내는 하늘로 승천해 버리고 말았던 미녀 레메디오스의 고독, 노동자의 권익을 위해서 다국적 자본과 맞서 싸웠다가 멜키아데스의 양피지 방으로 은둔해 들어갈 수밖에 없었던 호세 아르카디오 세군도의 고독, 4년하고도 11개월이나 지속됐던 장맛비와, 10년 동안이나 지속됐던 불볕 가뭄 속의 마콘도 주민들의 고독—. 이러한 염세주의자들의 고독은 내가 일찍이 맛보지 못했고, 그 정체를 알 수가 없었던 고독이다. 즉, 쓸쓸하고 우울하며 더러운 고독이지만, 다른 한편, 그 구체적인 현실성만큼이나 아름답고 우아한 고독이다. 이 아름답고 우아한 고독은 내면 의식의 본질적인 국면이고, 가브리엘 마르께스는 고독의 심리학의 대가라고 하지 않을 수가 없다.

1), 그는 밤나무 밑에서 오랜 세월을 지내는 동안 마음놓고 체중을 늘일 수가 있었기 때문에, 일곱 사람이 덤벼들어도 들어올릴 수가 없어 침대까지 질질 끌어가야만 했다. 오랫 동안 비바람에 씻기고 시달린 거구의 노인이 숨쉬기 시작하자, 부드러운 버섯과 나무에 붙은 곰팡이의 냄새, 그리고 긴 세월 동안 몸 안으로 스며든 온갖 바깥 냄새가 침실 안에 가득찼다.

다음날 아침 일어나 보니, 그의 침대는 비어 있었다. 집안의 온 방을 다 찾아본 다음, 우르술라가 밤나무 밑으로 가 보니, 그는 거기에 돌아와 있었다. 힘만은 옛날과 조금도 다르지 않았지만, 호세 아르카디오 부엔디아는 아무런 저항도 하지 않고 방으로 들어갔다. 그로서는 이제 아무래도 좋았던 것이다. 그가 밤나무 밑으로 돌아간 것도, 실은 그 자신의 의사가 아니라, 단지 몸에 붙은 습관 때문이었다.

— 앞의 책, 143면

2), 아우렐리아노 부엔디아 대령은 밤나무 밑으로 가는 것을 그만두고 밖으로 나가 행렬을 구경하고 있는 구경꾼들 틈바구니에 끼었다. 금빛 옷을 입은 여인이 코끼리 머리에 앉아 있었다. 슬픈 듯한 낙타가 나타났다. 네덜란드

처녀 차림을 한 곰이 스푼으로 남비를 두드려 박자를 맞추고 있었다. 행렬의 맨 뒤에 재주넘기를 하는 광대들이 따라왔다. 그러나 그들이 다 지나간 다음, 밝은 햇살이 비추는 거리와, 하루살이로 꽉 찬 공기와, 벼랑을 내려다 보는 것처럼 아쉬워하는 구경꾼들만이 남게 되자, 대령은 또다시 자신의 비참한 고독과 마주치게 되었다.

대령은 서어커스를 생각하면서 밤나무 밑으로 갔다. 그리고 거기에서 소변을 보면서 아직도 서어커스에 관한 생각을 하려 했지만, 벌써 그 기억은 흔적도 없이 사라졌다. 그는 병아리처럼 고개를 어깨 사이로 떨구고, 이마를 밤나무 줄기에 기대고서, 꼼짝도 하지 않았다.

집안 사람들이 그것을 안 것은 그 이튿날이었다. 아침 열 한 시에, 산타 소피아가 쓰레기를 버리려고 안마당으로 나갔다가, 독수리들이 날아 내려오는 통에 발견했던 것이다.

— 앞의 책, 265면

3), 죽음의 신은 그녀에게, 그녀가 언제 죽는다든지, 레베카보다 먼저 죽는다든지 하는 것에 대해서는 말하지 않았다. 그 대신 오는 4월 6일부터는 자신의 수의를 짜라고 명령했다. 그리고 그녀의 마음에 들도록 공들여 아름답게 짜되, 레베카의 것을 시작했을 때와 마찬가지로 쉬지 말고 계속하라고 말하고, 그 수의가 다 완성된 날 저물녘에, 아무 고통도, 공포도, 슬픔도 없이 숨을 거둘 것이라고 예고해 주었다.

그녀는 되도록 많은 시간을 벌기 위하여 극상품의 삼실만을 모아 가지고, 자신의 옷감을 짰다. 정말로 공들여 짰기 때문에, 그 일을 끝내는 데 4년이나 걸렸다. 그 다음 그녀는 그 옷감에 수를 놓기 시작했다. 피할 길 없는 기한의 날짜가 가까워 옴에 따라, 그녀는 기적이라도 일어나지 않는 한 도저히 일을 레베카의 죽음까지 이루어 나갈 수 없다는 사실을 알았지만, 일에 열중하고 있는 덕분으로, 자신의 계획이 실패해도 별 수 없다는 마음의 여유가 생겼다.

— 앞의 책, 275면

1)의 예문은 마콘도의 족장인 호세 아르카디오 부엔디아가 밤나무 밑의 움막집에서 개처럼 살아가고 있는 장면이며, 2)의 예문은 아우렐리아노 부엔디아 대령이 '인생이란 서어커스의 놀음판'에서 그 엄청난 환멸감 때문에 밤나무 밑에서 죽어가는 장면이고, 3)의 예문은 아마란타가 모든 사랑의 대상을 잃고 자기 자신과 레베카의 수의를 짜고 있는 장면이다. 가브리엘 마르께스는 극사실주의적인 기법으로 인간의 고독을 완성하고, 그 고독을 통해서 거꾸로 이 세상의 아름답고 풍요로운 삶을 하나의 이상처럼 꿈꾸고 있었던 것인지도 모른다. 고독은 비극의 진수이고, 내면 의식의 본질적인 국면이다. 우리 인간들의 고독의 모습은 눈에 보이지 않으며, 그들과 함께, 그 고독을 살아갈 때만이 표현할 수가 있다. 가브리엘 마르께스는 호세 아르카디오 부엔디아의 가계사 속의 다양한 인물들을 창조해 놓고, 마치 피그말리온적인 장인 정신으로 그들과 함께 살아 왔다고 해도 과언이 아니다. 다시 말해서, 가브리엘 마르께스는 그의 노벨상 수상작이자 최고의 걸작품인『백년 동안의 고독』을 신화적 리얼리즘과 역사적 리얼리즘, 그리고 성적 리얼리즘과 내면 의식의 리얼리즘으로 완성해 놓았다고 해도 틀림이 없다. 이때의 리얼리즘은 나의 '리얼리즘'이며, 그 현실주의는 나의 낙천주의의 토양이다. 가브리엘 마르께스는 '리얼리즘의 승리'를 통해서, 우리 인간들의 식민주의와 그 자본의 역사를 비판하고, 우리 인간들의 삶의 본능을 아름답고 우아하게 미화시켜 놓았던 것인지도 모른다. 호세 아르카디오 부엔디아가 죽자 하늘에서는 노란 꽃비가 쏟아지고, 그리고 그 다음에, 미녀 레메디오스가 손을 흔들며 승천해 갔듯이.

제8계: 언제나 낙천적이어야 한다;

고통도 두렵지가 않고 불행도 두렵지가 않다.

이 세상의 어중이 떠중이들, 혹은 의지박약한 자들만이 고통과 불행을 두려워 한다.

모든 시와 신화와 종교는 낙천주의를 양식화시킨 것이다.

장 자크 루소(1712—1778)는 스위스 제네바에서 태어났고, 프랑스에서 활동했던 계몽주의 사상의 대철학자였다고 할 수가 있다. 그가 태어나자마자 그의 어머니는 돌아가셨고, 그리고 그가 열 살이 되었을 때에는 그의 아버지마저도 집을 나가 버렸기 때문에, 그는 외삼촌의 집에 머무르면서 어느 동판조각가의 조수로 일을 하지 않으면 안 되었다. 결국 열 여섯 살 때에는 그의 고향인 제네바를 떠나 이탈리아에서 가톨릭으로 개종을 하는 등, 그의 청소년 시절은 그야말로 파란만장했던 생애라고 하지 않을 수가 없다. 하지만 장 자크 루소의 『사회계약론』과 『에밀』, 그리고 『참회록』과 『고독한 산보자의 꿈』은 아직도 우리 인간들에게 깊은 감동을 전해 주고 있다고 하지 않을 수가 없다. 그는 "인내로써 역경을 견뎌내는 기술"을 터득했으며, "구속된 생활보다는 빈곤"을 더 사랑했다. 그의 스승은 일찍이 추방을 당하고 박해를 받았던 보좌 신부였으며, 그는 그 스승 밑에서 참다운 자기 철학과 그 행복론을 터득할 수가 있었던 것이다. "당신(보좌신부)이 행복하다구요? 가난하고 추방당하고 박해받은 당신이 행복하다구요?"라는, 보좌신부에 대한 놀라움과 그 존경 속에는 바로 그의 철학과 행복론이 내포되어 있었던 것이다. 따라서 그는 기독교적인 유일사상에서 벗어나 범신론에 빠져 들었고, 그는 스위스로, 영국으로, 다시 프랑스로 비참한 망명 생활을 하지 않으면 안 되었던 것이다.

믿음의 의무는 신념의 가능성을 전제로 하고 있다. 신앙이 없는 철학자는 옳지 못하다. 그것은 그가 연마한 이성을 잘못 사용하기 때문이며, 또한 그는 자신이 배척하는 진리들을 이해할 만한 처지에 있기 때문이다. 그러나 기독교를 믿는 아이들은 과연 무엇을 믿는 것인가? 그는 남이 시켜서 하는 말을 거의 이해하지 못하므로, 만일 여러분이 그에게 의미가 전혀 다른 말을 해도 그는 역시 그 말도 받아들일 것이다. 아이들이나 많은 어른들의 신앙은 지리적 문제이다. 만일 기독교도와 회교도가 서로 반대되는 나라에 있었다면 그 나라의 종교에 따랐을 것이다. 이처럼 서로 비슷한 처지에서 출발한 사람들이 한 명은 천국으로, 다른 한 명은 지옥으로 갈 수 있을까? 한 아이가 자기는 하나님을 믿고 있다고 할 때, 그가 믿는 것은 하나님이 아니라, 하나님이라고 부르는 어떤 신이 있다고 그에게 말해준 사람이다.

—『에밀』, 홍신문화사, 264면

장 자크 루소는 어린 아이들을 위한 종교 교육에도 반대를 했고, "구원을 받기 위해서는 하나님을 믿어야 한다"는 기독교의 교리도 배척을 했다. 왜냐하면 신앙의 문제는 지리적 문제이며, 또 그리고 그는 하나님의 존재 자체를 부정하고 있었기 때문이다. 다시 말하자면, 그는 신을 불완전한 인간이 창출해낸 가상의 존재로 보았던 것이며, 모든 신앙은 그 사람이 타고난 환경에 의하여 결정된다고 보았던 것이다. 어쨌든 루소는 사회적 천민이었고, 기독교적인 유일사상에 반대하는 신성모독자였다. 그의 『사회계약론』과 『에밀』이 불태워지고, 그가 떠돌이—망명 생활을 하게 되었을 때는 지독한 회의주의와 염세주의에 빠져서 신음을 한 적도 있었지만,

즉 사회계약은 모든 인간이 동일한 조건하에 놓여져서, 동일한 권리를 향수할 수 있는 평등성을 각 공민 간에 세워준다는 것이다. 이리하여 계약의 성질상, 주권자의 모든 행위, 즉 모든 일반의지의 정당한 행위는 모든 공민으로 하여금 동등하게 의무와 이익에 참여하게 하는 것이다. 그러므로 주권자는 단체로서의 국민을 인정할 따름이고, 그것을 구성하고 있는 각 개인 간에 전혀 차별을 두지 않는 것이다. 그러면 대체 정확히 말해서, 주권의 행위란 무엇일까. 그것은 우자優者와 열자劣者 간의 협약행위를 말함이 아니요, 단

체와 그 각 성원 간의 협약행위를 말하는 것이다. 이 협약은 사회계약을 기반으로 하는 고로 합법적이요, 만인에 공통함으로 공평하며, 일반의 복지를 도모하는 외에 다른 목적이 없으므로 유익한 것이며, 공공의 힘과 지상권至上權에 의해서 보증을 받고 있기 때문에 확고부동한 것이다. 국민이 협약만을 복종하고 있는 한, 그들은 아무에게도 복종하고 있는 것이 아니고, 제 자신의 의사만을 따르고 있는 것이다. 그러므로 주권자의 권리의 범위와 공민의 권리의 그것을 묻는 것은 곧 공민이 상호 간에, 즉 개인은 전체에 대해서, 전체는 개인에 대해서 어느 정도로까지 의무를 질 수가 있느냐를 물음과 마찬가지 질문이 되는 것이다.

— 장 자크 루소, 『사회계약론』(휘문출판사, 1976)에서

라는 『사회계약론』이나, 또 그리고,

이와 같은 새로운 사색의 방법을 깨달은 것이 너무 늦은 감이 없지 않으나 그것은 나의 모든 불행을 충분히 보상해줄 수 있을 만큼 아주 풍요로운 것이었다. 제 자신 속에 들어앉아 버리는 습관은, 마침내 나로 하여금 지난날 내가 겪은 불행에 대한 감정과 기억까지도 잊게 해주었다. 이렇게 하여 나는 내 경험에 비추어 진정한 의미에서의 행복이란 자기 자신 속에 있음을 알았다. 그리고 행복하고 싶어하는 사람을 불행하게 만드는 것은 결코 남이 아니라는 것을 깨달았다. 4, 5년 전부터 나는 상냥하고 친절한 사람에게서 언제나 느낄 수 있는 내면의 환희를 명상 속에서 맛보아 왔다. 이처럼 내가 혼자 산책하면서 그 황홀을, 그 도취의 기쁨을 즐길 수 있었던 것은 바로 나의 박해자들 덕분이었던 것이다. 그들이 없었더라면 나는 내 속에 숨겨져 있던 보물을 발견할 수도, 알 수도 없었을 것이다.

— 『고독한 산보자의 꿈』, 홍신문화사, 19면

모든 선善 가운데서 가장 귀중한 것은 일반적이고 추상적인 진리이다. 이러

한 진실이 없는 인간은 장님이라고 해도 좋을 것이다. 진리는 이성의 눈이다. 바로 이것에 의해 사람은 어떻게 행동하고, 어떻게 생존하고, 무엇을 하고, 어떤 방법으로 진리에 이르게 되는지를 배우는 것이다. 개별적이고 특수한 진리는 때로는 선이 아닌 악일 수도 있다. 하지만 대개는 그 어느 쪽도 아니다.

사람이 꼭 알아두어야 할 일, 또한 그것을 아는 것이 사람의 행복을 추구하는 데 필요 불가결한 일이란 아마 그리 흔치 않을 것이다. 그러나 그렇다고 하더라도 그것들은 그 사람에게 속하는 선이니까 그것이 발견될 수 있는 곳이면 어디서든 선을 요구할 권리가 있다. 모든 도둑질 중에서도 가장 부정한 도둑질을 하지 않는 한은 약탈할 수 없는 선인 것이다. 진실이란 만인의 공유재산이기에 타인에게 주었다고 해서 자기가 잃는 것은 아니기 때문이다.
— 앞의 책, 61면

라는, 『고독한 산보자의 꿈』은 그의 낙천주의를 설명해 주고 있다고 해도 틀림이 없다.

장 자크 루소의 말에 의하면, 우리 인간들에게는 개별 의지, 단체 의지, 그리고 일반 의지가 있으며, 개별 의지는 개인의 이익을, 단체 의지는 단체의 이익을, 일반 의지는 전체의 이익을 지향한다고 한다. 문화적 선진국일수록 일반 의지가 앞서고, 문화적 후진국일수록 개별 의지가 앞선다. "자연의 상태에서는 모두가 자기 자신의 행위의 심판자이기 때문에, 그 자연의 상태로부터 결과되는"(존 로크, 『시민정부론』) 싸움을 방지하기 위하여 인간은 공동체 사회를 결성하고, 자연의 상태에서 계약의 상태로 밟아 올라가게 된다. 주권자는 전체로서의 국민이며, 나는 그 국민의 일원으로서 그만큼의 주권을 가지게 된다. 따라서 공동체 사회의 구성원으로서의 우리 인간들은 모두가 다같이 평등한 사람이며, 사회적 구성원으로서의 책임과 권리를 다 함께 공유하고 있는 것이다. 만인의 평등과 행복은 사회계약론자로서의 루소의 행복론이며, 고독한 산보자의 꿈은 자유로운 개인으로서의 루소의 행복론이다. 그는 그처럼 떠돌이—망명객의 생활을 하고 있는 가운데서도, '이성의 눈'인 진리 탐구에 여념이 없고, 박해받은 자의 내면의 환희와 그 기쁨을 노래한다. 어떻게 만인의 평등과 그 행복을 구상하고 있는 자가 낙천주의자가 아닐 수가 있겠으며, 또한 어떻게 "자기 자신의 적마저도 자기 자신의 행복의 결과"라고 끌어안고 있는 자가 낙천주의자가 아닐 수가 있겠는가? 장 자크 루소는 회의주의자도, 염세주의자도 아니며, 또한 그는 자연주의자도 아니다. 루소의 가장 뛰어난 사상은 그의 『사회계약론』과 『에밀』에 들어 있고, 그 저서들 속에는 우리 인간들의 이상적인 국가와 그 행복론이 담겨 있다고 할 수가 있다. 그는 소크라테스와 플라톤의 후예이며, 그의 '에밀'은 니체의 '짜라투스트라'를 그 후예로 거느리고 있다고 할 수가 있다.

그러나 장 자크 루소는 어느 누구보다도 착하고 선량한 마음씨로 그의 도덕철학을 무장시켰지만, 그 도덕철학이 개인의 자유를 억압하고 구속한다는 점에서 몹시도 괴로워했던 인물이다. 타인에 대한 끊임없는 배려와 친절은 만인평등주의에 입각한 사회계약론자로서의 너무나도 당연한 처세술이었지만, 『에밀』을 출간한 이후, 그가 주변인으로 밀려나서 그처럼 가혹하게 박해를 받을 수밖에 없었던 것은 개인으로서의 독창성과 그 자유를 극대화시킨 결과이다. 사회계약론자가 그 사회성을 잃어버리고 끊임없이 떠돌아 다녀야만 했던 부적격자라고 하니, 이보다 더한 역설과 그 비극적인 참상이 어디에 있단 말인가? 나는 장 자크 루소의 천재성은 인정을 하지만, 때때로 그의 선악의 이분법에 사로잡혀 있는 도덕성은 도저히 인정해줄 수가 없다. 그는 "나는 악을 행할 때는 노예가 되며 뉘우칠 때는 자유인이 된다"라고 값싼 도덕주의의 함정에서 벗어나지 못할 때도 있으며, 이런 점에 있어서 그의 제자 에밀은 도덕적인 기계 인간이며, 아무 짝에도 쓸모가 없는 노예에 지나지 않는다. 우리 인간들, 즉 낙천주의자는 신성모독자이며, 그가 악을 행할 때에는 자유인이 되며, 뉘우칠 때는 노예가 된다는 것이 나의 신념인 것이다. 아무튼 나는 사회계약론자로서의 루소를, 고독한 산보자로서의 루소를, 범신론자로서의 루소를, 그리고 신성모독자로서의 루소를 사랑하고 있으며, 나는 그를 나의 낙천주의 사상으로 더욱더 크게 끌어 안을 수가 있었던 것이다.

저 삿갓봉우리 쪽 하늘이 끄무레해지는 걸 보니 또 한바탕 눈발이 퍼 붓겠다. 애솔밭 옆길 뚫느라 파헤쳐놓은 절개지, 정초에 내린 폭설이 녹아내리며 꽁꽁 얼어붙어 흰 얼음폭포를 이루었다. 미끄러운 언덕배기 비닐포대 깔고 꼬마들 눈썰매 탄 선명한 엉덩이 자국 위로 스멀스멀 어스름이 덮이며 늦은 병문안 가는 보행자를 난감하게 하는구나. 저만치서 먼저 마중 나오는 임대 아파트 불빛들이 친구의 얼굴인 양 반갑기만 한데, 열세 평쯤 될까, 아파트 작은 골방 빛바랜 목단꽃 무늬 천장 희부윾한 형광등 아래 누워 있는 친구의 막둥이를 보았을 때,

웬, 금빛 찬란한 臥佛께서 여기 누워 계시나!

흰 이불깃 여미며
무거운 눈꺼풀 간신히 열고 날 쳐다보는
노랑 눈동자, 오, 저런! 黃疸이로구나.

미안하다, 아이야.
아픈 너를 부처님으로 착각한 내 눈빛이
아픈 네게 무슨 藥이 되겠느냐만,
왜
네가
부처님이 아니겠니?
아이야, 어서 일어나라!

저 창 밖을 보아라,

펑펑 함박눈이 내리기 시작하지 않느냐.

— 고진하, 「어느 雪夜」 전문

고진하는 루소와도 같은 범신론자이며, 사회계약론자로서의 만인 평등주의자이다. 그는 聖과 俗을 하나로 보며, 하늘 나라의 천국이 아닌, 이 세상의 삶을 옹호한다. 그는 「어느 雪夜」에서 "저 삿갓봉우리 쪽 하늘이 끄무레해 지는 걸 보니 또 한바탕 눈발이 퍼 붓겠다. 애솔밭 옆길 뚫느라 파헤쳐놓은 절개지, 정초에 내린 폭설이 녹아 내리며 꽁꽁 얼어붙어 흰 얼음폭포"를 이룬 곳을 지나, "미끄러운 언덕배기 비닐포대 깔고 꼬마들 눈썰매 탄 선명한 엉덩이 자국 위로 스멀스멀 어스름이 덮이"던 날, "늦은 병문안"을 간다. 그리고 그는 '열세 평쯤 될까' 말까한 "임대 아파트"에서 황달병에 걸린 "친구의 막둥이"를 보고, 순간적으로 "웬, 금빛 찬란한 와불께서 여기 누워 계시나!"라고 착각을 하게 된다. 그는 왜 기독교의 사제로서 황달병에 걸린 친구의 막둥이를 보고 "금빛 찬란한 와불"로 착각하게 된 것일까? 만일, 그렇다면, 그는 기독교와 불교를 화해시키고 온갖 고뇌의 삶으로부터 진정으로 그 아이의 구원을 기도한 것이 아닐까? 나는 고진하의 「어느 雪夜」를 이렇게 이해하고, 그리고, 또한, 이러한 그의 범신론을 존경한다. 고통을 발견하고 그것을 극복한다는 것은 불교만의 과제가 아니며, 모든 종교의 공통된 과제이다. 다만, 그 고통을 극복하는 방법을 둘러싸고 이스라엘 민족과 인도인들, 또는 예수와 부처처럼 서로 다른 견해 차이를 보일 수도 있다. 그리고, 그 견해의 차이는 시대, 인종, 문화적 관습으로 인하여 영원히 극복할 수 없는 난제가 되어버릴 수도 있지만, 그러나 그것은 상호 간의 역사와 전통을 존중해 주는 차원에서 의외로 간단하게 극복될 수도 있을 것이다. 목사가 부처님 앞에서 기도를 하고, 땡초가 예수님 앞에서 기도를 한다. 그리고 바로 그때에는 진정으로 종교적인 화해가 이루어지고 모든 기적이 일어나게 될 것이다. 「어느 雪夜」는 시인의 기도에 의해서 황달병에 걸린 아이가 부처님으로 탄생한 성스러운 밤이며, 그 아이의 아픈 몸이 치유되고 있는 거룩한 밤이다. 이 세상을 더럽고 추하게 바라보면 그 주체자의 삶은 썩어버리고, 이 세상을 더없이 아름답고 깨끗하게 바라보면 우리 인간들의 삶은 더없이 아름답고 깨끗해 진다. 고진하는 그 낙천주의자의 시선으로, 황달병에 걸린 어린 아이를 어느덧 우리 인간들의 미래의 이상형인 새로운 부처님으로 탄생시켜 놓고 있는 것이다.

미안하다, 아이야.
아픈 너를 부처님으로 착각한 내 눈빛이
아픈 네게 무슨 藥이 되겠느냐만,
왜
네가
부처님이 아니겠니?
아이야, 어서 일어나라!

저 창 밖을 보아라,
펑펑 함박눈이 내리기 시작하지 않느냐.

모든 예언자는 자기 자신만의 천년의 왕국을 갖고 있다. 브라만의 왕국, 부처의 왕국, 예수의 왕국, 마호메트의 왕국, 마르크스의 왕국, 소크라테스의 왕국, 칸트의 왕국, 니체의 왕국, 루소의 왕국, 반경환의 왕국 등—. 고진하의 「어느 雪夜」는 새로운 부처님 탄생의 거룩한 밤이며, 우리는 그 부처님의 말씀에 의하여 이 세상을 더욱더 아름답고 풍요롭게 살아가게 된다.

부처를 만나면 부처를 죽이고, 예수를 만나면 예수를 죽여라!

쇼펜하우어는 일찍이 우리 인간들의 삶을 고통과 권태로 파악해 놓은 바가 있다.

> 인간 세계 전체를 돌아보면 도처에서 보여지는 것은 한숨 돌릴 사이도 없는 생존 경쟁이다. 즉 시간을 가리지 않고 일어나는 위협적인 모든 종류의 위험과 재난에 대항하여 전심전력을 모아 살아가려는 맹렬한 격투의 모습이다. 그런 다음 모든 악전고투가 의도한 바인 보상, 즉 생존이나 생활을 관찰하여 보면 가끔 고통이 사라진 때가 발견되지만 그것은 곧 권태의 습격을 받는 바가 되어 새로운 곤궁 때문에 순식간에 끝나 버린다.
>
> 곤궁의 바로 뒤에 권태가 도사리고 있다는 것, ―동물도 좀 영리한 놈은 권태의 습격을 받는다―이것은 인생이 어떤 진실이나 순수한 내용을 가지고 있는 것이 아니라 단지 욕구와 환영에 의해 움직이고 있다는 귀결이다. 이 움직임이 멈추어 버리면 곧 생존의 따분함과 공허가 그 전모를 드러낸다.
>
> 인간은 욕망의 덩어리지만, 그 욕망을 만족시키기는 매우 어려운 일이다. 그 만족에 의해 주어지는 대가란 고작해야 고통이 사라진 상태에 불과하며, 또한 고통이 사라졌다고 생각하는 순간 곧 권태의 포로가 된다. 이 권태야말로 생존 그 자체가 아무런 가치도 없다는 것을 증명하는 것이다. 권태란 생존의 공허함을 느끼는 것이다.
>
> ―쇼펜하우어, 「삶의 허무설에 대하여」(『쇼펜하우어』, 을지출판사, 116면)

나는 이 세상에 태어나는 것은 최고의 축복이며, 전지전능한 신이 된다는 것은 우리 인간들의 궁극적인 목표라고 말한 적이 있다. 나의 그 말은 "이 세상에 태어나지 않는 것이 最善이며, 곧바로 죽어버리는 것이 次善"이라는 그리스 신화 속의 실레노스의 말을 뒤집어 본 것이다. 왜냐하면 실레노스는 염세주의의 창시자이며, 그의 제자는 쇼펜하우어이기 때문이다. 쇼펜하우어는 우리 인간들의 탄생을 전생의 죄의 결과로 이해하고 있으며, 또한 우리 인간들의 죽음을 그 노역으로부터의 해방으로 설명을 하고 있다. 따라서 우리 인간들의 삶은 지옥에서의 그것과도 같으며, 고통과 권태에서 헤어날 길이 없게 된다. 욕망이 충족되지 않으면 고통이 따르고, 어쩌다가 그 욕망이 충족되었다고 하더라도, 곧바로, 권태의 습격을 받게 된다. 권태란, 고통과 마찬가지로 생존의 무의미함과 그 공허함을 나타내 주는 것에 지나지 않는데, 왜냐하면 이 세상에서 그것을 모면하려는 모든 시도들이 다만 무모한 어떤 것에 지나지 않고 있기 때문이다. 쇼펜하우어는 이 세상의 삶을 끊임없이 비방하고 헐뜯으며, 우리 인간들의 삶의 의지와 목적 자체를 부정한다. 탄생 자체를 죄악의 결과로 바라보고, 이 세상의 삶을 일종의 강제노역으로 바라보고 있는 자에게 있어서 어떻게 삶의 의지가 긍정되고, 고귀하고 위대한 인물들이 구축해 놓은 지상낙원이 또한 어떻게 이해될 수가 있겠는가!

나는 지금 이 순간에도, 이 세상에 태어나는 것은 최고의 축복이며, 전지전능한 신이 된다는 것은 우리 인간들의 궁극적인 목표라고 그 어느 누구보다도 가장 자신 있게 말할 수가 있다. 에덴동산은 머나먼 곳에 있고, 극락의 세계도 머나먼 곳에 있다. 그 지상낙원으로 가는 길은 끊임없는 형극의 가시밭길이며, 수많은 희생자들만을 양산해 내고 있다. 하지만, 그러나, 중요한 것은 대부분의 우리 인간들이 그 지상낙원의 꿈(목표)을 버리지 않고 있는 것이며, 그 형극의 가시밭길 속의 고통을 결코 포기하지 않고 있다는 점일 것이다. 생살이 찢어지는 고통, 십자가에 못 박혀서 죽는 고통, 이글이글 타오르는 장작불 속에 던져지는 고통, 모든 손마디가 갈라지고 온몸의 뼈가 바스라지는 고통—. 하지만 이러한 고통들을 더욱더 크게 끌어 안을 수만 있다면 그 모든 권태가 종적을 감추게 되고, 더없이 아름답고 찬란한 축제가 가능해질 것이다. 그 축제는 고통의 축제이면서도 그 고통을 넘어서는 축제이다. 제우스의 神鳥인 독수리에게 하염없이 간을 쪼아 먹혀야만 되었던 프로메테우스, 십자가에 못 박혀서 죽은 예수, 거대한 문화제국을 건설하기 위하여 죽어간 알렉산더, 우리 인간들의 이상국가를 건설하기 위하여 죽어간 플라톤, 그리고 또 위대한 공산국가를 건설하기 위하여 죽어간 마르크스가 바로 그 문화적인 영웅들이 아니라면 무엇이란 말인가? 모든 축제는 고통의 축제이면서도, 그것을 넘어서는 환희의 축제이다. 철학이란 이 세상의 삶의 진리를 탐구하는 학문이며, 그것의 궁극적인 목표는 이 세상 그 어디에도 존재하지 않는 지상낙원의 건설인 것이다. 따라서 그 불가능에의 도전이 있기 때문에, 우리 인간들의 삶은 아름답고 풍요로워지고 있는 것이다.

쇼펜하우어는 자기 자신의 삶의 의미와 목적을 잃어버렸기 때문에 우리 인간들의 삶을 부정했고, 그 모든 것을 부정했다. 거기에는 다 그럴만한 이유와 까닭이 있었을 것이다. 아마도 그것은 프랑스 혁명과 나폴레옹의 등장, 그리고 수많은 전쟁과 영국의 산업혁명의 소용돌이 속에서 그의 도덕철학이 송두리째 무너짐을 맛보았기 때문이었을 것이다. 그는 그의 도덕철학으로 인간의 욕망을 부정했고, "가능하면 아무도 해치지 말고 조건 없이 도와주라"는 윤리학의 근본명제를 주창했다. 그러나 인간의 삶은 도덕 너머에 있고, 도덕 너머의 삶을 부정하면, 더 이상의 異論의 여지가 없는 염세주의자가 되어버린다. 요컨대 이타적인 인간은 모든 생존경쟁에서 탈락할 수밖에 없는 바보나 얼간이에 지나지 않는다. 선과 악의 싸움, 진실과 허위와의 싸움, 적과 적들과의 싸움, 동지와 동지들 간의 싸움 속에서 역사의 발전이 가능하고, 그 투쟁 속의 조화를 통하여 새로운 미래의 인간과 그 지상낙원의 건설이 가능해진다.

쇼펜하우어의 염세주의는 그의 지나치게 편협한 도덕철학의 산물이면서도 그가 살다가 갔던 동시대의 산물이다. 쇼펜하우어는 염세주의자로서 자살자의 삶을 옹호하지 않고 부처와도 같은 성자의 삶을 옹호한 바가 있지만, 그러나 교육자로서의 쇼펜하우어는 우리 인간들의 삶의 의지를 찬양하고, 그것의 궁극적인 목표인 지상낙원의 삶을 찬양한 바가 있다. 그의 삶의 본능의 옹호와 지상낙원에 대한 찬양은 그가 거꾸로, 언제나 희망을 잃지 않고 낙천적으로 살아갔다는 것을 뜻한다. 이러한 점에 있어서 그의 염세주의는 낙천주의로 설명이 가능한 염세주의이며, 그는 영원히 나의 낙천주의 사상의 臣民에 지나지 않는다.

모든 개념은 우리 지성적 본성에 따른 구체적 견문인 직관을 추상화함으로써 성립되는 것이다. 그러므로 직관이 개념보다 먼저 있어야 한다. 실제로 이런 길을 취하는 경우, 즉 자기 자신의 경험을 스승과 책으로 섬기는 사람의 경우에는 어떤 직관이 자기가 품고 있는 개념의 어떤 것에 상응하며 또 그 개념에 의해 나타나는 것은 어떤 직관인지를 잘 이해하고 있는 것이 된다. 그런 사람은 직관과 개념의 양쪽을 정확하게 알고 있으며 자기 앞에 나타나는 모든 것을 적절하게 취급한다. 우리는 이런 길을 자연적 교육이라고 부른다.

이와는 반대로 인위적 교육의 경우에는 넓게 현실 세계에 친숙하기 전부터 설교와 가르침, 그리고 책읽기를 통해 많은 개념이 머릿속에 채워진다. 이런 개념 모두에 대한 구체적인 지식은 나중에 경험에 의해서 주어지는 것으로 되어 있지만, 그때까지는 이런 개념은 잘못 사용되는 것이 된다. 따라서 여러 가지 사물이나 인간은 그릇된 판단, 그릇된 견해, 그릇된 취급을 받는다. 이렇듯 교육은 비뚤어진 머리를 만들게 되고 따라서 젊었을 때 장기간에 걸쳐 학습을 하고 독서를 하는 데도 우리가 세상에 나갈 때에는 어리석어지지 않으면 비뚤어지는 일이 일어나서 처세하는 데에 겁을 먹는다든지 불손해 지게 된다. 왜냐하면 머릿속에는 개념들이 잔뜩 채워져 있긴 하지만 이것을 실제로 적용하려고 노력을 해도 그 적용 방법이 반대로 되기 때문이다. 이것은 우리 정신의 순조로운 발달 과정과는 정반대로 처음에 개념을 얻고 나중에 직관을 받아들인다는 예의 본말전도의 결과 때문이다. 교육자들은 어린 아이들에게 스스로 인식하고 판단, 사고하는 능력을 신장하는 일은 하지 않고 느닷없이 다른 사람의 사상을 어린 아이의 머릿 속에 주입시키려고 한다. 이렇게 되면 나중에 오랜 경험에 의해 그릇된 개념의 적용에서 생기는 판단을 수정하지 않으면 안 되게 된다. 이런 수정이 성공하는 일은 드물다. 아주 무식한 사람들이 상식적인 데 반해 학자 사이에 비상식적인 사람이 많은 것은 이 때문이다.

—쇼펜하우어, 「교육에 대하여」, 앞의 책, 325, 326면

이렇게 학문의 범위가 넓어진 결과 학문 분야에서 상당한 업적을 거두려는 사람은 다른 분야는 개의치 않고 오직 특수 분야만을 해보는 수밖에 없다. 이렇게 되면 전문 분야에서는 일반인의 위에 서지만 나머지 모든 분야에서는 역시 일반인과 마찬가지다. 더욱이 오늘날에는 특히 그러하지만 고전어를 등한시하는 사태가 빈번히 일어난다. 원래 고전어를 어중간하게 공부해서는 실력 있는 것으로 만들 수 없다. 이 때문에 일반 인문 교양이 존재하지 않게 된다. 만약 이렇게 되면 전문 분야 이외에는 정말로 황소같이 느릿느릿한 학자 선생만을 만나게 될 것이다.

일반적으로 전문 분야에만 처박혀 있는 학자는 공장 노동자와 별 큰 차이가 없다. 즉 어떤 특정한 기구 또는 기계에 사용하는 나사나 갈고랑이, 그리고 핸들을 만드는 일에 일생을 보내고 이 밖의 일은 아무 것도 하지 않는 것이다. 이 때문에 물론 자기가 하는 일에는 국외자가 상상할 수 없을 만큼 숙달을 보여주는 직공과 같다. 또한 전문분야 학자는 집에만 있고 외출하지 않는 사람과 비교할 수 있다. 집안에서는 어떤 계단, 대들보, 구석까지 속속들이 정확하게 알고 있는 것은 빅토르 위고가 그린 곱추 종지기인 카지모드가 노트르담 사원을 통달하고 있는 것과 마찬가지이다. 그러나 한 발자국 밖으로 나가면 모든 것이 생소하고 알 수 없다.

이와는 반대로 인문주의적인 참된 교양에는 역시 다면성과 개관이 필요하다. 즉 한층 높은 의미의 학자에게는 물론 어느 정도의 박식이 필요하다. 하물며 철학자가 되려는 사람은 머릿속에 동서고금의 인간의 지식을 포괄하지 않으면 안 된다. 왜냐하면 철학자의 두뇌를 제외하고는 세계 방방곡곡의 지

식이 집합되어 있는 곳은 없기 때문이다. 제1급의 정신의 소유자는 절대로 전문 분야의 학자는 아니다. 그들에게는 제1급인 이상 생존 전체가 문제이며 그들은 각각 이 문제에 대해 어떤 형태나 방법으로 인류에게 새로운 해명을 준다. 왜냐하면 천재의 이름에 해당되는 것은 대국적으로 사물의 전체를 본질적이고 보편적인 면을 연구의 주제로 취급하는 사람이지, 사물 상호의 특수 관계를 정리하는 데에만 일생을 보내는 그런 인간은 아니기 때문이다.

— 쇼펜하우어, 「학자에 대하여」, 앞의 책, 341—342면

칸트의 말에 따르면, 대상을 인식하는 것은 감성이고, 대상을 사고하는 것은 오성이다. 돌과 나무와 풀과 벌레들을 인식하는 것은 감성이며, 그것을 돌과 나무와 풀과 벌레들이라고 명명하는 것은 오성이다. 감성(직관)은 현상(대상)과 관련이 있고, 오성은 개념과 관련이 있다. 감성의 형식은 시간과 공간이고, 오성의 형식은 범주이다. 우리는 시간과 공간 속에서만 대상을 인식하고, 또한 우리는 일정한 체계(범주) 속에서 그 대상을 사고하며, 그리고 그것의 성과로서 이름(개념)을 붙이게 된다. 따라서 자연스러운 사유의 순서는 감성과 오성의 순서가 된다. 쇼펜하우어는 칸트의 제자로서 주입식 교육의 폐해를 지적하고, 감성과 오성, 즉 직관과 개념의 순서를 역설하고 있는 것이다. 직관보다 개념이 먼저 주어지는 것은 어린 아이들의 창의성을 빼앗은 결과이며, 개념보다 직관이 먼저 주어지는 것은 어린 아이들의 창의성을 제대로 발휘시킨 결과이다. 그러나 쇼펜하우어의 말은 그만큼 일면적인 것이고, 우리는 때때로 직관보다는 개념을 먼저 가르치는 일도 병행하지 않으면 안 된다. 어린 아이 혼자서 모든 사물의 이름을 명명하고, 모든 사상과 이론 체계를 정립할 수는 없는 일이며, 대부분의 그것들은 사회적인 공리로서 이 세상의 선구자들이 정립해 놓았다고 해도 지나친 말이 아니다. 감성과 오성, 또는 직관과 개념의 문제는 선후의 문제가 아니며, 그때 그때의 상황의 논리에 따라서 그 순서가 뒤바뀔

수도 있는 것이다. 하지만 어린 아이들 스스로가 사물을 인식하고 그것을 명명하게 될 때는 직관과 개념의 순서는 뒤바뀔 수가 없는 것이며, 또한 모든 사상과 이론의 창시자에게도 그 순서는 마찬가지이다.

사상과 이론은 모든 학문의 결정체이다. 사상과 이론이야말로, 우리 인간들을 보다 전지전능하게 만들어 주고, 이 세상 그 어디에도 없는 지상낙원의 세계로 인도해 준다. 따라서 진정한 철학자는 어느 전문 분야의 학자가 아니며 '동서고금의 모든 지식'을 섭렵한 사람이지 않으면 안 된다. 그는 철학을 목적 자체로 삼고 있는 사람이지, 철학을 출세의 수단으로 삼고 있는 사람도 아니다. 철학을 목적 자체로 삼는 사람은 돈과 명예와 권력을 떠나서, '인간이라는 종의 건강과 그 행복'을 위해서 정진을 하게 되지만, 철학을 수단으로 삼는 사람은 오직 출세의 도구로써 학문이 필요한 사람에 지나지 않는다. 쇼펜하우어는 오직 학문을 위해서 정진을 하고, 또 정진한 세계적인 대사상가이다. 요컨대 그는 이처럼 명백한 사명과 그 학자의 태도를 통하여, 최소한도의 타협마저도 거부했던 세계적인 대사상가였다고 해도 과언이 아니다. 쇼펜하우어의 의지는 삶의 의지이며, 그는 그 의지를 통해서 우리 인간들의 행복한 삶을 꿈꾸었다고 할 수가 있다. 그는 더 이상 생존의 무의미함과 그 공허함 때문에 괴로워했던 사람도 아니며, 이 세상의 삶을 고통과 권태로만 파악했던 사람도 아니다. 쇼펜하우어는 진정한 교육자로서도, 또, 그리고, 진정한 철학자로서도 분명한 목적이 있었다. 바로 이 지점에서 쇼펜하우어의 염세주의는 그 종적을 감추게 되고 나의 낙천주의의 새싹이 자라나게 된다. 어떻게 주입식 교육의 폐해를 지적하고 어린 아이의 창의성을 그토록 강조하고 있는 쇼펜하우어가 염세주의자일 수가 있겠으며, 또한 어떻게 어느 전문 분야의 학자이기를 거부하고, 좀 더 객관적이고 보편적인 제1급의 정신을 강조하고 있는 쇼펜하우어가 염세주의자일 수가 있겠는가? 염세주의는 그의 가면이고, 낙천주의는 그의 진짜 얼굴이다. 또한 염세주의는 그의 엄살이고, 낙천주의는 그의 신념이다. 진정한 철학자로서의 쇼펜하우어는 그만큼 사나이답고 용감했던 측면도 있지만, 염세주의 사상가로서의 쇼펜하우어는 그만큼 나약하고 비겁했다고 하지 않을 수가 없다.

대한민국의 모든 학문과 예술의 풍토는 쇼펜하우어의 근처도 가보지 못한 염세주의의 풍토이며, 더없이 나약하고 비겁한 인간들이 넘쳐나고 있다고 하지 않을 수가 없다. 사상과 이론에 대한 전면적인 무지와, 무책임, 무의지, 무목표의 화신들로서의 나약함과 비겁함이 바로 그것이다. 역사 철학적인 문맥에서 이탈한 염세주의는 우리 한국인들의 삶의 터전이며, 오늘도 우리 한국인들은 누렇게 뜬 염세주의의 새싹들을 먹고 살아가고 있다고 하지 않을 수가 없다.

어물전 개조개 한마리가 움막 같은 몸 바깥으로 맨발을 내밀어 보이고 있다

죽은 부처가 슬피 우는 제자를 위해 관 밖으로 잠깐 발을 내밀어 보이듯이 맨발을 내밀어 보이고 있다

펄과 물속에 오래 담겨 있어 부르튼 맨발

내가 조문하듯 그 맨발을 건드리자 개조개는

최초의 궁리인 듯 가장 오래하는 궁리인 듯 천천히 발을 거두어갔다

저 속도로 시간도 길도 흘러왔을 것이다

누군가를 만나러 가고 또 헤어져서는 저렇게 천천히 돌아왔을 것이다

늘 맨발이었을 것이다

사랑을 잃고서는 새가 부리를 가슴에 묻고 밤을 견디듯이 맨발을 가슴에 묻고 슬픔을 견디었으리라

아―하고 집이 울 때

부르튼 맨발로 양식을 탁발하러 거리로 나왔을 것이다

맨발로 하루종일 길거리에 나섰다가

가난의 냄새가 벌벌벌벌 풍기는 움막같은 집으로 돌아오면

아—하고 울던 것들이 배를 채워
저렇게 캄캄하게 울음도 멎었으리라
— 문태준, 「맨발」 전문

문태준은 1970년, 경북 김천에서 태어났고, 고려대학교 국문과를 졸업했다. 그의 처녀시집으로는 『수런거리는 뒤란』이 있지만, 그의 두 번째 시집인 『맨발』을 통해서 가장 주목받는 신인 중의 한 사람이 되었다. 그러나 그의 『맨발』은 너무나도 때 이르게 염세주의의 늪에 빠져 있으며, 또한 그만큼 매너리즘에 물들어 있다고 할 수밖에 없다. 사상과 이론의 출구가 막혀 버렸을 때, 그 주체자의 사유 체계는 지나치게 도식적이며, 그 유연성을 상실하게 된다. 따라서 그의 시야는 일면적이며, 더욱더 넓고 아름답고 풍요로운 세상을 발견하지 못하게 된다. 바로 이 매너리즘은 문태준 시인의 치명적인 약점일 수도 있지만, 그의 「맨발」은 여전히 뛰어나고 아름다우며, 그만큼 깊은 울림을 간직하고 있다고 해도 틀림이 없다. 어쩌면 맨발로 왔다가 맨발로 가는 것이 우리들의 인생일는지도 모른다. 어물전 개조개 한 마리는 움막같은 몸 바깥으로 '맨발'을 내밀어 보이고 있고, 그 모습은 마치 "죽은 부처가 슬피 우는 제자를 위해 관 밖으로 잠깐 발을 내밀어" 보이는 것과도 같다. 그 맨발은 "펄과 물속에 오래 담겨 있어 부르튼 맨발"이며, 시인이 조문하듯 그 "맨발을 건드리자" "최초의 궁리인 듯 가장 오래하는 궁리인 듯" "천천히 발을 거두어 간" 맨발이다. 그 개조개는 "누군가를 만나러 가고" 또 헤어질 때도 그처럼 천천히 움직였을 것이며, 그 느리고 더딘 속도로 이 세상의 슬픈 삶을 살아왔을 것이다. 그는 "늘 맨발이었을 것이고", "사랑을 잃고서는 새가 부리를 가슴에 묻고 밤을 견디듯이 맨발을 가슴에 묻고" 그 슬픔도 견디었을 것이다. 요컨대 그는 "부르튼 맨발로 양식을 탁발하고", 또 "맨발로 하루종일 길거리에 나섰다가/ 가난의 냄새가 벌벌벌벌 풍기는" "움막같은 집으로" 돌아와 "아—하고 울던 것들"로 배를 채웠을는지도 모른다. 개조개의 삶의 수단은 맨발이며, 그 경제적 성과는 가난이다. 또한 개조개의 존재의 근거는 움막 같은 집이며, 그 시적(삶) 정서는 슬픔이다. 맨발의 시적 주제는 염세주의이며, 그것의 반향 효과는 삶의 의지의 부정에 지나지 않는다.

하지만 왜 그는 맨발로 태어나서 맨발로 죽어간다는 염세주의를 그처럼 아름답고 슬프고 풍요롭게 노래하고 있는 것일까? 그의 시적인 집요함은 그의 삶의 의지이고, 그는 그 삶의 의지를 통해서 오히려, 거꾸로, 낙천주의를 노래하고 있는 것이 아닐까? 염세주의는 그의 가면이고, 낙천주의는 그의 진짜 얼굴이다. 또한 염세주의는 그의 엄살이고, 낙천주의는 그의 신념이다. 시적인 집요함은 그의 삶의 의지를 뜻하고, 그의 삶의 의지는 이 세상을 끊임없이 찬양하고 옹호한다. "어물전 개조개 한마리가 움막 같은 몸 바깥으로 맨발을 내밀어 보이고 있다", "죽은 부처가 슬피 우는 제자를 위해 관 밖으로 잠깐 발을 내밀어 보이듯이 맨발을 내밀어 보이고 있다", "펄과 물 속에 오래 담겨 있어 부르튼 맨발", "내가 조문하듯 그 맨발을 건드리자 개조개는/ 최초의 궁리인 듯 가장 오래하는 궁리인 듯 천천히 발을 거두어갔다"라는, 그 어느 누구보다도 가장 정교하고 세련된 언어(시구)가 바로 그것이고, 또한, "저 속도로 시간도 길도 흘러왔을 것이다", "누군가를 만나러 가고 또 헤어져서는 저렇게 천천히 돌아왔을 것이다/ 늘 맨발이었을 것이다", "사랑을 잃고서는 새가 부리를 가슴에 묻고 밤을 견디듯이 맨발을 가슴에 묻고 슬픔을 견디었으리라", "아—하고 집이 울 때/ 부르튼 맨발로 양식을 탁발하러 거리로 나왔을 것이다", "맨발로 하루종일 길거리에 나섰다가/ 가난의 냄새가 벌벌벌벌 풍기는 움막같은 집으로 돌아오면/ 아—하고 울던 것들이 배를 채워/ 저렇게 캄캄하게 울음도 멎었으리라"는 그 어느 누구보다도 가장 정교하고 세련된 언어가 바로 그것이다. 문태준의 정교하고 세련된 언어는 만인들의 심금을 울릴 수 있는 서정적인 공감대를 지니고 있고, 비록, 그것이 염세주의의 산물이라고 하더라도, 그 집요함과 삶의 의지로 말미암아, 그의 삶의 욕망만을 압도적으로 인식시켜주고 있다고 할 수가 있는 것이다. 한 편의 아름다운 시는 우연이 아니며, 그것은 오랜 노역의 산물일 수밖에 없다. 따라서, 이처럼 언어를 갈고 닦고, 또 갈고 닦는 시인의 의지가 어떻게 생명부정에의 의지일 수가 있겠으며, 또한 그 고통의 지옥훈련과정을 통하여 언어의 사제가 된 시인이 어떻게 "태어나지 않는 것이 최선이며 곧바로 죽어버리는 것이 차선"이라는 실레노스의 추종자가 될 수가 있겠는가? 시는 낙천주의를 양식화시킨 것이다. 문태준은 「맨발」의 슬픔을 통해서 그 슬픔의 시적 정서를 진정시키고, 또 그 「맨발」의 허무함을 통하여 그 허무함을 진정시킨 것이다. 시의 진정제 효과는 모든 슬픔들을 진정시키고, 우리 인간들에게 미래의 희망을 가져다가 준다. 이 세상의 삶을 아름답고, 넓고, 풍요롭게 바라다 보며, 우리 인간들의 행복을 노래할 수 있는 시인만이 진짜 시인이 될 수가 있다. 문태준 시인이여, 그대의 염세주의는 사상과 이론의 출구가 막혀버린 자의 가면에 불과하고, 그대의 매너리즘은 언제나 제 집만을 짊어지고 다니는 개조개의 무지몽매함에 지나지 않는다. 염세주의는 그의 가면이고, 낙천주의는 그의 진짜 얼굴이다.

마지막으로, 이 세상의 삶을 더욱더 아름답고 풍요롭게 노래하고 있는 최금녀의 「한겨울 나무마을에 간다」라는 시를 낙천주의 사상의 진수로서 제시해 보고자 한다.

> 나무마을로 간다
>
> 키가 큰 잣, 리키타, 상수리, 느릅
>
> 그 아래 작은 집 한 채씩 짓고 사는
>
> 산뽕, 갈메, 산죽, 다릅

이 겨울 나무마을은
하나같이 독한 마음으로
머리털 깎고 선방禪房에 들어갔다

눈도 그 동네 눈은 참선을 한다
나뭇가지에 앉았다가 슬그머니
땅으로 내려와 가부좌를 튼다

깎지 못하는 머리털을 이고
나는 나무마을로 간다

비탈진 쪽으로 뿌리 버팅겨 섰던
뿌리의 등허리, 흙 밖으로 불거졌던
등 시린 나무
이 추위 어떻게 지내는지,
중심은 아직도 탄탄한지
작년 봄, 옆구리 여기저기에
링거 줄 매달고 중환자였던 고로쇠나무,
입춘은 가까워오는데 또 어쩐다?

오늘 눈이나 마음 푸근하게 쏟아져
여린 싹들도 눈이불 다 덮어주고
관자놀이에 심줄 돋은 뿌리와
못자국이 험한 고로쇠도
푹 덮어주었으면 좋겠다

선방 나무들도 동안거 해제解除하고

숲으로 뛰어나와 두 팔 벌리고

하늘이 내려주는 복을 받으며 기뻐하리라.

제5장 사색인의 十戒命*

— 제9계: 더욱더 강력한 적을 찾아 나서라
— 제10계: 언제나 성실하게 생활을 하라

제9계: 더욱더 강력한 적을 찾아 나서라;

나는 오늘도 나를 더욱더 호된 채찍질로 궁지에 몰아넣고 있다.

내가 존경하고 사랑하는 호머, 괴테, 셰익스피어, 니체, 쇼펜하우어, 부처, 예수……

나는 언제나 더욱더 강력한 적들을 발견하고 최고의 행복을 느낀다.

즈비그뉴 브레진스키는 국제정치학자이자 카터 대통령 시절 국가안

* 이 글을 쓰는 나의 심정은 참으로 안타깝고 참담하기만 하다. '사색인의 십계명, 제9계: 더욱 더 강력한 적을 찾아 나서라, 제10계: 언제나 성실하게 생활을 하라'는 일본정신과 일본문화를 분석하고 그것을 토대로 하여 '대한제국의 꿈'을 모색해본 글이라고 할 수가 있다. 그러나 이 글을 피상적으로 천박하게 읽으면 우리 한국인들의 전체 의사에 반하는 '친일적인 글'로도 읽힐 수가 있을 것이며, 대부분의 우리 한국인들은 나를 불구대천의 원수처럼 간주하게 될는지도 모른다. 하지만 나는 매국노 이완용의 분신이 아니며, 오직 자랑스러운 대한민국의 아들일 뿐인 것이다. 일본의 제국주의의 길은 너무나도 분명하고 확고한 일본의 길이며, 우리 한국인들은 그 일본의 앞길을 가로막는 추한 한국인이 되지를 말고, 이제부터는 일본을 극복하고 일본을 뛰어넘을 수 있는 대한제국의 길을 모색하지 않으면 안 된다. 기초생활질서의 확립, 부정부패의 청산, 그리고 세계적인 수준에서의 사상과 이론을 정립할 수 있는 백만 두뇌의 양성, 바로 이것만이 일본의 식민지배의 잔재를 청산하는 지름길이며, 우리 한국인들을 사상가와 예술가의 민족으로 인도하는 길이라고 나는 믿어 의심하지 않는다. 나의 이 글은 '친일'과 '반일'을 뛰어 넘어서 이 세상에서 가장 아름답고 위대한 '대한제국'을 염원하면서 쓰게 된 것이다. 만일, 우리 한국인들이 진정으로 '사상가와 예술가의 민족'이 된다면, 바로 그때에는 일본은 우리 대한제국의 문화적, 경제적 식민국가에 지나지 않게 될 것이다.

보 보좌관을 지낸 인물이다. 그는 미국은 "단순한 제국이 아니라 역사상, 유례가 없는 대제국으로서, 과거 어떤 제국도 누려본 적이 없는 세계일등 지위국가"라고 말한다. 그는 과거 냉전 시대에 록펠러와 더불어, 미국, 유럽, 일본의 삼각체제(삼각위원회)를 구축했던 인물이며, 『제국의 선택』(황금가지, 2004)에서도 그 삼각체제에 대한 소신은 변함이 없는 것처럼 보인다. 과거의 삼각체제가 구소련(공산주의 체제)과 맞서기 위한 고육지책에 불과했다면, 오늘날의 삼각체제는 미국의 세계화, 또는 세계경영의 전략으로 그 외연을 확장시키고 있는 것이라고 하지 않을 수가 없다. 북대서양조약기구에 러시아를 가입시켜서 유럽의 집단안보체제를 강화시키고, 중국과 일본까지도 끌어들이는 범유라시아 집단안보체제를 결성하자는 것이 그것이다. 이제는 냉전이 종식된 만큼 분할하여 통치하는 것이 아니라, 통합하여 지배해야 된다는 것이 그의 주된 논지라고 할 수가 있다. 따라서, 이제는 유럽이나 아시아의 통합(집단안보체제와 경제블록)마저도 미국의 이익과 그 지배를 관철시키는 주요 전략목표라고 할 수가 있는 것이다. 그는 『제국의 선택』에서 미국이 직면하고 있는 다섯 개의 딜레마를 성찰하고 있는데, 첫 번째는 '국가불안의 딜레마'이며, 두 번째는 '전지구적 무질서의 딜레마'이고, 세 번째는 '동맹관리의 딜레마'이며, 네 번째는 '세계화의 딜레마'이고, 다섯 번째는 '헤게모니적 민주주의 딜레마'이다. 첫 번째는 주권안보의 개념이 종식을 고한 시대에 자국의 주권에 집착하고 있는 미국의 딜레마를 뜻하고, 두 번째는 9·11 테러 사건 이후 전지구적 재앙으로 확산되고 있는 테러리즘을 뜻한다. 세 번째는 미국의 일방주의에 대항하여 범유럽적인 반미주의와 범아시아적인 반미주의를 뜻하고, 네 번째는 자본의 이동이 실시간대로 이루어지고 있는 국경이 없는 세계에서, 그러나 국경이 있는 인간 사이의 딜레마를 뜻하고, 다섯 번째는 국제공용어로서의 영어와 미국의 문화가 중심문화가 될 때, 바로 그 지점에서 미국의 문화가 파괴될 수 있다는 딜레마를 뜻한다. 이것이 세계화로 인한 미국의 딜레마인 것이다. 요컨대 미제국주의는 대외적인 팽창과 대내적인 균열(내파)의 위험성에 놓여 있는 것이다.

그렇다면 제국주의란 무엇이며, 세계화란 무엇인가? 제국주의란 더없이 강력하고 위대한 민족이 수많은 이웃 민족들을 정복하고, 그들만의 국가를 건설했다는 것을 뜻한다. 따라서 제국에는 그들만의 열망과 소망이 담겨 있는 것이고, 궁극적으로 그 제국은 하늘나라의 천국과도 같은 지상낙원임을 뜻하게 된다. 지상낙원, 또는 영원한 제국은 모든 것이 가능하고 어느 것 하나 부족한 것이 없는 세계이며, 그 구성원들의 사회적 지위가 신적인 지위로 수직 상승된 세계를 뜻한다고 해도 틀림이 없다. 브라만에 의해서 지배되고 있는 인도제국, 유일신이신 하나님에 의해서 선택받았다는 유태왕국, 알렉산더 대왕이 꿈꾸었던 문화제국, 천년 왕국을 꿈꾸었던 로마제국, 천자가 다스리는 나라를 꿈꾸었던 중화민국, 영원히 해가 지지 않는 나라를 건설하고자 했던 대영제국, 그리고 마지막으로 인류의 역사상 가장 위대하고 찬란한 초강대국의 지위에 올라선 아메리카 합중국이 바로 그것을 증명해 준다. 모든 것이 가능하고 어느 것 하나 부족함이 없는 제국, 그 영원한 제국의 꿈은 모든 민족들의 한결같은 꿈이며, 인류의 역사는 자기 자신들의 제국을 건설하기 위한 전쟁의 역사에 지나지 않는다. 제국주의는 민족주의이고, 민족주의는 제국주의이다. 이제 그 영원한 제국은 혈통에 의한 민족주의를 넘어서, 러시아와 중국과 미국의 경우에서처럼 다인종 민족국가로서 그 꿈을 추구하는 단계로까지 접어들었다고 하지 않을 수가 없다.

일찍이 미국의 콜롬비아 대학의 교수이자 저명한 역사학자이었던 칼톤 J. H. 헤이즈는 그의 「새로운 민족주의적 제국주의의 기초」에서 다음과 같이 말한 바가 있다.

근본적으로 신제국주의는 민족주의적인 현상이었다. 자본가들 중에는 제국주의를 조장하고 그로 인해 더 많은 이익을 본 자가 분명히 있었다. 그러나 최종적으로 볼 때 그것을 가능하게 만들고 가장 큰 소리로 성원하고 또한 가장 지속적으로 후원한 자는 민족주의적인 대중들이었다.

—『제국주의란 무엇인가』(까치, 1981)에서

모든 국가는 영원한 제국을 꿈꾸고, 영원한 제국의 꿈만이 그 구성원들의 민심과 국력을 결집시켜 주게 된다. 영원한 제국의 꿈이 있는 민족은 국력이 상승하고 있는 민족이지만, 영원한 제국의 꿈을 잃어버린 민족은 그럴 수가 없다. 고귀하고 위대한 민족은 끊임없이 이웃 민족을 정복하고, 그들에게 필요한 천연자원을 약탈하고, 또 그리고 그들의 상품판매시장을 확보해 나가게 된다. 자국 내의 빈약한 자원과 잉여 인구에 따른 내부의 문제를 끊임없는 식민지배의 전략으로 해결하고, 이제는, 한 걸음 더 나아가, 위대한 제국의 문화를 전파해 준다는 역사적 사명감마저도 띠고 있었던 것이 모든 제국의 역사라고 할 수가 있는 것이다. 하나님에 의해서 선택받은 민족, 즉 고귀하고 위대한 민족이 영원한 제국을 건설하고, 인간 이하의 동물적인 생활을 하고 있는 야만인들을 지배(인도)해야 된다는 것이 제국의 역사적 기원이라면, 천연자원의 확보와 상품판매시장의 확보는 그 다음의 부차적인 경제의 문제에 지나지 않는다. 따라서 모든 위대한 민족들은 그들만의 영원한 제국을 위해서 일엽편주와도 같은 배를 타고 아메리카 신대륙과 아프리카 내부까지도 깊숙이 탐험했던 것이며, 다른 한편, 자연과학자와 기술자들은 선박, 기차, 항공기, 소총, 대포, 전차, 항공모함을 개발하고, 그리고 수많은 정치인들과 사상가들과 역사학자들과 종교학자들은 그 식민경영의 전략과 전술, 즉 제국주의의 사상적, 이론적 토대를 구축하기 위해 온갖 심혈을 다 기울여 왔던 것이다. 이 탐험가들과 자연과학자들과 사상가들의 삼원일치의 세계—,

즉, 식민지 쟁탈전은 스포츠와도 같은 전쟁일 수도 있었지만, 영원한 제국의 꿈은 마치, 종합예술처럼, 가장 찬란하고 화려하게 펼쳐진 것이라고 해도 과언이 아니다.

세계화는 "기술혁명의 전세계적 파급효과"를 나타내는 용어이며, 경제적으로는 가치중립적인 용어이다. 그러나 자본과 상품이 실시간대로 국경선을 넘나들게 되었지만, 그 세계화로 인한 손익계산서는 너무나도 분명하게 드러난다. 문화선진국들에게 있어서의 세계화는 제3세계의 시장 진출과 정치적, 경제적 지배를 뜻하지만, 문화후진국들에게 있어서는 자국의 시장의 잠식과 정치적, 경제적 종속을 뜻한다. 문화선진국은 세계화로 인한 이익이 그 손실보다 크지만, 문화후진국은 세계화로 인한 손실이 그 이익보다 크게 된다. 요컨대 제3세계는 자국의 천연자원과 그 모든 것을 약탈당하고, 문화선진국의 자본에 의하여 전면적으로 종속됨을 뜻하게 된다. 세계화는 "다국적 자본가들이 가장 열광적"으로 받아들인 용어이며, "기술 수준이 높고 자본이 풍부한 국가"(『제국의 선택』, 208면)일수록 세계화에 대한 열광적인 신도가 되어갔다는 사실이 바로 그것을 말해 준다. 그러나 이제 더욱더 가관인 것은 '세계화'라는 용어 자체가 문화선진국 내에서도 가치중립적인 용어가 아니라는 점일 것이다. 미국은 미국의 이익을 세계화로 포장하고, 독일과 프랑스와 일본과 영국 등은 그들의 이익을 세계화로 포장한다. 미국은 세계적인 초강대국으로서 일방주의를 그 선진국들에게 강요하고, 문화선진국들은 미국에게 그들만의 상대주의를 강요한다. 이처럼 문화선진국들과 문화선진국들 간의 싸움은 제국주의자들의 '헤게모니 투쟁'이 되고, 그 싸움에서 최종적인 승리를 거둔 것은 이라크 전쟁의 경우에서처럼, 미제국주의라고 해도 틀림이 없다.

현재 15개국 3억 7500만의 인구로 이루어진(이에 비해 미국의 인구는 2억 8000만이다) 유럽연합은 전체적인 국내 총생산이 대략 미국과 비슷한 수준임에도 방위비 지출은 미국의 절반 수준에도 못 미친다. 게다가 과거 50년간 미국은 유럽을 소련의 위협으로부터 지키고자 자국 군대를 유럽 땅에 배치했다. 냉전 기간 내내 유럽은 사실상 미국의 보호 대상이었다. 냉전이 끝난 이후에도 발칸에서의 분쟁을 억제하고자 군사적 노력에 앞장선 것은 미국이었다. 유럽은 또한 미국이 중동과 극동에서 수행해온 정치적, 군사적 안정화 역할의 경제적 수혜자이다.
—『제국의 선택』, 139면

이빨 없는 불평과 비난은 물어뜯지 못한다. 그렇지만 이라크를 둘러싼 대서양 사이의 갈등으로 양쪽이 겪은 곤경을 생각하면 미국은 군사적 분야에서 유럽이 제 역할을 충분히 다하지 않는다는 비난을 그만두는 것이 현명할 것이다.
— 앞의 책, 142면

냉전이 종식된 이래 미국이 거침없는 행패를 부리는 세계적 깡패와 같다는 유럽의 비난은 점점 확산되고 정교해 졌다. 소련이라는 위협이 사라지면서 그러한 비난이 초래할지도 모르는 위험 부담은 감소한 반면 점진적인 유럽의 경제적 통합으로 경제적 이해를 둘러싼 대서양 간의 갈등은 전면에 떠올랐다. 게다가 미국 의회의 일방적 입법조치, 새로운 농업보조금, 수입철강에 부과된 관세로 유럽은 개방적 세계 경제를 약속한 미국의 의도가 진실한 것인지 의심하기 시작했다.
— 앞의 책, 143면

일본이나 중국, 인도의 경제를 사실상 마비시키려면 단지 소수의 기뢰들로 상하이나 요코하마, 또는 봄베이(하나 또는 둘 이상)를 봉쇄하기만 하면 될 것이다. 이 나라들은 절대적으로 필요한 석유 수입을 위시하여 선박을 이용한 화물 수송에 거의 전적으로 국가 경제를 의존한다. 국제적인 상업용 철도

수송은 일본이나 인도네시아같은 섬나라에게는 불가능할 뿐 아니라 중국과 인도에게도 변변찮은 방편이다. 싱가포르 근역의 말라카 해협은 중동으로부터의 원유 수입뿐 아니라 극동과 유럽 간의 무역이 이 좁은 통로를 지나기 때문에 특히 사활이 걸린 해상 교통 수송로이다.

— 앞의 책, 168면

가장 중요한 사실은 중국이 스스로 중대한 군사적 도발을 감당할 힘이 없다는(한동안은 계속 그러할 것이다) 사실을 다른 어느 나라보다 통감한다는 점이다. 미국과의 충돌이 포함된 군사적 시나리오는 중국에게 재앙이 될 것이다. 미국은 원한다면 중국을 봉쇄할 수 있고, 중국의 해외 무역과 원유 수입을 완전히 중단시킬 수 있다.

— 앞의 책, 180면

오늘날 세계화는 미국의 이익을 세계의 이익과 동일시하는 미제국주의의 공식적인 이데올로기가 되어버렸고, 바로 거기에는 선악을 넘어선 강자의 논리만이 횡행을 하게 된다. "우리와 함께 하지 않으면 우리 적이다"라는 레닌식의 흑백논리는 영원한 제국의 논리이며, 미국의 이익에 반하는 그 어떤 행위도 절대로 용납하지 않겠다는 군사적인 힘에의 의지가 각인되어 있는 것이다. 오늘날 미국은 그 모든 것이 제멋대로이다. 이웃 민족국가의 주권은 무차별적으로 짓밟으면서도 자국의 주권은 절대적으로 강조하고, 자유시장 경제논리를 역설하면서도 철강업과 섬유업, 그리고 농업 부문에서는 보호무역주의로 일관한다. 개인의 자유와 민주주의(휴머니즘)는 그처럼 역설하면서도 절대적인 빈곤과 기아선상에서 벗어나지 못하고 있는 제3세계인들에게는 너무나도 무관심하고, 항상 국제법의 준수를 주창하면서도 UN의 합법적인 승인없이 이라크를 침략한다. 또, 그리고, 유럽연합이나 유라시아의 통합은 옹호하면서도 언제, 어느 때나 미제국주의의 통치질서를 강요하고, 교토의정서와 국제형사재판소의 조약에는 끝끝내 서명하기를 거부한다. 제국의 힘은 옳든 그르든 미국의 일방주의를 가능하게 하고, 따라서 미국은 자기 만족적인 독트린을 선택적으로 사용하게 된다. 미국은 인류의 역사상, 세계 최초로 영원한 제국을 건설한 국가이고, 워싱턴은 과거 로마나 북경을 넘어서서, 명실상부한 세계의 수도가 되어가고 있다. 날이면 날마다 세계 각국의 정상들이 워싱턴을 방문하고, 미국 대통령과의 30분 짜리 면담 시간에 자기 자신의 정치적 운명과 그 국가의 사활적인 운명을 걸어놓고 있는 실정이다. 조지 W. 부시 대통령의 비공식적인 의전절차는 다음과 같다. 노무현 대통령과도 같은 30분짜리 면담은 상대 대통령과 상대국가를 아주 가볍게 본다는 것을 뜻하고, 공식적인 저녁 만찬은 상대국가와의 특별한 관계를 뜻한다. 캠프 데이비드에서의 회의는 아주 특별한 관계를 뜻하고, 텍사스주 크로포드 별장에서의 만남은 양국 관계가 아주 특별하고 중요하다는 것을 뜻한다. 미국의 군사적인 힘은 어떠한 대량살상무기도 봉쇄할 수 있을 만큼 강력하고, 또한 미국의 경제적인 힘은 세계은행과 국제통화기금을 미 재무부의 산하기관으로 거느리고 있을 만큼 강력하다. 이 세계는 미국의 힘에 의해서 지배되고 있으며, 미국이 있는 한, 유럽이나 아시아에서의 양차 대전과도 같은 세계대전은 결코 일어날 수가 없다. 따라서 모든 세계인들은 미국의 안보우산 아래서 인류의 역사상, 가장 행복하고 평화로운 시기를 향유하고 있는 것이다. 미국의 일방주의는 영원한 제국의 특권이며, 미국 이외의 모든 세계인들은 그저, 다만, 묵묵히 참고 지불해야만 하는 안보부담금에 지나지 않는다. 미국의 이익은 세계의 이익이고 세계의 이익은 미국의 이익이다. 거기에는 도덕도 없고, 법도 없고, 선악도 없다. 세계화는 미국화와 동의어이며, 따라서 그것은 '반세계화'('반미주의')의 모태가 되어준다.

프랑스의 세계적인 사회학자 보드리야르는 9.11테러 사건을 다음과 같이 열광적으로 찬양한 바가 있다.

테러리즘은 부도덕하다. (……) 그러나 그것은 부도덕한 세계화에 대한 대답이다.

이 세계의 초강대국이 파괴되는 것을 보는 광대한 환희, 또는 그보다 자기 파괴, 아름다운 자살을 보는 방대한 환희.

—『제국의 선택』, 226면, 재인용

우리 한국인들은 대부분이 미제국주의에 반대하고, 일본의 제국주의에 반대한다. 1870년대 어떤 독일 사람은 "독일은 식민지가 필요한가"라고 질문을 해놓고, 곧바로 "그렇다"(『제국주의란 무엇인가』, 143면)라고 대답을 했다고 한다. 우리 대한민국은 수출주도형 산업국가이며, 국민소득 30,000달러—현재 일인당 국민소득은 12,000달러라고 한다—의 선진국을 향해서, 아니, 거의 불가능해 보이는 그 고지를 향해서 필사적인 안간힘을 쓰고 있다. 나는 우리 한국인들에게 이렇게 묻고 싶다. "대한민국은 문화선진국을 지향하고 있으며, 천연자원의 확보와 상품판매시장이 필요한가?" 이 질문에 대한 우리 한국인들의 대답은 두말할 것도 없이 바로 "그렇다"일 것이다. 대한민국은 선택받은 민족이고 영원한 제국의 꿈을 간직하고 있다. 하지만 그 영원한 제국의 꿈은 수많은 외세의 침략 앞에서 잃어버린지가 오래되었고, 이제는 겨우 한 여름밤의 꿈처럼 우리 한국인들의 무의식 속에서나 남아 있을 뿐인 것이다. 이제 우리 한국인들은 우리 한국인들의 '신의 섭리'—선택받은 민족이라는 신의 섭리—와도 같은 정체성과 영원한 제국의 꿈을 되찾고, 지난 시절의 쓰라리고 아팠던 굴욕을 청산하고, 새로운 도약을 위한 비상의 날개를 힘차게 펼쳐 나가지 않으면 안 된다. 미제국주의에 대한 혐오, 일본제국주의에 대한 혐오가 제 아무리 현실적으로 유효하고 또 도덕적으로 옳다고 하더라도,

대머리독수리는 미국의 國鳥이다.

흰 대머리의 수리,
복면을 쓴
백악관의
두리번거리는 파란 눈들,
높이 떠서 넓은 적과 먹이를 살피는 눈들.

짐승의 세계에선 오직 강한 자만이
큰 자유를 누리는 법이라고
거대한 날개의
대머리독수리떼가
발톱에 대포알을 움켜쥐고 대륙을 횡단한다.

라는 최승호의 「대머리 독수리 1」과도 같은 반제국주의는 우리 한국인들의 암적인 종양이라고 할 수가 있다. 보드리야르와 최승호는 다같이 민주주의자이고, 반제국주의자이다. 그러나 그들의 치명적인 한계는 인간 평등과 지나친 도덕주의에 함몰되어 있는 것이고, 다른 한편, 영원한 제국의 꿈이 없다면 우리 인간들의 삶이 없게 된다는 사실을 전혀 인식하지 못하고 있는 데 있다고 해도 과언이 아니다. 나는 반미주의자이기는 하지만, 반제국주의자는 아니다. 오늘날 미국이 없다면, 이 세계는 크고 작은 전쟁으로 피비린내를 풍기게 될 것이고, 우리 한국인들의 운명은 추풍의 낙엽과도 같을 것이다. 우리 한국인들이여, 이제는 제발 거대한 제국을 혐오하지 말고, 죽자사자 그 제국주의를 배척하지도 말자. 그대들의 일본과 중국과 러시아와 미국에 대한 혐오는 배반당한 애정의 표현이며, 영원한 제국의 꿈에 대한 절망감의 다른 표현에 지나지 않는다.

일본은 세계 제2위의 대국이며, 그들은 그들의 일본정신, 즉 '大和魂'을 통하여 영원한 제국을 꿈꾸고 있다. 일본은 대동아전쟁에서의 패배 이후, 미국의 일방주의에는 차마 노골적인 불만을 드러내 놓고 있지는 않지만, 그 치욕과 굴욕을 묵묵히 참고 견디면서, 언젠가, 어느 때는 미국을 극복하고 영원한 제국을 건설할 수 있는 기회를 꿈꾸고 있는 것이다. 일본은 경제력도 세계 제2위의 국가이며, 군사력도 세계 제2위인 사실상의 핵보유 국가이다. 일본인들은 아직도 '청일전쟁'의 전리품이었던 대만에 대한 향수를 잊지 못하고, 또한 '러일전쟁'의 전리품이었던 대한민국에 대한 향수를 잊지 못한다. 1910년, 대한제국과의 합병조약은 다음과도 같았다. "제1조, 대한제국 황제 폐하는 대한제국 전부에 관한 일체의 통치권한을 완전 영구히 일본 황제 폐하에게 양도한다. 제2조, 일본 황제 폐하는 제1조에 의거한 양도를 수락하고 또한 대한제국 전체를 일본제국에 합병하는 것을 승낙한다(이토 나리히코, 『일본헌법제9조』, 행복한 책읽기, 2005, 297면)." 이 얼마나 아름답고 찬란한 대일본제국의 한일합병조약서란 말인가? 아니, 우리 한국인들의 입장에서는 이 얼마나 더럽고 치욕적인 한일합병조약서란 말인가? 대한제국의 국민들에게는 결코 씻을 수 없는 치욕의 날이었겠지만, 자그만 섬나라의 일본인들에게는 신대륙의 발견과도 같은 국경일이 되었을 것이다. 이처럼 역사란 상대적인 것이다. 오늘날 일본인들의 역사교과서의 왜곡과 독도영유권 주장, 그리고 고이즈미 총리의 야스쿠니 신사 참배는 그저 우연히 일어나고 있는 일과성의 해프닝이 아니라, 이처럼 정확한 역사 철학적인 수준을 밟아가고 있는 것이라고 해도 과언이 아니다. 일본인들은 미국 이상으로 영원한 제국의 꿈을 간직하고 있는 사람들이고, 우리가 일본인들의 의지를 알고 있는 만큼, 두 번 다시 한일합병과도 같은 치욕을 되풀이 당해서는 안 된다. 영원한 제국의 꿈은 모든 인간들의 이상인 만큼, 우리가 그들의 꿈 자체를 매도하고, 또 그것을 봉쇄할 수도 없는 것이다. 영원한 제국의 꿈은 호언장담으로 이루어지는 것도 아니고, 따라서 그것은 반드시 학문과 무기의 성과에 의해서만이 달성될 수가 있는 것이다. 날이면 날마다 '독도는 우리 땅'이라고 외친다고 해서 일본인들이 제국의 꿈을 접을 리도 없고, 어떠한 외교적인 노력으로도 그들의 제국의 꿈을 좌절시킬 수도 없다. 일본의 힘은 대한민국보다도 훨씬 더 강하고, 이제는 세계적인 초강대국의 문턱을 올라 가려고 하고 있다. 만일, 우리 대한민국이 일본보다도 더 잘 살거나, 적어도 그 힘이 대등해 지지 않는다면, 우리 한국인들은 또다시 식민지배의 치욕을 면할 수가 없을 것이다. 요컨대 우리 대한민국이 일본보다도 더 잘 살거나, 적어도 그 힘이 대등해질 때, 바로 그때만이 일본인들은 대한민국에 대한 식민지배의 야욕을 접게 될 것이다. 우리 한국인들은 일본인들을 무조건 미워하거나 배척하지 말고, 가깝고도 먼 나라가 아닌, 가깝고도 사이 좋은 이웃 나라를 위해서 오늘도 전진하고, 또 전진해 나가지 않으면 안 된다.

그러나 우리 한국인들의 반일감정은 날이면 날마다 폭발할듯 하지만, 일본정신과 일본문화에 대한 이해는 원시적인 문맹인들의 그것에 지나지 않는다. 흥분하고 분노하기 잘 하는 민족은 사상적으로 불임의 동물에 불과하고, 이빨이나 발톱이 없는 동물들처럼, 그들의 공격본능과 방어본능마저도 상실한 민족에 지나지 않는다. 그들은 냉정하게 이해하고 분석하며, 새로운 사상의 결과물들을 내놓아야 할 때조차도 '독도는 우리 땅'이라고 흥분하고, 근검절약하고 부를 축적해야 될 때에도 온갖 허례허식과 사치를 일삼는다. 일체의 청구권을 포기한 한일협정에 서명을 해놓고도 무조건의 떼—비록, 박정희가 군사적인 쿠테타로 정권을 잡았지만, 박정희 정권도 대한민국의 합법적인 정부였다. 박정희 정권이 치욕적인 한일협정에 서명을 하고 일체의 청구권을 포기한 것은 매우 옳지 못한 일이었지만, 40년이나 지난 지금, 이제와서 1965년의 한일협정 자체를 무효화시키고, 다시 되돌릴 수는 없는 것이다. 무상원조 3억 달러, 유상원조 2억 달러의 돈을 종잣돈으로 해서 대한민국의 산업을 발전시킨 공적도 있는 만큼, 정신대여성과 강제징용에 대한 배상의 책임은 대한민국의 정부에 있다고 생각된다. 따라서 정부의 예산 책정이 정히나 어렵고, 또 그것이 불가능하다면, 전국민의 성금을 모아서 배상을 하는 편이 차라리 더욱더 합리적이고 떳떳할 것이다. 1965년도의 한일협정도 협정이었던 만큼, 그 협정을 준수해 가며, 그 치욕과 굴욕의 상처를 다스려 나가는 것이 더욱더 성숙하고 훌륭한 국민의 태도가 될 것이다. 요컨대 하나님도 감동시킬 만큼 훌륭한 사상과 태도로 일관한다면 일본인들도 더욱더 크게 뉘우치고 더욱더 사이좋은 이웃 국가의 국민이 되어 줄는지도 모른다—를 쓰고, 일본인들의 야스쿠니 신사참배와 역사교과서의 왜곡에는 제법 살기를 띠고 핏대를 올려 세우면서도, 일본의 학문과 산업기술은 너무나도 뻔뻔스럽고도 파렴치하게 표절을 해댄다. 흥분하고 분노하기 잘 하는 인간은 성실하지 않은 인간이며, 삼풍백화점이나 성수대교의 붕괴처럼, 머리에서 발끝까지 한탕주의에 물들어 있는 사기꾼들에 불과하다. 나는 우리 한국인들의 반일감정의 분노 속에서, '일본'과 '일본문화론'에 대한 너무나도 안타까운 부재현상 때문에 치를 떨지 않을 수가 없었다. 우리 한국인들은 아직도 '知彼知己면 百戰百勝'이라는 교훈을 이해하지 못하고 있는 민족이며, 역사 철학적으로는 이미 거세된 불임의 동물에 지나지 않는다.

나는 그렇지만 그 가운데서도 이어령의 『축소지향의 일본인』과 전여옥의 『일본은 없다』라는 책을 아주 감명깊게 읽을 수가 있었다. 이어령의 『축소지향의 일본인』은 일본정신과 일본문화에 대한 매우 값진 역작이고, 전여옥의 『일본은 없다』는 그녀의 사적 체험과 독단주의에 치우친 사악한 졸작에 불과하다.

> 일본인은 축소지향의 발상에 따라 트랜지스터를 만들고 반도체를 만들었다. 그리고 그것을 가지고 세계 시장에 진출하는 확대 문화로 옮겨갔다. 이 역설에서 생긴 것이 무역마찰이란 심각한 문제이다. 그래서 일본인은 지금까

지 어느 나라보다 자유무역의 국제적 개방정책의 덕을 보고 있는 나라이면서도 실은 그 어느 나라보다도 비국제적인, 소위 '우치'와 '소토'의 두터운 의식의 벽 안에서 살고 있는 민족이다. 경제의 힘은 국제적으로 성장했는데, 그 의식은 아직도 옛날 그대로다. 이러한 일본인은 꼭 손발만 커지고 머리는 그대로인 기형의 잇슨보시(一寸法師) 같다.

—『축소지향의 일본인』, 문학사상사, 2003, 320면

이렇게 '축소'의 천재와 영웅은 '확대'의 바보와 망상자가 되어버린다. 그가 친 조선조는 그 뒤에도 300년 가까이 끄떡없이 지속해 갔지만, 히데요시의 천하는 몇 년도 못가 망해버린다. '확대'를 지향하게 되면 그 섬세성이나 집중력을 잃고 비참한 결과를 초래하고 마는 것이 지금까지 나타난 일본문화의 패턴이었다. 한국은 물론 일본인에게도, 히데요시 자신에게도, 아무런 이익을 주지 못하고 깊은 상처만으로 끝난 임진왜란은 다시 되풀이되어 한국을 침략하고 중국대륙을 공략해 끝내는 '대동아전쟁'의 세계 침공으로 파멸하게 된다. 단지 동상에 걸린 것이 원폭으로 확대된 것만 다를 뿐이다.

— 앞의 책, 331—2면

이어령의 『축소지향의 일본인』은 '일본문화론'의 가장 뛰어난 역작 중의 하나이며, 출간 즉시 베스트 셀러를 기록하고, 일본의 지식인들의 심금을 사로잡았던 책이라고 할 수가 있다. 그는 일본문화에 어느 누구보다도 정통한데, 왜냐하면 그것은 그가 일본어로 공부하고 일본문화의 세례 속에서 성장한 지식인이었기 때문이다. 그는 『축소지향의 일본인』에서 조르주 풀레의 주제('수축'과 '확산'이 바로 그것이다)와 그 방법론을 차용하여, 현대의 일본문화를 분석해낸 것이다. 서양의 문화는 창조적 문화이며, 일본의 문화는 모방의 문화이다. 서양인들이 그들의 창조적인 천재성을 통하여 이 세계를 지배할 수 있는 확대의 문화를 구축해 나갔다면, 일본인들은 서양의 문명을 받아들이

고, 그 모방의 천재성을 통하여 축소의 문화를 지향해 나갈 수가 있었던 것이다.

다시 말해서 일본인들의 문화는 축소지향의 문화이지 확대지향의 문화가 아니다. 확대지향의 문화는 새로운 사상과 이론으로 무장을 하고 새로운 신천지를 찾아 나갈 수가 있지만, 축소지향의 문화는 그 사상과 이론의 출구가 막혀 있기 때문에, 작고 조그만 세계로만 움츠러들게 된다. 대자연을 축소해 놓은 것 같은 세키데이(石庭)와 분재(盆栽), 밥상을 가장 적게 줄여놓은 듯한 도시락, 쥘부채와 삼단우산, 이 세상에서 가장 짧은 단시인 하이쿠(俳句), 그리고 축소지향의 상징이자 '메이드 인 재팬'의 대명사인 트랜지스터, 카메라, 전자계산기, 시계, 자동차, 반도체가 바로 그것이라고 할 수가 있는 것이다. 이상한 역설같지만 사상과 이론적 출구가 막혀 있는 곳에서 모방의 천재성이 자라나고, 그리고 그 모방의 천재성을 통하여 세계의 시장을 지배하게 된 것이다. 줄어듦으로써 펼쳐지고 펼쳐짐으로써 줄어든다. 축소지향이 확대지향이 되고, 확대지향이 축소지향이 된다. 그러나 일본문화는 본질적으로 축소지향의 문화이기 때문에, '축소'의 천재와 영웅이 '확대'의 바보와 망상자가 되어버린다. 사상과 이론을 생산해 내지 못하는 민족은 창조적인 천재성을 지닌 민족이 될 수 없고, 또 그리고 영원한 제국의 신민이 될 수도 없다. 좀 더 냉정하고 엄격하게 말한다면 모방의 천재는 진정한 천재도 아니고, 그는 자기 자신의 편협성과 폐쇄된 울타리를 뛰쳐나와 진정한 세계시민이 될 수도 없다. 일본인들의 집단적인 광기와 배타적인 민족주의는 일본만이 아닌, 세계 속의 암적인 종양일 뿐이라고 하지 않을 수가 없다. 이어령은 일본문화의 장점과 단점을 너무나도 정확하게 파악하고 있고, 따라서 『축소지향의 일본인』에서 다음과도 같은 우정어린 충고로 그 대미를 장식해 놓고 있다.

온 세계 사람들에게 공감을 주는 것은 사무라이의 칼이 아니라 료안지와 같은 아름다운 세키데이(石庭)다. 그런 정원을 만들고 맑고 고요한 다실 문화를 낳은 일본인, 설사 역사를 피로 씻은 사무라이 사회의 살육이 있었다 해도 그것을 속죄하기에 충분한 아름다운 꽃의 문화를 만들어낸 일본인…… 그러한 일본인들은, 일본의 역사 속에서 한 번도 그 주인이 되지 못했다. 칼을 가진 자와 주판을 가진 자만이 역사를 지배했던 것이 일본의 비극이었다. 이제부터 '군사대국', '경제대국'이 아니라 '문화대국'의 새 차원으로 역사를 이끌어 가야만 확대지향성도 제 빛을 차지할 수가 있을 것이다. 일본인의 축소지향력은 정원을 만들고 다도茶道와 화도華道를 만들었다. 그 다음에는 트랜지스터를, 탁상 전자계산기를 만들었다.

앞으로는 그 고토와 같은 생명의 울림을 만들어가야 할 것이다. 더 커지고 싶으면, 참다운 대국이 되고 싶으면, 더 작아지지 않으면 안 된다.

도깨비(鬼)가 되지 말고 난쟁이(一寸法師)가 되라. 배를 태워 고토를 만들라. 그 소리가 7대양에 울리도록……"

— 앞의 책, 349면

이어령의 『축소지향의 일본인』은 한국의 학자로서는 보기 드문 역작이기는 하지만, 그러나 그것은 조르주 풀레의 창조적인 모방에 지나지 않는다. '수축과 확산/ 축소와 확대'는 너무나도 똑같고, 이제는 시대착오적인 진부한 주제에 불과하다. 이어령은 그 사상과 이론의 약점을 다소 현학적이고 섬세한 그물망으로 아름답게 엮어나가지만, 그러나 그렇다고 해서 『축소지향의 일본인』의 본질적인 오류들이 흔적조차도 없이 사라지고 있는 것은 아니다. 이어령의 치명적인 오류는 첫 번째로 '일본정신'에 대한 무지이고, 두 번째는 사상과 이론이 없는 학자로서의 오류이다. 아니, 그는 자기 자신만의 사상과 이론이 없는 '불임의 동물'이기 때문에, 일본정신의 기원과 그 본질을 제대로 이해하지 못하고, 또, 그리고, 바로 그렇기 때문에, 일본의 과거의 역사적 경험에 갇혀서 새로운 미래의 역사를 조망해볼 수 있는 선견지명이 없었던 것인지도 모른다.

일본은 자원빈국이며, 해마다 크고 작은 지진들과 함께, A급 태풍들이 열다섯 번씩이나 지나가는 자그만 섬나라이다. 하지만 자원부국은 저주받은 나라이며, 자원빈국은 축복받은 나라이다. 자원부국의 원주민들은 자연의 풍요로움만을 믿으며, 더없이 한가하고 평화롭게 살아갈 수가 있었지만, 자원빈국의 원주민들은 최악의 생존조건 속에서 더없이 근면하고 성실하게 살아갈 수밖에 없었던 것이다. 전자는 한가함과 평화로움 속에서 야만인이 되어갈 수밖에 없었고, 후자는 근면함과 성실함 속에서 문명인이 되어갈 수밖에 없었다. 일본인들은 언제, 어느 때나 최악의 생존조건과 맞서 싸우며, 그 구성원들 전체가 一心同體가 되지 않으면 안 되었고, 가정, 부족, 직장, 군대, 정당, 그리고 그밖의 모든 단체의 조직원으로서 자기 자신의 이익보다는 전체의 이익을 생각하지 않으면 안 되었다. 따라서 이러한 공동체 사회의 도덕과 규범에 반하는 개인은 천하의 대역죄인이 되어서 할복자살을 하거나, 그렇지 않으면 浪人이 되어서 외롭고 고독하게, 또는 더없이 초라하고 비참하게 자기 자신의 생애를 마치지 않으면 안 되었다. 이러한 일본인들의 원시적인 공동체 의식이 더욱더 극적으로 나타난 것이 '大和魂'이며, 그것은 12세기 말, '가마쿠라 막부'에서부터 19세기 말의 '에도 막부', 즉, '메이지 유신' 이전까지의 '사무라이 정신'으로 설명할 수가 있는 것이다. 12세기 말, 가마쿠라 막부가 탄생하고, "사무라이 계급에게 모든 명예와 특권"이 주어지자, 그때서야 비로소 사무라이들은 "자기 자신들의 행동에 책임을 느끼고 그것을 규제하고 통제할 공통의 규칙과 기준(니토베 이나조, 『사무라이』, 생각의 나무, 2004, 17면)"을 마련했던 것이다. '大和魂'은 일본정신이며, 일본정신은 사무라이 정신이다. 무사도에서는 국가(主君)는 개인에게 우선하며, 개인은 단지 국가의 구성원(분자)으로서만 존재한다. 무사는 忠과 孝의 다툼이 있게 되면 너무나도 당연하게 忠을 택해야만 하고, 주군이 잘못된

길에 빠지면 할복자살을 감행함으로써 주군의 양심을 일깨워 주지 않으면 안 되었다. 더욱이 무사는 언제, 어느 때나 청빈한 생활과 함께, 자기 자신의 명예를 최고의 이상으로 삼아야만 했고, 1702년 12월, 47명의 무사가 주군인 아사노 나가노리의 원수를 갚고 幕府의 명령에 따라 '집단할복자살'을 감행했던 것처럼, 무사는 할복자살마저도 최고의 명예로 삼지 않으면 안 되었던 것이다. 일본사회는 이 세상에서 가장 맑고 깨끗한 사회이며, 타인들에 대한 사랑과 함께, 도덕적인 정의가 살아 숨쉬는 사회이다. '大和魂'에 의해서 일본정신이 싹트고, 일본정신에 의해서 그들만의 민족주의가 아름답게 꽃 피어난다. 이제 '大和魂'의 정점에는 천황 폐하가 있고, 천황 폐하는 신의 대리인이 된다. 일본정신의 기원에는 '大和魂'이 싹틀 수밖에 없었던 최악(혹은 최선)의 생존조건이 있었던 것이고, 그 '大和魂'이 아름답고 웅장하게 자라날 수 있었던 것은 무사계급의 등장과 함께, 그 장구한 통치에 있었다고 해도 틀림이 없다. 19세기 말, 즉, 1867년 메이지 유신으로 말미암아 700년 동안이나 지속되었던 무인 통치시대는 그 역사의 종말을 고했지만, 그러나 현대 사회에서도 그 '大和魂'의 정신은 가장 역동적으로 일본인들의 살과 피 속에서 살아 숨쉬고 있다고 해도 과언이 아니다. 그러나 오늘날의 일본인들은 거인의 몸을 지닌 왜소한 난장이이며, 그 민족주의의 한계를 뛰어 넘지 못하고, 더욱더 발작적인 자폐증의 환자들처럼 움츠러들고만 있는 실정이기도 한 것이다. 타 인종과 이웃 민족에 대한 편견이 제일 심한 곳도 일본이며, 국제사회에서 자기 자신의 위치와 역할을 찾지 못하고, 역사교과서의 왜곡과 야스쿠니의 신사참배와, 또 그리고, 자그만 돌멩이와도 같은 섬들을 둘러싸고 끊임없이 분쟁을 일으키고 있는 곳도 일본이다. 이러한 점에 있어서 이어령의 지적은 너무나도 정확하고, 요컨대 '사랑'과 '행복의 전도사'로서의 일본인들의 역할은 모든 세계인들의 소망과 기대일는지도 모른다.

이어령은 일본문화는 근본적으로 축소지향의 문화이며, 이제는 확대지향의 문화로 나아가고 있다고 말한다. 일본인들의 근면함과 성실함, 그리고 그 무엇보다도 '和'를 중요시하는 집단문화는 세계 제2위의 대국으로 결실을 맺었지만, 바로 그 지점에서, 일본의 영원한 제국의 꿈은 실패를 하게 된다고 말한다. 이제 근면은 광기가 되고, 성실은 맹목이 된다. 순결은 불순이 되고, 민족주의는 배타주의(반세계주의)가 된다. 정의는 불의가 되고, 화는 불화가 된다. 오늘날 일본은 인류의 역사상, 가장 아름답고 끔찍한 원자폭탄의 희생양이 되어갔던 것처럼, 또다시 그처럼 어리석고 우매한 전철을 되밟아 가고 있는 것인지도 모른다.

그러나 이어령의 일본비판은 그가 일본문화의 전체를 보면서도 일본정신의 기원과 그 본질을 이해하지 못한 것처럼, 지난날의 경험에만 의거한 '역사주의의 오류'만을 되풀이 자행하고 있는 것에 지나지 않는다. 역사에 있어서 동일한 사건은 두 번 다시 일어나지 않는다. 모든 민족의 역사는 흥망성쇠가 있는 것처럼, 미국만이 초일류국가로서 영원한 제국을 이끌어 나갈 수는 없는 것이다. 일본은 아직도 영원한 제국의 꿈을 버리지 않고 있으며, 우리가 그 영원한 제국의 꿈 자체를 매도하고, 또 그것을 봉쇄할 수는 없다. 어쨌든 일본은 그 영원한 제국의 꿈을 통해서 그들의 민심과 국력을 결집시키고, 오늘날 세계 제2위의 대국으로 부활할 수가 있었던 것이다. 세계에서 가장 많은 원조비를 부담하고 있는 것도 일본이고, 미국 다음으로 국방 예산을 쏟아붓고 있는 나라도 일본이다. 일본은 아직도 미국의 문화적, 경제적, 군사적인 식민지배의 사슬에서 벗어나지 못했지만, 오늘날 그들의 미국에 대한 순종은 너무나도 마음에도 없는 가짜 순종에 불과하다. 일본헌법 제9조는 일본의 "비무장과 전쟁포기"(『일본헌법제9조』, 38면)를 명시하고 있는데, 그것은 세계 제2위의 대국의 모습이기는커녕, 어떠한 방어능력도 없는 노예 국가의 모습에 지나지 않는 것이다. 만일, 우리 한국인들은 대한민국의 군대가 불법이라면 어떻게 할 것이고,

또 그리고 국방의무에서 해방된 것을 마냥 기뻐할 수만 있겠는가? 일본의 자위대는 세계 제2위의 군대이지만, 이상야릇하게도 위헌적이고도 불법적인 군대에 지나지 않는다. 따라서 일본헌법의 개정의 노력에는 입에 게거품을 물고 반대를 하는 사람들이 왜 자위대를 해체시키고, 그 불법적인 무기들을 마치 전리품처럼, 강탈하려고 하지 않는지를 모르겠다. 이제 일본은 주권국가인 만큼 일본헌법 제9조는 마땅히 개정되어야만 하며, 우리 한국인들이 그것을 결사적으로 반대할 필요가 없다. 또, 그리고, 일본이 세계적인 경제대국인 만큼, 그들의 국제적인 역할을 고려하여 유엔안전보장이사회의 상임이사국 진출을 우리 한국인들이 그토록 반대해서도 안 된다. 독도영유권 주장, 역사교과서의 왜곡, 그리고 야스쿠니 신사참배 등의 사소한 문제들을 가지고, 사사건건 일본인들의 발목만을 잡는 추한 한국인이 되지를 말고, 易地思之의 입장에서, 영원한 제국을 꿈꾸는 일본의 앞날에 기꺼이 양탄자보다도 더욱더 아름답고 화려한 비단길을 깔아주는 것이 더 나을는지도 모른다. 하지만 바로 그때에는 일본은 군사적인 제국이 될 수는 있을지언정, 그들의 '大和魂'은 흔적조차도 없이 사라져 버리고, 보다 더 넓고 관용적이며, 기꺼이 자기 자신들을 희생함으로써 그가 살고 있는 세계를 더욱더 크게 끌어안는 대한민국의 정신만이 늘 푸른 소나무처럼 일본 땅, 일본 열도에서 자라나게 될는지도 모른다. 나폴레옹 황제는 이민족들에게는 '살인마', '식인귀', '불구대천의 원수'였지만, 적어도 프랑스에서만큼은 프랑스인들의 위대한 영웅이었다. 아니, 오늘날에는 독일인, 이탈리아인, 영국인, 오스트리아인, 러시아인들마저도 나폴레옹 황제를 세계적인 영웅으로 추앙하고 또 그에게 경의를 표한다. 이토 히로부미는 천하의 불구대천의 원수였지만, 일본인들에게는 위대한 영웅일 수도 있다. 안중근은 대한민국의 영웅이었지만, 일본인들의 입장에서는 너무나도 파렴치하고 잔인한 테러리스트에 불과하다. 이처럼 역사란 상대적인 것이고, 비록, 우리가 지난날의 상처와 그 아픔 속에서 신음을 하고 있기는 하지만, 고이즈미 준이치로의 야스쿠니 신사참배를 성토할 필요는 없는 것이다. 매국노 이완용의 후손들이 민사소송에서 거듭 승소를 하면서 살아가고 있듯이, 또 박정희, 전두환, 노태우 등, 이 살인마, 식인귀들이 대한민국의 하늘 아래서 살아가고 있듯이, 이제는 일본의 그 모든 잘못들을 더욱더 따뜻하고 너그럽게 용서해줄 때도 된 것이다. 너무나도 사소하고 눈앞의 자그만 이익에만 집착하여 너무나도 훌륭한 이웃 나라의 미래의 앞날을 망쳐서는 아니된다. 나는 더 이상의 인간의 존엄성을 깎아내리며, 더욱더 옹졸하고 구차하게 살아가는 우리 한국인들의 삶의 태도에는 전적으로 찬성을 할 수가 없다. 나는 우리 한국인들의 백만 두뇌를 양성하고 우리 한국인들을 '사상가와 예술가의 민족'으로 육성하기 위하여 태어났지, 거인의 몸을 지닌 왜소한 난장이로서 살아가기 위하여 태어난 것은 아니다.

이어령은 자기 자신의 사상과 이론이 없다. 내가 아는 한, 어떠한 일본인도 세계적인 사상가와 이론가의 반열에 올라 선 인물이 없다. 따라서 일본인들에게 이어령식으로 "너희들은 축소지향적인 인물이니까, 작게 작게 소꿉장난이나 하면서 살아가거라! 만일 그렇게 하지 않는다면, 또다시 원자폭탄의 희생양이 될 것이다!"라고, 우리 한국인들의 원한 맺힌 저주 감정을 퍼부어댈 필요조차도 없는 것이다. 아무튼 일본인들은 이어령보다 더 품이 넉넉하고, 그러니까 이어령과도 같은 외국학자의 글을 대서특필하고, 그야말로 베스트 셀러가 되어주게 했던 것인지도 모른다. 또, 그리고, 그러면서도 일본인들은 이어령의『축소지향의 일본인』의 한계와 그 오류들을 동냥아치에게 동전 몇 푼 건네주듯이, 마음껏 야유하고 비웃어 주었을는지도 모른다. 못난 자는 흥분하지만, 우월한 자는 경멸한다. 일본은 영원한 제국을 꿈꾸고 있고, 그 꿈을 위하여 '大和魂'의 정신을 불태워나가고 있다. 나는 일본인들의 영원한 제국의 꿈에 진심으로 뜨거운 성원을 보낸다. 역사에 있어서는 두 번 다시 동일한 사건이 일어나지 않는 것처럼, 오늘날의 미제국주의보다도 더욱더 아름답고 찬란하게 그들만의 영원한 제국이 건설되기를 바란다. 언젠가, 어느 때는 일본정신의 천박함이 나의 낙천주의 사상의 충복이 될 것을 믿어 의심하지 않으면서.

일본은 상징의 나라이며, 그 상징을 통해서 모든 일본인들을 '大和魂'이라는 '일본정신'으로 이끌어 가고 있는 나라이다. 기호는 사물을 지시하지만, 상징은 인간의 의도(정신)를 지시한다. 일장기는 단순 명료하게 태양을 뜻하고, 일체의 세속적인 정치에는 관여하지 않고 있는 천황은 하나님의 아들(대리인)로서 상징적으로만 존재한다. 또한 일본인들은 가문의 뛰어난 인물이나 순수한 혈통보다도 그 문양을 더욱더 중요시하고, 그 문양을 통해서 가문의 역사와 전통을 이어 나간다. 또한 회사의 로고를 통해서 노사화합을 이끌어 나가고, 대일본제국을 건설해 나간다. 상징이 곧 '大和魂'이며, 그 상징 속에는 일본인들의 역사와 전통과, 그리고 공동체 사회의 구성원으로서의 예의범절과 애국심이 각인되어 있다고 할 수가 있는 것이다. 따라서 일본인들은 그처럼 '탈아시아'를 외쳤으면서도 서구의 물질문명만을 받아들이고, 기독교의 정신만은 받아들이지 않았다고 한다. 오늘날의 기독교인들과 로마의 교황이 가장 푸대접을 받고 있는 나라가 일본이라는 사실을 생각해 본다면, 일본정신의 무서운 위용과 그 힘을 인식하지 않을 수가 없게 된다. 자본주의의 꽃인 일본의 만엔 권의 지폐 속에는 후쿠자와 유키치의 초상이 새겨져 있고, 그는 아직도 일본정신을 대표하고 있는 상징적인 인물이라고 할 수가 있다. 2004년 11월 이전의 구권화폐 속의 주인공들로는 만엔 권에는 후쿠자와 유키치, 오천엔 권에는 니토베 이나조, 천엔 권에는 나쓰메 소세키였으며, 그들은 모두가 대일본제국의 주창자들이었다고 할 수가 있다. 2004년 11월 새로 발행된 신권 화폐에는 오천엔 권에는 니토베 이나조 대신에 여성작가 히구치 이치요로, 천엔 권에는 나쓰메 소세키 대신에 메이지 유신 시대의 유명한 세균학자였던 노구치 히데요로 바뀌었을 뿐, 만엔 권의 주인공에는 후쿠자와 유키치가 여전히 변함없이 그 권좌를 지키고 있다.

후쿠자와 유키치는 '탈아론'의 주창자이자 일본 제국주의의 열광자이다. 그는 그의 「탈아론」에서 "우리는 이웃 나라의 개명을 기다려 함께 아시아를 흥하게 할만큼 여유롭지 못하다. 오히려 거기에서 벗어나 서양의 문명국과 함께 진퇴를 하고, 지나(중국) 및 조선 역시도 이웃 나라라고 해서 특별히 대우할 필요 없이 서양 사람들이 하는 방식대로 대우하면 된다. 나쁜 친구들과 친해져서 함께 악명을 뒤집어 쓸 이유가 없다. 우리는 우리의 마음으로부터 아시아 동방의 나쁜 친구들을 멀리해야 한다(『일본헌법제9조』, 150면)"고 역설한 바가 있다. 뿐만 아니라, 그는 한 걸음 더 나아가, 1885년 「천황께서 직접 징벌 나가실 준비는 되었는가」, 「일본 병사들, 재조선 일본인들의 안부는 어떠한가?」, 「조선 백성들을 위해 조선 멸망은 축하할 일」, 「조선의 멸망은 조선의 피할 수 없는 대세다」라고 한일합병을 열광적으로 주창하고, 그 결과, 아시아인 2,000만명, 일본인 300만명을 대일본 제국주의의 희생양으로 몰아넣은 장본인 중의 한 사람이다. 그는 제1차 세계대전과 제2차 세계 대전 이전의 인물—전범의 때가 묻지 않은 대일본제국의 주창자—이었고, 따라서 일본 제국주의를 상징하는 인물로서 그를 만엔 권의 인물로 선정하게 되었던 것이다. 후쿠자와 유키치는 일본정신, 즉 '大和魂'의 상징이며, 일본은 아직도 여전히 영원한 제국의 꿈을 포기하지 않고 있다.

일장기는 태양을 뜻하고, 일본의 천황은 상징적인 존재로서 하나님의 아들을 뜻한다. 따라서 일본은 세계의 중심이고, 모든 일본인들이 세계를 지배하고 다스려야 한다는 것이 일본인들의 영원한 제국의 꿈이라고 할 수가 있는 것이다. 일본의 만엔 권의 화폐 속에 대일본제국의 열광적인 주창자이자 '征韓論者'인 후쿠자와 유키치의 초상이 새겨져 있다는 것은 이처럼 우연이 아닌 것이다. 아무튼 일본인들의 영원한 제국의 꿈이 그들의 국력과 민심을 결집시키는 '大和魂'으로 나타난 것이고, 일본인들은 그 '大和魂'을 통하여 개인의 이익보다는 전체 이익을, 또, 그리고, 그 무엇을 하더라도 원리원칙을 중요시하고, 불의를 보면 참지 못하며, 항상 근검 절약하는 삶의 태도를 지녀왔던 것이라고 하지 않을 수가 없다. 도덕을 창출한 민족은 위대한 민족정신을 지닌 민족이며, 도덕을 창출하지 못한 민족은 소멸해 가는 민족에 지나지 않는다. 일본은 위대한 민족정신을 지닌 민족이며, 한국은 그렇지 못한 민족이다. 위대한 민족이 그렇지 못한 민족을 지배하고 개같이 학대할 권리를 지녔다면, 우리 한국인들은 그 약육강식의 치욕에서 벗어날 길이 없게 된다.

일본의 식민통치기간은 실제로 36년에 지나지 않았지만, 그러나 그 식민통치기간은 아직도 끝나지 않았고, 영원히 그 출구가 보이지 않고 있는 것처럼도 보인다. 대한민국은 일본에게 무력으로 정복된 순간, 그들의 상품판매시장과 천연자원의 약탈의 대상에 지나지 않았고, 수많은 국민들이 학도병으로, 독립군으로, 또는 정신대로, 강제징용으로 머나먼 이역만리로 끌려 다니며, 마치, 개나 돼지와도 같이 학대받는 생활을 감수하지 않으면 안 되었던 것이다. 제2차 세계대전, 즉, 대동아전쟁에서의 패전 이후, 어쩔 수 없이 일본은 물러가고 말았지만, 이제 대한민국은 남북으로 분단되었고, 동족상잔의 비극을 겪어야만 했었다. 하지만 대한민국의 남북분단과 동족상잔의 비극은 전후 일본경제 부흥의 기초가 되어 주었다. 한국전쟁의 특수는 1950년부터 1953년 5월까지, 연간 4억 900만 달러의 이익을 가져다가 주었고, 일본의 전체 수출의 64%에 해당하는 규모였다고 한다. 일본의 제국의 꿈은 대한민국의 재앙이었고, 대한민국의 재앙은 일본의 행운이었다. 오늘날 대한민국의 대일무역적자는 230억 달러에 달하고, 그것은 곧 바로 일본의 기술과 자본에 종속되었다는 것을 뜻한다. 대한민국은 아직도 일본의 식민지배에서 벗어나지 못했고, 그 결과, 야스쿠니 신사참배와 역사교과서의 왜곡, 그리고 독도영유권이라는 채찍을 맞고 전국민이 신음을 하고 있는 것이다.

우리 대한민국이 일본의 식민지배에서 벗어나는 지름길은 새로운 사상과 이론으로 한국정신을 정립하고, 그 한국정신을 토대로 하여 전국민의 민심과 국력을 결집시켜내지 않으면 안 된다. '愛知', 즉 지혜를 사랑하는 것만이 우리 한국인들에게는 영원한 제국의 꿈과 민족정신을 창출해 내게 해줄 것이다. 대한민국 사회에는 매국노이자 민족의 반역자는 수없이 많이 있어 왔지만, 진정한 '친일파'는 단 한 사람도 없었다는 것이 낙천주의의 사상가로서의 나의 판단이다. 왜냐하면 우리 한국인들은 일본정신과 일본문화의 힘을 전혀 이해하지도 못했고, 조금도 배우지 못했기 때문이다. 진정으로 일본인을 이해하고 일본인을 사랑한 사람들이 일본정신과 일본문화를 배우지 못했다면, 그것은 제 민족을 팔아먹거나 갉아먹은 민족의 반역자에 지나지 않는다. 예컨대, 가미카제 자살특공대로 미국인들의 간담을 써늘하게 했던 일본인들이 천황폐하의 항복선언 이후, '反美'가 아닌 '親美'로 돌아선 것은 다 그럴만한 까닭이 있었던 것이다. 나는 오늘날 '親美가 애국이 되고 反美는 매국'이 되고 있는 이 기이한 역전현상 속에서 일본정신과 일본문화의 우월한 힘을 그 어느 누구보다도 가장 날카롭고 예리한 지적인 민감성으로 감지해낸 바가 있다. 고귀하고 위대한 인물들은 더욱더 강력한 적을 찾아나서고, 그 강력한 적들에게 경의를 표현하면서, 그리고, 마침내는 자기 자신마저도 더욱더 높이 끌어 올리게 된다. 일본인들은 일본정신이 있었기 때문에, 그토록 가증스러운 불구대천의 원수에게 고개를 숙이고도 세계 제2위의 대국으로 올라설 수가 있었지만, 우리 대한민국은 한국정신이 철두철미하게 거세되었기 때문에, '한일수교 40년'이 지나고, 또 올해에는 일본과의 '우정의 해'라고 말하면서까지도 여전히 '반일'이 애국이 되고, '친일'이 매국이 되는 이상하고도 기이한 나라일 수밖에 없는 것이다. 따라서, 어느덧 일본과 국교를 맺고 선린이웃을 표방하고 있는 마당에, 이제는 '친일'과 '반일'에 대한 새로운 정의를 확립해 놓지 않으면 안 된다. 즉, 일본을 진정으로 사랑하고 일본정신을 참답게 이해하며, 또 그들의 장점을 받아들여 대한민국의 정신과 문화의 발전에 기여한다면, 진정으로 친일파보다도 더 한 애국자는 없다고 해도 지나친 말이 아니다. 대한민국에는 친일파는 단 한 사람도 없었고, 오직 매국노와 민족의 반역자만이 있었을 뿐이다. 일본인의 앞잡이가 되고 독립운동가를 밀고하고 고문한 자, 일제에게 아첨하여 사회적으로 높은 지위와 부를 축적한 자—, 이들은 모두가 민족의 반역자이자 대역죄인에 해당된다. 지금 이 순간의 민족의 반역자는 부정부패의 장본인이며, 그들은 모두가 우리 한국인들의 꿈과 희망을 갉아먹고 있는 자들이다. 불법정치자금을 수수한 자, 뇌물을 밥 먹듯이 하는 자, 사면복권을 일삼으며 家臣의 안위와 명예만을 생각하는 자, 부실공사를 일삼으며 뇌물상납의 연결고리를 밥줄처럼 생각하는 자, 고무줄처럼 늘어났다가 줄어드는 잣대를 지니고도 도덕과 정의만을 외쳐대는 자, 세계화로 인한 이익이 그 손실보다도 더 큰데도 오직 개인의 안위만을 생각하고 교육시장과 의료시장의 개방에는 한사코 반대를 하는 자, 부패한 정치인과 관료들에게는 핏대를 올려 세우면서도 온갖 기초생활질서를 지키지 않는 자, 친일파는 민족의 반역자라는 깃발을 높이 들고 있으면서도 일본인들의 논문만을 죽자사자 베껴먹고 있는 우리 학자들, 대한독립운동과 그 역사는 깊이 있게 다루면서도 일본의 TV 프로그램은 모조리 표절해서 쓰고 있는 언론인들, 무라카미 하루끼의 소설이나 베껴먹고 있는 이 땅의 소설가들, 가라타니 고진의 책을 모조리 베껴먹고도 서울대학교의 교수와 대한민국학술원의 회원직을 간직하고 있는 김윤식, 『우리들의 일그러진 영웅』이 머리에서 발끝까지 모조리 표절작품인데도 대한민국의 국민작가로 불리고 있는 이문열—, 바로 이러한 자들이 민족의 반역자이자 대역죄인인 것이다. 부정부패는 대한민국 사회의 암적인 종양이며, 우리 한국인들의 꿈을 갉아먹고, 일본의 제국주의 앞에다가 제 조국을 통째로 가져다가 바치게 된다. '대당절의', '대원절의', '대명절의', '대청절의', '대일절의', '대미절의' 등의 '사대주의'는 그 부정부패의 꽃이며, 또한 부정부패는 싸움 한 번 하지도 못한 채, 제 조국을 명나라(일본)에게 바친 '사대주의'(이성계와 이완용)의 비옥한 토양이다. 박정희는 민족의 반역자이었지, 친일파가 아니었다. 또한 그는 일본천황 폐하를 모시는 황군이었지, 대한민국의 대통령이 아니었다. 박정희는 대일본제국의 황군이었기 때문에, 우리 한국정신을 말살시키고자 학문의 꽃인 철학(사상) 교육을 폐지하고, 그토록 어리석고 우매한 군부독재와 부정부패의 새싹들과 그 나무들만을 가꾸기에 여념이 없었던 것인지도 모른다.

1965년 한일 기본조약이 체결되었으나 이 조약의 어디에도 일본의 식민지 지배 역사도, 일본의 전쟁 책임도 언급되어 있지 않다. 아니, 단지 언급되어 있지 않았을 뿐만 아니라 박정희 장군이 쿠테타로 대통령이 되었을 때, 기시 등, 예전에 조선, 만주를 지배했던 인물들은 무척이나 기뻐하였다. 박정희 장군은 전전前戰 및 전쟁 중에 만주군관학교와 일본육군사관학교를 졸업하고 일본제국의 신하가 되어 자국 동포들의 항일운동을 무자비하게 탄압하던 인물이었기 때문이다.

기시 등 예전의 식민지 지배자들은 박정희 장군에게 선거자금을 제공하는 등 그가 정권을 잡도록 도왔다. 그리고는 일본 정부가 식민지 지배의 잘못을 인정하지 않아서 1951년 이래 14년간이나 질질 끌어왔던 한일조약 교섭마저도 단숨에 해결되고 '한일기본조약'이 체결되었다. 그러나 조약 교섭을 담당했던 시이나 에쓰사부로 외상은 일본이 식민지 지배를 통하여 조선을 발전시켰기 때문에 일본은 '영광의 제국주의'라고 주장했다. 그리고 한일기본조약 체결에 즈음해서는 무상 3억 달러와 유상 2억 달러를 박정희 장군에게 축하금으로 전달하였다. 동시에 「재산 및 청구권에 관한 문제 해결을 비롯한 경제

협력에 관한 일본과 대한민국 간의 협정」으로 양국과 양국민의 재산 및 권리 등의 청구권에 관한 문제가 '완전하게 최종적으로 해결되었음을 확인함'으로써 한국 피해자들이 이후에 할 수 있는 청구권의 요구의 길을 봉쇄해 버렸다.

— 이토 나리히코, 『일본헌법 제9조』, 행복한 책읽기 간, 2005년, 325—6면

수많은 우리 한국인들이 일제 식민치하에서 개나 돼지처럼 학대받고 있을 때, 재빨리 만주군관학교와 일본육군사관학교를 졸업하고 대한민국 애국지사들의 독립운동을 무자비하게 탄압했던 박정희 장군, 공산주의자로서 여순반란 사건의 주동 인물이었다가 재빨리 그의 동지들을 밀고해 버리고 기회주의적인 화려한 변신술로 입신출세했던 박정희 장군, 5·16 군사쿠테타로 정권을 잡고, 불구대천의 원수였던 일본인들에게 선거자금을 얻어쓰고, 그 결과, 한일협정마저도 단숨에 해치워 버렸던 박정희 장군, 수많은 부정부패와 수많은 민주화 인사들을 학살하고도 끝끝내는 궁정동 안가에서 자기 자신의 부하에게 총살을 당해야만 했던 박정희 장군—, 하지만 박정희 장군이 그토록 소중하게 가꾸어 왔고, 애지중지했던 '사대주의'와 '부정부패'의 새싹은 아직도 한나라당의 대표인 박근혜에게서 무럭무럭 자라나고 있다고 해도 과언이 아니다. 박정희는 민족의 반역자이지, 친일파가 아니다. 진정한 친일파가 일본정신과 일본문화의 장점을 전혀 배우지 못했고, 오직 사대주의와 부정부패만을 연출해 냈다면 이것은 지나가는 개도 웃을 일이 될 것이다. 이제 친일은 민족의 애국행위이며, 반일은 민족의 반역행위가 된다. 친일은 일본정신과 일본문화를 제대로 알고 고귀하고 위대한 우리 한국인들의 민족정신을 창출해내 줄 수가 있지만, 반일은 우리 한국인들의 온갖 부정부패와 사대주의만을 연출해 내고, 단 한 번의 전쟁도 해보지 못한 채, 이성계처럼, 이완용처럼, 박정희처럼, 대한민국의 국토를 일본(또는 미국, 중국)의 식민지로 통째로 가져다가 바치게 된다. 그토록 오랜 역사와 전통을 지녔으면서

도 친일과 반일의 의미도 제대로 구분하지 못한 채, 역사 철학적으로 가장 확실하게 못쓰게 된 우리 한국인들이여! 그러나, 제발 이제부터는 더욱더 강력한 적을 사랑하거라! 그러면 그대들은 더욱더 위대해질 수가 있을 것이다.

이어령이 사상과 이론에 대한 무지 때문에, 일본정신의 본질과 영원한 제국의 꿈을 제대로 이해하지 못했다면, 전여옥은 일본정신과 일본문화에 대한 이해는커녕, 사적인 체험과 독단주의에 사로잡혀서 그토록 무식하고 무자비하게, 또한 그만큼 유치하고 어리석기 짝이 없는 '반일감정'만을 잔뜩 부풀려 놓았다고 해도 지나친 말이 아니다. 전여옥은 제국주의가 무엇인지도 모르고, 민족주의가 무엇인지도 모른다. 일본정신이 무엇인지도 모르고, 일본문화가 무엇인지도 모른다. 제국주의, 민족주의, 일본정신, 일본문화는 '일본문화론'의 가장 핵심적인 주제들이며, 따라서 그 주제들에 대한 역사 철학적인 성찰을 끝냈을 때만이, 참다운 '일본문화론'의 저자가 되어갈 수가 있는 것이다. 제국주의란 무엇이고 민족주의란 무엇인가? 일본정신이란 무엇이며, 일본문화란 무엇인가? 일본은 어떻게 해서 메이지 유신 이후, 근대화에 성공했으며, 대동아전쟁에서의 패전 이후, 또한 어떻게 해서 그 패전의 아픔을 극복하고 오늘날 세계 제2위의 대국이 될 수가 있었던가? 일본문화의 장점과 단점이란 무엇이며, 우리 한국인들은 어떻게 해서 일제 식민지의 잔재를 청산하고, 대한제국, 아니, 영원한 제국의 꿈을 펼쳐나갈 것인가? 전여옥의 『일본은 없다』(푸른 숲, 1997)라는 책은 무조건적인 원한 맺힌 저주감정의 사악한 폭발이며, 그만큼 사적인 체험과 독단주의에 치우친 책이라고 하지 않을 수가 없다. 따라서 그녀는 일본인들의 제국주의에서는 팽창주의만을 바라다 보게 되고, 또 그들의 민족주의에서는 집단적인 광기와 인종차별주의만을 바라다 보게 된다. 일본인들의 일본정신은 개인의 자유와 창조성을 억압하는 획일주의에 불과하고, 그들의 사회제도는 아름답고 풍요로운 삶이 없는 노예제도에 지나지 않는다. 근면은 광기가 되고, 성실은 맹목이 된다. 순결은 불순이 되고, 민족주의는 배타주의가 된다. 정의는 불의가 되고, 화는 불화가 된다. 요컨대 일본정신과 일본문화에는 단 하나의 장점도 없고, 따라서 일본은 존재하지 않는다는 것이 전여옥의 가장 핵심적인 전언이라고 할 수가 있는 것이다.

암탉이 울면 집안이 망하고, 엉덩이에서 뿔이 돋아나면 도깨비들이 춤을 추게 된다. 일본인들의 철두철미한 기초생활의 질서와 근검절약의 정신을 향해서 암탉이 울고, 그들의 고귀하고 위대한 장인 정신을 향해서 도깨비들이 춤을 춘다. 언제, 어느 때나 개인의 이익보다는 전체의 이익을 생각하는 그들의 사회성을 향해서 암탉이 울고, 불의를 보면 결코 참지 못하는 그들의 도덕성을 향해서 도깨비들이 춤을 춘다. 암탉의 울음은 언제나 불길하고, 도깨비들의 춤은 언제, 어느 때나 음산하기만 하다. 그러나 그 암탉의 울음과 도깨비들의 춤은 대한민국이라는 부정부패의 공화국에서 연출되고 있는 것이지, 이 세상에서 가장 깨끗하고 맑은 대일본제국에서 연출되고 있는 것이 아니다. 우리 한국인들은 일본인들처럼 철두철미하게 기초생활의 질서를 지키고 있고, 또한 언제, 어느 때나 근검절약의 정신을 가지고 있는가? 우리 한국인들은 일본인들처럼 고귀하고 위대한 장인정신을 지니고 있으며, 또한 언제, 어느 때나 개인의 이익보다는 전체의 이익을 생각하고 있는가? 만일, 그렇다면 우리 대한민국은 세계 제2위의 대국이 되고 국민소득 30,000달러 이상의 문화선진국이 되었을 테지만, 그러나 전여옥은 우리 국민들의 그토록 간절한 소망과 열망에 반하여, 우리 한국인들의 집단적인 광기와 배타적인 민족주의를 비판하고, 이 세상에서 가장 부패하고 못 사는 중남미와 아프리카로 이민을 떠나갔을는지도 모른다.

우리 인간들은 호랑이나 곰처럼 단독자로 살아가지 못하고 무리를 지어서 살아갈 수밖에 없는 동물이다. 이른바, 개인의 자유를 희생시키고, 집단의 사회성을 선택하게 된 것이다. 개인의 자유는 어디까지나 타인의 자유를 짓밟지 않고 공동체 사회가 허용하는 범위 내에서 주어지는 것이지, 도덕과 법을 초월해서 주어지는 것이 아니다. 내가 있고 세계가 있다는 말도 맞는 말이지만, 세계가 있고 내가 있다는 말도 맞는 말이다. 따라서 우리 인간들의 민족주의(사회성)를 보지 못하고 개인주의만을 바라본 전여옥의 관점은 독단주의 바로 그 자체이며, 우리 한국 사회는 그 독단주의 측면에서, 선과 악, 진실과 허위, 윤리와 반윤리, 민족주의와 세계시민주의를 제대로 이해하지도 못한 채, 부정부패의 암적인 종양을 제거하지 못하고 있는 것이다. 일본인들은 문학 분야에서, 의학 분야에서, 물리학 분야에서, 화학 분야에서, 그리고 그 모든 부문의 노벨상을 수상한 바가 있지만, 그토록 개인의 자유와 창의성이 보장되어 있는 한국 사회에서는 부정부패의 화신인 김대중을 제외하고는 어느 누구도 노벨상을 수상한 바가 없다. 사상과 이론은 개인의 자유와 창의성의 산물이며, 노벨상은 바로 그 사상과 이론의 주체자에게 수여되는 영광의 표지이다. 만일 그렇다면, 과연 일본인들과 우리 한국인들 중에서 어느 민족이 더 개인의 자유와 창의성을 향유하고 발휘하고 있는 민족이란 말인가? 나는 전여옥이 아닌, 모든 세계인들에게 이렇게 묻고 싶은 것이다. 전여옥의 독단주의(개인주의)는 부정부패의 암적인 종양이며, 우리 한국인들과 일본인들을 영원히 화해할 수 없는 악순환의 관계로 몰아가고 있다. 이제 전여옥은 한국방송공사의 기자도 아니고, 리마주 방송프로덕션의 대표만도 아니고, 제일 야당인 한나라당의 대변인이다. 한나라당은 부정부패의 원조정당이며, 따라서 수많은 암탉과 엉덩이에 뿔 달린 도깨비들로 득시글거리고 있다고 해도 틀림이 없다.

일본의 민족주의는 광신적인 쇼비니즘이며, 개인의 자유와 창의성을 압살하고, 한 걸음 더 나아가, 우리 대한민국을 비롯한 이웃 국가들에게 그 제국주의적인 발톱을 드러낸 바가 있다. 일본인들의 민족주의는 제국주의이며, 그 제국주의는 우리 한국인들에게는 재앙이자 악몽, 그 자체였다. 그러나 그렇다고 해서 민족주의와 제국주의를 잘못 이해하고 이 세상에서 제거해야 할 암적인 종양이라고 말할 수는 없다. 왜냐하면 민족주의와 제국주의가 없으면 우리 인간들은 이 세상을 살아갈 만한 존재의 이유와 그 꿈을 잃어버리게 되기 때문이다. 우리 한국인들은 일본의 제국주의 속에서도 살아 남았고, 이제는 미제국주의 속에서도 살아가고 있다. 전여옥은 민족주의와 제국주의에 대한 혐오가 지나쳐 '일본은 없다'라고 극단적인 독설을 퍼부어 댔지만, 그러나 브레진스키의 말을 빌린다면, 이빨이 없는 독설은 절대로 물어뜯지 못한다. 만일, 일본이 없다면, 또한 가까운 시일 내에 정말로 일본이 존재하지 않는다면, '식민지배의 사과'나, '정신대 여성의 보상 문제'는 거론할 필요조차도 없는 것이고, 또한 역사교과서의 왜곡이나 독도영유권의 주장에 그처럼 전 국민이 광란의 도가니에 빠져서 흥분할 필요조차도 없는 것이다. 과연 어떻게 허깨비나 유령과도 같은 일본을 향해서 역사교과서의 왜곡과 '독도는 우리 땅'이라고 외칠 필요가 있는 것이며, 또한 어떻게 그처럼 온갖 독설을 퍼부어대면서도 그 유령이나 허깨비 같은 존재들에게 해마다 수백억 달러씩 무역적자를 보고 있는 것이란 말인가? 나는 전여옥의 『일본은 없다』를 읽으면서, 오히려, 거꾸로, 『한국은 없다』라는 책을 출간하고 전여옥에게 생일선물로 보내주고 싶은 충동을 느끼지 않을 수가 없었다. 독설과 험담과 떼거지적인 사고법은 우리 한국인들의 주특기이고, 그러면서도 일본의 자본과 기술에 더욱더 매달리는 철면피함도 우리 한국인들의 주특기이다. 김윤식 등, 이 땅의 모든 지식인들이 일본의 학문을 너무나도 파렴치하고 뻔뻔스럽게 글도둑질—대한민국 국회의원인 전여옥 여사도 표절시비에 휘말렸던 것처럼—하는 것도 주특기이며, 가까운 시일 내에 이 세상에서 사라져 버리고 말 그 유령과도 같은 정신병자들에게 떼를 쓰는 것도 우리 한국인들의 주특기이다. 오늘날 대한민국이 남북으로 분단된 것은 외세의 개입 때문도 아니고, 더군다나 이데올로기 때문도 아니고, 오직 우리 한국인들이 우리 대한민국을 지킬 수 있는 힘을 상실했기 때문이다. 우리 한국인들은 책임감이라고는 전혀 없는 책임전가 유형이고, 어쩔 수 없는 노예민족에 지나지 않는다. 내 탓은 하나도 없고 날이면 날마다 연출되는 사색당쟁과 부정부패마저도 모두가 일본의 탓인 것이다.

> 평민적인 혈통이 아직 몸 속에 남아 있는데도 정신적 귀족성에 이르려는 노력을 행하지 않았을 때 항시 어떤 결과가 빚어지는가를 보여준 것이 바로 그것입니다……내가 말하는 그러한 종류의 천민을 꼭 하류계층에서만 찾을 수 있는 것은 아닙니다……내 형제인 피터—그 역시 막 책에서 해방된 천민입니다."
>
> — 입센, 『민중의 적』, 신원문화사, 2004년

주지하다시피 제국주의자들이 반드시 반인륜적인 파렴치범도 아니고, 인류의 영원한 숙적인 것만도 아니다. 그들이 자기 자신들의 탐욕과 이익을 위해서 제3세계를 약탈하고, 아름답고 풍요로운 역사와 전통을 파괴시킨 바가 있지만, 오늘날 우리 한국인들의 입장에서 바라다 본다면, 우리가 순전히 세계11대 교역국가의 문명인으로서 살아가고 있는 것은 그들의 문명과 문화의 덕택이라고 하지 않을 수가 없다. 시계, 라디오, TV, 비디오, 냉장고, 세탁기, 오디오, 양복, 구두, 자동차, 배, 비행기, 군함, 엘리베이터, 에어컨, 선풍기, 전화, 핸드폰 등의 문명의 이기들을 발명했던 것도 제국주의자들이고, 대서양과 태평양과 열대우림과 그리고 극북지방으로 여행을 갈 수 있었던 것도 순전히 그 제국주의자들의 개척 정신의 덕분이다. 남북으로 분단된 것도 제국주의자들의 만행의 소산이긴 하지만, 제법 세련되고 정교한 현대식 교육제도를 통하여, 절대빈곤 국가에서 이처럼 중진국으로 올라설 수 있었던 것도 순전히 그 제국주의자들의 덕택이다. 전 세계의 수십억의 인구가 만성적인 실업과 절대 기아선상에서 죽어가고 있다는 사실을 생각해볼 때, 우리 한국인들은 너무나도 분명하게 세계화로 인한 이익이 그 손실보다도 크다는 것을 알 수가 있을 것이다. 제발 무조건적인 떼를 쓰는 유아적인 사고방식—전여옥의 그 유치하고 어리석기 짝이 없는 '반일감정'의 책마저도 출간해 주는 일본인들의 그 문화적 포용성을 다시 한 번 생각해 보라—을 하루바삐 걷어치우고, 모든 것을 두루두루 살펴볼 수 있는 종합적인 시야를 기르지 않으면 안 된다. 역사교과서의 왜곡, 그것은 순전히 일본인들의 역사에 지나지 않으며, 우리 대한민국의 역사는 따로 있다. 일본인들은 일본인들의 입장에서 역사를 기술하면 되는 것이고, 우리는 우리 입장에서 역사를 기술하면 된다. 단, 우리 한국인들의 입장에서 왜 우리가 그처럼 치욕적인 굴욕의 역사를 기록하게 되었는가를 반성하고, 그리고, 언젠가, 어느 때는 대한민국도 영원한 제국이 될 수가 있다는 희망찬 미래의 역사도 기술하지 않으면 안 된다. 독도 영유권 주장, 그것은 일본인들의 한 여름밤의 잠꼬대에 지나지 않으며, 전쟁에 의한 패배가 아니면 결코 빼앗길 염려가 없다. 야스쿠니 신사참배, 그것은 단순히 일본인들이 자기 자신들의 조상에 대한 참배에 불과하고, 우리 한국인들에게는 수많은 순국열사와 독립기념관이 따로 있는 것이다. 나는 이 무한히 너그럽고 자비로운 '大德의 사상'—낙천주의자의 대덕의 사상—을 통하여 '新外交禮法'이라는 용어를 전 세계인들에게 선사해 주고자 한다. '반상징화'란 정치학의 용어는, 보다 약한 정당이 보다 강한 정당이 추구하는 가치와 법칙들을 재빨리 받아들인 다음, 그것을 다시 상대방에게 되돌리는 것을 말하고, 이 '新外交禮法'도 그 뜻은 똑같다고 할 수가 있다. 그러나 '반상징화'란 용어는 너무나도 난해하고 조잡한 용어에 지나지 않으며, 그것을 나의 '新外交禮法'이라는 용어로 고쳐 부르는 것이 더욱더 타당하다고 생각된다. '新外交禮法'이란 도저히 불가능해 보이는 상대방의 요청을 흔쾌히 수락함으로써 상대방에게 더욱더 무거운 책임과 도덕성을 거꾸로 요청하는 것을 말한다. 일본의 독도 영유권 주장에는 전혀 대응을 하지 않고 침묵하면서, 독도의 경비를 강화시키고, 새로운 주민들을 이주시키거나 해상호텔과 공공기관의 사무실을 해상 위에 건축하지 않으면 안 된다. 역사교과서 왜곡과 야스쿠니 신사 참배문제는 이미 앞에서 얘기한 대로 하면 되는 것이고, 그리고 마지막으로 일본은 세계 제2위의 군사 대국인 만큼, '전쟁 포기와 비무장'을 명시한 일본헌법 제9조를 개정할 수 있도록 거꾸로, 적극적으로 도와주고, 또한 일본의 UN 안전보장회의 상임이사국 진출을 적극적으로 도와주지 않으면 안 된다. 일본의 국력이나 국제사회의 공헌도를 생각해볼 때, 일본은 어차피 UN 안전보장이사회의 상임이사국이 될 것이 너무나도 분명한데, 우리가 그토록 반대를 해서 더욱더 사이가 나빠질 필요는 없는 것이다. 나의 이 '新外交禮法'은 지난 한 세기 동안 질질 끌어온 한일 간의 해묵은 난제들을 일거에 해결할 수 있는 '대덕의 사상'이며, 그리고 그렇게 함으로써 우리 한국인들의 살신성인의 자세와 그 정신을 보여주게 될 것이다. 만약 일본이 우리 한국인들의 이러한 '대덕의 사상'을 제대로만 이해한다면, 세계 속에서의 그들의 역할과 앞으로 동북아 시대의 새로운 비전을 제시하고, 일본과 한국—남북이 통일된 한국—, 그리고 중국은 세계 속에서 동북아 시대를 열어가며, 더욱더 사이좋은 이웃국가들로 통합되게 될 것이다. 만일 그렇게 된다면 오늘날의 유럽 연합처럼 정치적, 경제적, 문화적 통합도 어렵지 않게 성사될는지도 모른다. 요컨대 독도 영유권 주장, 역사교과서의 왜곡, 야스쿠니 신사 참배에 대하여 모든 언론과 전 국민이 그처럼 흥분할 필요는 없는 것이며, 오히려 거꾸로 냉담하다 싶을 정도로 무시해 버릴 필요가 있는 것이다. 외교적인 현안에 있어서 약자는 사소한 일에는 곧잘 핏대를 올려 세울 수가 있지만, 강자는 냉소적이고 묵묵부답으로 일관하게 된다. 강자가 화를 내면 약자는 잔뜩 겁을 집어먹고, 그 어떤 말도 하지 못한다. 한일합병 조약과 한미방위조약이 바로 그것을 증명해 준다. 일본이 마음만 먹으면 대한민국과 국교를 단절시킬 수도 있고, 무력으로 독도를 강탈해 갈 수도 있다. 이것이 그 어느 누구도 부인 못할 냉엄한 현실인 것이다.

현대식 교량을 건널 때마다 나는 갑자기 懷古主義者가 된다
이것이 얼마나 죄가 많은 다리인 줄 모르고
식민지의 곤충들이 24시간을
자기의 다리처럼 건너다닌다
나이 어린 사람들은 어째서 이 다리가 부자연스러운지를 모른다
그러니까 이 다리를 건너 갈 때마다
나는 나의 심장을 기계처럼 중지시킨다
(이런 연습을 나는 무수히 해왔다)

그러나 문제는 이러한 反抗에 있지 않다
저 젊은이들의 나에 대한 사랑에 있다
아니 信用이라고 해도 된다
"선생님 이야기는 20년 전 이야기이지요"
할 때마다 나는 그들의 나이를 찬찬히
소급해가면서 새로운 여유를 느낀다
새로운 역사라고 해도 좋다

이런 경이는 나를 늙게 하는 동시에 젊게 한다
아니 늙게 하지도 젊게 하지도 않는다
이 다리 밑에서 엇갈리는 기차처럼
늙음과 젊음의 분간이 서지 않는다
다리는 이러한 정지의 증인이다

젊음과 늙음이 엇갈리는 순간
그러한 속력과 속력의 정돈 속에서
다리는 사랑을 배운다
정말 희한한 일이다
나는 이제 적을 형제로 만드는 실증을
똑똑하게 천천히 보았으니까!
— 김수영, 「현대식 교량」 전문

김수영의 「현대식 교량」에는 식민 시대의 지식인으로서 뼛속 깊이 파고드는 참다운 반성과 자기 성찰이 있고, 그 '식민지의 곤충'으로서의 죄의식을 씻고 구세대와 신세대 간의 화해를 통해 새로운 미래의 꿈을 노래하고 있다. 구세대는 대한제국을 돌보지 않고 사색당쟁과 사적인 이익만을 추구한 결과, 일본에 의하여 나라를 빼앗긴 대역죄인들이며, 신세대는 구세대의 과오에 의하여 아무런 죄 없이 식민잔재와 동족상잔의 비극과 세계 제일의 빈곤국가라는 채무를 짊어진 세대이다. 그러나 구세대는 뼛속 깊이 파고드는 참다운 반성과 자기 성찰을 통하여 대역죄인으로서의 용서를 구하고, 신세대는 구세대의 참다운 반성과 참회의 눈물이 있다는 것만으로도 그 모든 것을 다 용서하고, 즉 사랑으로써 감싸주게 된다. 이때의 사랑은 무조건적인 용서도 아니고, 제 핏줄과 제 민족만을 소중히 여기는 근친상간적인 것만도 아니다. 그 사랑은 암울했던 지난날의 모든 과오를 다 털어버리고, '식민지 곤충들'을 인간으로 끌어 올리고, 한 걸음 더 나아가, '영원한 제국'의 신민으로 끌어올리는 사랑이라고 해도 틀림이 없다. 우리 한국인들은 김수영이 「현대식 교량」을 통해서 이처럼 영원한 제국의 토대를 쌓아 놓은 것을 이해하지도 못한 채, 아직도 사색당쟁과 부정부패의 축제로 밤을 지새우고 있다. 다시 말해서, '부정부패를 뿌리 뽑자', '일본을 뛰어넘고 미국을 뛰어넘어, 영원한 제국을 건설하자'는 꿈을 상실하고 무조건적인 반미주의와 반일본주의로 밤을 지새우고 있는 것이다. '고귀하고 위대한 것은 고귀하고 위대한 민족에게, 비천하고 더러운 것은 비천하고 더러운 민족에게'라는 영원한 제국의 금과옥조를 이해하지 못한 우리 한국인들, 대한민국이라는 국호가 부끄러울 정도로 기초생활질서를 안 지키고, 부정부패의 꽃을 피워가는 우리 한국인들은 이 반경환과 김수영과는 달리, 얼마나 더럽고 추한 노예적인 인간들이란 말인가?

고귀한 인물(민족)과 천박한 인물(민족)—, 이 두 사람은 모두가 다 같이 식민지의 지식인으로서 태어났고, 자기 자신의 몸 속에서 더럽고도 추한 하층민(노예)의 피가 흐르고 있다는 사실 때문에 몹시도 괴로워했던 적이 있다. 그러나 전자는 낙천적이었고, 후자는 염세적이었다. 고귀하고 위대한 인물은 참다운 반성과 자기 성찰을 통하여 '모든 것이 내 탓이다'라는 책임의식이 강한 인물이 되었고, 비천하고 천박한 인물은 늘 회의적이고 그 찌푸린 시선 탓으로 모든 것을 남의 탓(제국주의자들의 탓)으로만 돌리는 책임전가형의 인물이 되었다. 고귀하고 위대한 인물은 지혜, 용기, 성실함으로 학문 연구에 매달리고, 그 사상과 이론을 통하여 전 세계를 지배하게 되었고, 비천하고 천박한 인물은 무목표, 무의지, 무책임으로 일관하고, 학문 연구는커녕, 자칭 평화를 사랑하는 민주주의자가 되어 갔다. 고귀하고 위대한 인물은 늘 언제나 더욱더 고귀하고 위대한 인물을 사랑하며, 자기 자신을 높이 높이 끌어올린 반면, 비천하고 더러운 인물은 니체, 쇼펜하우어, 아인시타인, 뉴턴, 플라톤, 나폴레옹, 알렉산더 대왕, 빌 게이츠와도 같은 인물들을 전혀 이해하지도 못한 채, 늘 제 집만을 지키는 犬公처럼 끊임없이 짖어대며 물어뜯기에 바빴다. 유태인, 일본인, 영국인, 프랑스인, 독일인은 고귀하고 위대한 민족이고, 한국인, 중남미인, 아프리카인들은 더럽고 비천한 민족이다. 우리 한국인들은 지난 수천 년 동안 인간이라는 가치를 극단적으로 저하시킨 민족이며, 달리 생각해 보면 하루바삐 소멸해 버리는 것이 지구촌 정화사업에 더욱더 어울리는 노예의 민족에 지나지 않는다.

우리 한국인들이 자기 자신의 평민적 혈통, 또는 노예민족의 혈통을 극복하고 고급문화인이 될 수 있는 지름길은 오직 '愛知', 즉 지혜를 사랑하고 또 사랑하는 길 밖에는 없다.

나는 『애지를 펴내면서』(『애지』, 2005년 여름호)에서 다음과 같이 역설한 바가 있었다.

> 그러나 호랑이에게 물려가도 정신만 차리면 살 수가 있듯이, 이럴 때일수록 냉정하게 이성을 되찾고 학문 연구에 전념하지 않으면 안 된다. 천 리 길도 한 걸음부터이다. 우선 초, 중, 고등학교에서부터 철학을 가르치고, 모든 교육 과정을 독서와 글쓰기 중심으로 대체해 나가지 않으면 안 된다. 국어, 영어, 사회, 철학, 도덕, 그리고 자연과학마저도 최고의 논문을 쓸 수 있는 예비단계로서 독서와 글쓰기 중심의 기초 과정에 충실해야만 하고, 그리고는 대학에서는 마르크스, 프로이트, 니체, 쇼펜하우어, 칸트, 아인시타인, 뉴턴, 스티븐 호킹처럼, 세계적인 사상과 이론을 생산해 내지 않으면 안 된다. 사상과 이론은 세계정복운동이며, 바로 그때에는 우리 한국인들은 '사상가와 예술가의 민족'이 되고, 일본 땅, 일본 열도에는 대한민국의 정신과 문화가 언제나 늘 푸른 소나무처럼 펴져나가게 될 것이다. 아무런 강요와 강제를 하지 않아도 자발적으로, 적극적으로 수입해 갈 수밖에 없는 정신과 문화—. 따라서, 바로 그것만이 우리 한국인들이 일본인들에게 피눈물나게 당한 치욕과 패배의 아픔을 되갚아 줄 수가 있는 것이다. 사상과 이론(지혜)은 돈이고, 명예이고, 권력이며 그 모든 것이다.
>
> 우리 대한민국이 일본을 극복하는 유일한 지름길은 세계적인 수준의 교육제도를 연출해 내고, 세계적인 대사상가들을 배출해 내는 길 밖에는 없다. 하루바삐 제 집만을 지키는 犬公의 수준을 벗어나서, 어서 빨리 교육시장을 개방하고, 서울대학교를 비롯한 이 땅의 명문대학교들마저도 외국의 명문대

학교에 팔아버리고, 세계적인 석학들을 모셔오지 않으면 안 된다. 지금 우리 한국의 학자들의 실력으로는 세계적인 대사상가들을 배출해 내기는커녕, 어떠한 교육개혁도 이루어 내지 못한다. 왜냐하면 우리 학자들은 어떠한 사상과 이론도 정립하지 못했고, 가까운 시일 내에 세계적인 석학이 될 수도 없기 때문이다. 지금 우리 한국인들에게는 '우리 한국인들이 세계적인 대사상가가 될 수 있느냐/ 없느냐'가 문제이지, 우리 한국인들의 정체성의 문제는 그 다음의 문제에 지나지 않는다. 적이 없으면 동지도 없고, 동지가 없으면 적도 없다. 미국과 일본과 중국과 러시아는 우리 한국인들의 강력한 적이며, 우리는 그들이 있다는 것만으로도 더욱더 위대해질 수가 있는 것이다. 더욱더 강력한 적을 사랑하라, 그러면 우리 한국인들은 그 강력한 적들보다도 더욱더 위대해질 수가 있는 것이다.

적의 건강함은 나의 건강함이고, 나의 건강함은 적의 건강함이다. 적을 사랑하고 또 사랑할 수 있는 자만이 진정으로 고귀하고 위대한 인물이며, 마치, '원수를 내 몸처럼 사랑'하는 진정한 영웅이 되어갈 수가 있는 것이다. 사상의 힘이란 어떠한 원자폭탄보다도 그 파괴력이 더 크고 그처럼 무서운 것이다.

더욱더 강력한 적을 찾아보고, 더욱더 강력한 적 앞에서 무릎을 꿇어보라! 그러면 그대가 얼마나 왜소한 난장이이며, 의지박약한 인간인가를 알게 될 것이다.

더욱더 강력한 적을 찾아 나서라! 그러면 그대는 그 강력한 적을 찾아내기까지의 오랜 준비과정, 즉, 고통의 지옥훈련과정 속에서 더욱더 강력한 적이 되어가는 것을 느끼게 될 것이다.

더욱더 강력한 적을 단칼에 베어버리고, 마치 알렉산더가 크세르크세스 궁전, 즉 페르세폴리스를 불태워버리고, 페르시아 정복사업의 완성을 기념했던 것처럼, 그대의 가장 찬란하고 화려한 사상의 신전을 세워보라! 그러면 그대는 돈과 명예와 권력을 다 움켜쥐고 영원한 제국의 황제가 되어갈 수도 있을 것이다.

제10계: 언제나 성실하게 생활을 하라;

우리 한국인들은 어떤 말을 해도 알아 듣지 못하고, 또 그것을 실천해낼 능력도 없다.

만인 대 일인의 싸움—,

무지몽매한 한국인들과 철학자와의 싸움—,

나는 오직, 고립무원의 단 한 사람의 성실성을 믿을 수밖에 없다.

철학이란 지혜를 탐구하는 학문이며, 지혜 사랑을 통하여 낙천주의의 세계, 즉, 지상낙원의 세계를 창출해 내는 학문을 말한다. 지상낙원은 모든 것이 가능하고 어느 것 하나 부족한 것이 없는 세계이며, 보다 완전하고 전지전능한 인간이 살고 있는 세계를 말한다. 따라서 모든 철학자들은 최고급의 인식의 제전을 통하여 새로운 지혜를 창출해 내기에 여념이 없었던 것이고, 그 결과, 인간이라는 종이 향상되고 오늘날의 문명과 문화를 창출해 내게 되었던 것이다. 나의 '사색인의 십계명'—제1계: 깊이 있게 배운다, 제2계: 잘 질문한다, 제3계: 神의 권위도 인정하지 말라, 제4계: 사상의 신전을 짓고 모든 사람들을 초대하라, 제5계: 최고급의 인식의 제전을 펼쳐 보아라, 제6계: 언제나 '실패의 여신'께 감사의 기도를 드려라, 제7계: 역사의 감각이 마비되지 않도록 조심하고 또 조심하라, 제8계: 언제나 낙천적이어야 한다, 제9계: 더욱더 강력한 적을 찾아 나서라, 제10계: 언제나 성실하게 생활을 하라—은 철학예술가로서의 나의 계율이며, 바로 그 계율 속에는 나의 낙천주의 사상이 가장 찬란하고 화려하게 펼쳐지고 있는 것이다. 철학예술가는 깊이 있게 공부하고 잘 질문할 줄 알아야 하며, 신의 권위마저도 인정하지 않아야 된다. 또한 그는 자기 자신만의 사상의 신전을 짓고 모든 사람들을 초대하고, 바로 그 자리에서 최고급의 인식의 제전을 펼쳐보여야만 하며, 그리고 바로 그 사상의 신전이 크고 작은 수많은 실패의 역사 속에서 축성될 수 있었음을 설명할 수 있어야만 한다. 그러나 그는 역사의 감각이 마비되지 않은 인간이며, 언제, 어느 때나 낙천적인 인간이다. 그는 언제, 어느 때나 더욱더 강력한 적을 찾아 나섰던 인간이며, 고통의 지옥훈련과정을 통하여 방안 가득히 '부(지혜)의 성실함'을 쌓아둔 인간이다. 자기 자신의 도덕철학을 창출해 내고 그 계율을 통하여 낙천주의 사상의 신전을 지배하고 있는 철학예술가, 수많은 신들의 권위마저도 부정하고 無神論의 정점에서, 새로운 미래형의 인간으로서 황금옥좌를 지배하고 있는 철학예술가, 그는 영원한 제국의 주인공이며 불멸의 인간이다. 다시 말해서, 철학예술가는 그의 충신들인 철학자들을 수없이 거느리고, 그 신하들의 호위 속에서 도저히 불가능해 보이는 새로운 가치와 함께, 끊임없이 새로운 미래형의 인간들을 창출해 내고 있다고 해도 지나친 말이 아니다. 철학예술가의 근본신조는 철학이란 철학예술가를 위해서 새로운 철학예술로 옷을 갈아 입어야만 하며, 철학이란 보다 고귀하고 위대한 인간이 보다 고귀하고 위대한 인간으로 태어나기 위한 발디딤판이 되어주지 않으면 안 된다. 철학은 더욱더 비옥하고 부드러운 토양이 되지 않으면 안 되고, 철학예술은 그 비옥하고 부드러운 토양 속에다가 언제나 늘 푸른 소나무처럼 그 뿌리를 내리지 않으면 안 된다. 철학자와 철학예술가, 그들은 모두가 다같은 인간이지만, '부의 성실함'의 척도에 따라서 다양한 계층과 계급으로 나뉘어진다. 물질자본, 지적자본, 상징자본, 종교자본 등, 우리 인간들의 부의 유형은 매우 다양하고, 그리고 자본의 유무에 따라서, 마치, 피라미드의 구조처럼 수직적인 서열제도를 구축하게 된다. 성실함의 척도는 부의 척도이며, 부의 척도는 성실함의 척도이다. 민주주의 사회는 '만인평등'이라는 폭력적인 잣대로 모든 수직적인 서열제도를 부정하지만, 고귀하고 위대한 인간들의 사회, 즉, 귀족사회는 그가 가진 능력에 따라서 모든 특전과 특권을 배분하게 된다. 민주주의는 대중들의 거짓 환영이며, 민주주의가 사실 그대로 구현된다면―절대로 그럴 리가 없겠지만―, 가진 자와 못 가진 자, 농민과 상인, 지식인과 문맹인, 건강한 자와 불구자, 어른과 아이, 남자와 여자, 성자와 바보의 차이가 없어지고, 그 문화적인 무질서만이 자라나게 될 것이다. 민주주의는 인간의 건강을 해치는 치명적인 독약이며, 생존경쟁이라는 유기체의 본능마저도 부인하는 반생물학적인 정치체제에 불과하다.

나는 이미, 『사색인의 십계명』 제1장에서, 철학예술가로서의 나의 철학적인 話頭를 설명한 바가 있는데, 지혜, 용기, 성실이 바로 그것이다. 지혜, 용기, 성실은 철학예술가로서의 학문연구의 전제조건이며, '사색인의 십계명'은 낙천주의자로서의 나의 도덕적(교육적)인 계율이다. 지혜는 그의 뛰어난 두뇌의 산물이며, 그는 그 지혜를 통하여 이 세상에서 어느 누구도 상상할 수 없는 지상낙원을 창조하게 된다. 나의 낙천주의 사상은 이제까지의 모든 가치와 권위를 전복시킨 것이며, 나는 나의 모든 것, 즉, 돈, 명예, 시간, 그리고 온갖 욕망을 다 걸고 이 세상에서 가장 어렵고 힘든 싸움을 싸워왔다고 자부한다. 나는 내가 오늘날 철학예술가로 서기까지 돈을 벌어본 적도 없고, 김현이란 요상한 괴물을 비판한 이후, 모든 발표지면을 다 빼앗기고, 최악의 생존조건 속에서 악전고투만을 해왔다. 하염없이 가난의 밑바닥으로 추락해 가면서도 더욱더 황홀하게 일에 몰두할 수 있었던 부(지혜)의 성실함, 모든 인간 관계가 파탄을 맞이하게 되고, 외롭고 쓸쓸함에 사로잡혀서 그 고독을 더욱더 크게 사랑할 수밖에 없었던 부의 성실함, 차디찬 냉소와 멸시 속에서 은둔을 강요받고 그때마다 소크라테스와 플라톤과 데카르트와 칸트와 쇼펜하우어와 니체에게 진검 승부의 칼을 들이밀고 최고급의 인식의 제전을 펼쳐보여야만 했던 부의 성실함, 때때로 좌절과 실망의 손아귀에 발목을 잡혀버리고, 쓰디쓴 인내와 함께, 그만큼의 굴욕의 울음을 울고 싶었던 부의 성실함, 선악을 넘어서서 그토록 끔찍하고 잔인한 영웅의 역사를 탐구하고 자기 스스로 도덕적(교육적) 계율을 명명하고 사상의 신전을 건축했던 부의 성실함, 우리 한국인들을 '사상가와 예술가의 민족'으로 육성시킬 수 있을 만큼 최고급의 실력을 지니고 있으면서도 어쩔 수 없이 『愛知』를 창간하고 그 잡지를 최고급의 잡지로 이끌어 나가고 있는 부의 성실함, 인간 전체를 보고 새로운 미래의 인간을 역설하면서도 그토록 지지리도 못나고 가난한 조국에게 발목이 잡히고, 날이면 날마다 사랑하는 조국 때문에 울어야만 했던 부의 성실함, 더없이 가난하고 비천한 노예계급의 출신이면서도 대중들의 만인평등사상과 민주주의를 그토록 역겨워하고 한 바구니의 달콤한 빵보다는 자기 자신을 더욱더 높이 끌어올리면서 끝끝내는 고귀하고 위대한 사상을 정립했던 부의 성실함—. 하지만 나는 이 악전고투를 통해서 정신의 희말라야를 극복할 수가 있었고, 나의 부의 성실함은 오늘도 고산영봉의 만년설처럼 너무나도 눈부시고 영롱하게 빛난다. 나는 피눈물나게 고통스러웠기 때문에 황홀했고, 그리고 그 황홀함이 있었기 때문에 행복했다. 아니, 나는 일찍부터 우리 한국인들을 사상가와 예술가의 민족으로 육성하고 새로운 지상낙원을 창출해 내기 위하여 태어났던 만큼, 나의 용기는 '만인 대 일인의 싸움'을 감행할 수 있을 만큼 천하무적의 그것으로 단련되어 있었다고 해도 과언이 아니다. 나는 대범하고 간이 크고 스스로 발광하는 라듐처럼, 어떠한 사건의 본질도 꿰뚫어 볼 수 있는 시선을 지녔고, 따라서 나는 나의 승리를 스스로 보장하고 장담할 수가 있었다. 그 어느 누구보다도 가장 아름다운 사상을 지니고 그것을 실천할 수 있는 용기를 지닌 내가 왜 행복하지 않은 인간일 수가 있겠으며, 또한 자기 자신의 승리를 장담하고 그것을 추구할 수 있는 도덕철학을 정립해 냈던 내가 왜 성실하지 않은 인간일 수가 있겠는가? 지혜, 용기, 성실은 철학예술가로서의 나의 화두이며, 분신이고, 또, 그리고, 철학예술가로서의 나의 삼위일체이다. 지혜는 용기이고 성실이며, 용기는 성실이고 지혜이다. 따라서 나의 성실함은 지혜이며 용기인 것이다. 요컨대 나는 그 세 개의 화두를 고대 그리스 철학자들과는 매우 다르게, '愛知'라는 단 하나의 화두에다가 각인시켜 두었던 것이다. 반경환, 그로 인하여 '愛知'는 얼마나 더욱더 아름답고 풍요로워졌으며, 그 도덕철학('사색인의 십계명')은 또한 얼마나 더욱더 아름답고 풍요로워졌단 말인가? 이제 철학은 철학예술에게, 철학자는 철학예술가에게 그 지위를 내주게 되어 있고, 이것이 낙천주의 사상가로서의 나의 명령인 것이다.

나는 그 어느 누구도 명명해본 적이 없는 철학예술가이며, 모든 철학자들을 나의 신하로 거느리게 되었다. 나는 성실한 인간이며 타인의 의견을 경청할 필요 없이 그 모든 것을 독자적으로 판단하고 명명할 권리를 지녔다. 나는 가치의 창조자이며 명명자이고, 또한 입법자이며 전제군주이다. 나의 사상을 배우고 싶지 않은 사람, 나의 도덕철학을 배우고 싶지 않은 사람, 그리고 나에게 경의를 표하고 무릎을 꿇고 싶지 않은 사람은 더 이상 나의 사상의 신전을 기웃거려서는 안 된다. 나는 새로운 가치를 창조하면서 더욱더 젊어지지만, 그대들은 타인의 사상과 이론 앞에 무릎을 꿇으면서, 노인병원의 기생충들처럼 더욱더 나약하고 왜소해져 간다. 좀 더 고귀하고 위대한 인간, 좀 더 대범하고 한없이 관용적이며 너그러운 인간, 그토록 어렵고 힘들게 쌓은 명예와 명성을 언제, 어느 때나 헌신짝처럼 내다버릴 수 있는 인간, 가난과 궁핍과 병 속에서도 그 고귀하고 위대한 품위를 잃지 않고, 언제, 어느 때나 행복했던 인간, 좀 더 강력한 적을 사랑하고 좀 더 강력한 적의 탄생을 위하여 자기 자신을 기꺼이 희생시킬 준비가 되어 있는 인간, 배우고 익히는 데에도 예법이 있고, 또, 그리고, 필요하다면 만인의 의사에 반하여 수많은 어리석음들을 단칼에 베어버릴 수가 있는 인간, 또, 그리고, 그들의 어리석음의 시체들로 바벨탑을 쌓고 빛보다 더 빠른 속도로 천하를 움켜쥘 수 있는 인간, 단 하나의 목적을 위해서 그 모든 욕망을 짓밟아 버릴 수 있는 인간, 끊임없이 괴로워하면서도 행복했고, 끊임없이 외로워하면서도 행복했던 인간, 天命을 알 수 있는 나이가 지났는데도 단 한 번의 외국여행도 하지 못하고, 날이면 날마다 세계적인 대사상가와 대예술가와 함께 정담을 나눌 수가 있는 인간—. 그의 행복은 어느 누구의 행복보다도 가장 고귀하고 훌륭한 행복이지만, 그러나 우매한 대중들이나 애늙은이들이 걸치기에는 너무나도 무겁고 크고 헐렁하기만 한 행복이라고 하지 않을 수가 없다. 마치, 자그만 들쥐가 코끼리옷을 빼앗아 입을 수가 없는 것처럼.

그의 신전은 대한민국에 있고, 모든 것이 가능하고 어느 것 하나 부족한 것이 없다. 사시사철 늘 푸른 소나무와 젖과 꿀이 넘쳐 흐르고, 쌀과 보리와 온갖 과일들이 넘쳐나고, 날이면 날마다 스포츠와 섹스와 공부와 노동과 사냥과 낚시와 그 모든 것을 제멋대로 할 수 있을 만큼 자유롭고, 그리고 일년 내내 아무런 일을 하지 않아도 행복하다. 이 모든 건강과 자유와 행복은 그의 최고급의 인식의 제전, 즉 '만인 대 일인의 싸움'의 전리품인 것이다. 전쟁이 없으면 평화도 없고, 평화가 없으면 전쟁도 없다. 요컨대 평화는 전쟁 뒤의 전리품인 것이며, 전리품(평화)이 없으면 어떤 전쟁도 일어날 수가 없다. 미리부터 말해 두지만, 내가 살아 있는 한, 아니, 내가 죽어도 나의 사상의 신전에서는 그 어떤 싸움도 일어날 수가 없다. 왜냐하면 나는 나의 사상의 신전의 전제군주이며, 나의 사상은 나의 유한성까지 뛰어 넘어서 영원불멸의 삶을 얻었기 때문이다. 나는 더욱더 강력한 적들을 찾아다녔고, 그 성실함으로 인하여 나의 사상의 신전을 건축할 수가 있었다. 소크라테스, 플라톤, 아리스토텔레스, 호머, 아이스퀼로스, 헤라클레이토스, 파르메니데스, 엠페도클레스, 피타고라스, 데모크리토스, 에피쿠로스, 제논, 제우스, 헤라클레스, 알렉산더, 나폴레옹, 부처, 예수, 데카르트, 스피노자, 라이프니츠, 칸트, 헤겔, 마르크스, 쇼펜하우어, 니체, 셰익스피어, 괴테, 보들레르, 랭보, 반 고흐, 폴 고갱은 내가 그토록 찾아다녔던 강력한 적들이었고, 그리고 그들은 내가 가장 사랑하고 존경하는 친구들이었다. 그들은 모두가 도덕철학의 창시자이자, 자기 자신만의 사상의 신전의 주인공들이었다. 요컨대 그들은 지혜와 용기와 성실함의 삼박자를 다 갖춘 인간들이었고, 모든 인류의 영원한 스승들이었던 것이다.

인간의 의지는 삶의 의지이고, 이 삶의 의지가 장애를 만나게 되면 그 주체자는 평상시보다 수천 배나 지적인 민감성을 띠게 되고, 그리고 도저히 상상할 수조차도 없는 초인간적인 능력을 발휘하게 된다. 메마르고 척박한 땅과 고산준령의 험악한 산악지대, 그리고 사나운 비바람과 그 모든 것마저도 얼어붙을 듯한 추위 등은 최악의 생존 조건이며, 최악의 생존 조건이란 인간의 삶의 의지가 장애를 만난 것을 뜻한다. 때때로 최악의 생존 조건 속에서, 그 최악의 생존조건을 극복하지 못하고 소멸해간 인간이나 민족을 보게 되지만, 그러나 그 최악의 생존 조건 속에서 살아남은 인간이나 민족들은 보다 고귀하고 위대한 민족이 되어갔다고 해도 틀림이 없다. 이 세상에서 가장 어렵고 힘든 난관들과 싸우면서 더욱더 날카롭고 예리해진 지적인 민감성, 끝끝내 자기 자신의 한 몸을 희생—보트피플들의 人身供養의 예가 바로 그것이다—시켜서라도 다른 동료들을 구원해 내려는 살신성인의 희생정신, 상호 간의 신뢰와 애정의 표시로서 개인의 이익보다는 전체의 이익을 생각하는 집단의식, 최악의 위기와 어려움을 극복하는데 필수적인 빠른 합의와 일치단결의 필요성, 그리고 밤낮을 가리지 않고 끊임없이 연구하고 노력하는 무서운 성실성 등—, 이 모든 것들은 고귀하고 위대한 민족의 필수적인 전제조건이었던 것이다. 낮과 밤의 구분이 없는 백야 현상과 무섭고 혹독한 추위 속에서도 살아 남으며 오늘날의 유럽을 정복했던 바이킹족들, 대영제국의 품안에서 쫓겨나 사나운 인디언들과 들짐승들과 싸우며 신대륙을 개척했던 청교도들, 자기 자신의 조국을 잃고 머나먼 이역 만리를 떠돌아 다니며 불과

600만 명의 인구로 오늘날 세계를 지배하고 있는 미국 내의 유태인들, 수없이 크고 작은 지진들과 A급 태풍이 열다섯 번씩이나 지나가는 최악의 생존조건과 싸우며 '대동아공영권'을 구상했던 일본인들—, 그들의 선생은 최악의 생존조건이었으며, 따라서 그들은 황금보다도 더 고귀하고 위대한 민족이 될 수밖에 없었던 것이다.

최악의 생존조건은 황금종족의 모태이며, 그 황금종족은 더없이 호전적이고 전투적인 정신으로 무장되어 있다. 전쟁은 문명과 문화의 아버지이며, 전쟁을 사랑하는 민족만이 이 세상을 지배하게 된다. 그 고귀하고 위대한 민족은 그토록 처절하고 끔찍한 전쟁이 끝난 뒤에, 마치 알렉산더 대왕이 크세르크세스의 궁전을 불태우며 페르시아 정복사업을 기념했던 것처럼, 더없이 아늑하고 달콤하며 평화로운 시간을 보내게 된다. 평화란 피비린내 나는 전쟁 뒤의 휴식이며, 전쟁이란 그 무사안일과 나태함을 떨쳐버리고 힘찬 일터로 나아가는 것을 뜻한다. 조국과 동지를 사랑하고, 조국과 동지를 위해서라면 자기 자신의 단 하나뿐인 생명까지도 바칠 수가 있지만, 눈앞의 적과 미래의 잠정적인 적을 물리치는 일이라면 그처럼 잔인하고 끔찍한 행위마저도 마다 하지를 않는다. 이와는 정반대 방향에서, 학교, 병원, 회사, 정당, 군대 등도 생존경쟁의 전쟁터이며, 그곳에서의 패배는 황금종족의 멤버로서의 탈락을 의미한다. 위해, 폭력, 착취, 질투가 제거된 사회는 이 세상 그 어디에도 없으며, 또한 희생, 우정, 자선, 사랑이 제거된 사회 역시도 이 세상 그 어디에도 없다.

하지만 최선의 생존조건은 더럽고 추한 민족의 모태이며, 최선의 생존조건 속에서 태어난 민족은 무사안일과 평화만을 사랑하고 백전백패의 수모만을 겪게 된다. 따라서 평화만을 사랑하고 평화만을 추구한다고 해서 평화로운 삶을 살 수 있는 것은 아니다. 그 결과, 이제 더럽고 추한 민족은 제 삶의 터전을 다 빼앗기고 불구대천의 원수와도 같은 이민족들의 노예가 되어서 이역 만리를 떠돌아 다니게 된다. 우리 한국인들은 더럽고 추한 민족이며, 단 한 번도 외세의 입김에서 자유로웠던 적이 없었던 노예의 민족에 지나지 않는다. 요컨대 일본인들은 전쟁을 사랑했기 때문에 평화를 얻을 수가 있었지만, 우리 한국인들은 평화만을 사랑했기 때문에 평화를 얻을 수가 없었던 것이다. 예컨대, 일본인들은

> 반대로 말하면 우리는 의복에 염색되어 있는 가문家紋의 무늬를 보고 곧 그 사람의 가계를, 즉 그 명예와 권위의 역사를 읽고, '한텐'을 입은 장인을 보고 그의 기술과 책임 의식을, 또 상점의 '노렌'을 보고 그 가게의 신용도를 판단하게 되는 것이다.
>
> 가문도 한텐도 집단의 추상적인 명예, 신용, 책임 등을 하나의 시각적 기호로 나타낸 '축소'의 한 양식이다. 관념이나 조직 등을 하나의 마이크로로 응축한 이 축소지향이 다름 아닌 일본의 역사와 사회 조직을 지배해온 힘의 하나라고 할 수 있다.
>
> — 이어령, 『축소지향의 일본인』, 119면

> 일본인은 세계에서도 깨끗한 민족으로 알려져 있다. 온천장이 많고 습기가 프랑스의 2배나 되기 때문에 일본인이 목욕을 좋아하는 것은 그렇다 치더라도, 사무라이(武士)가 항상 칼을 차고 있듯이 일본의 여인들은 또 빗자루를 잠시도 떼놓지 않는다. 쓸고 씻고 털고 닦는 일본의 생활은 먼지와의 전쟁이다.
>
> 일본인은 필요 없는 것과 함께 있지 못하는 체질이어서 가지런하지 않는 것이라든가, 그냥 남아 뒹구는 것을 보면 견디지 못한다. 티끌만 한 먼지가 있어도, 심지어 보이지 않는 구석에 먼지가 묻어 있어도 혀로 핥듯이 털어버려야 한다. 그러니까 먼지를 허용하지 않는 문화이다.
>
> — 앞의 책, 149—150면

라는 예문들에서처럼, 자기 자신과 가문과 회사와 가게와 그리고 상점의 명예를 걸고, 언제, 어느 때나 성실하게 일을 했기 때문에, 대동아전쟁에서의 패전 이후, 세계적인 강대국이 될 수가 있었지만, 우리 한국인들은 예컨대,

구두 닦는 사람을 보면
그 사람의 손을 보면
구두 끝을 보면
검은 것에서도 빛이 난다
흰 것만이 빛나는 것은 아니다

창문 닦는 사람을 보면
그 사람의 손을 보면
창문 끝을 보면
비누거품 속에서도 빛이 난다
맑은 것만이 빛나는 것은 아니다

청소하는 사람을 보면
그 사람의 손을 보면
길 끝을 보면
쓰레기 속에서도 빛이 난다
깨끗한 것만이 빛나는 것은 아니다

마음 닦는 사람을 보면
그 사람의 손을 보면
마음 끝을 보면
보이지 않는 것에서도 빛이 난다

보이는 빛만이 빛은 아니다
닦는 것은 빛을 내는 일

성자가 된 청소부는
청소를 하면서도 성자이며
성자이면서도 청소를 한다.
— 천양희, 「그 사람의 손을 보면」 전문

라는 「그 사람의 손을 보면」의 반대 방향에서, 자기 자신과 조국의 불명예를 걸고 좀도둑처럼 살아왔기 때문에, 이 세상에서 가장 찬란하고 화려한 부정부패의 공화국을 연출해낼 수가 있었던 것이다. 나는 세계적인 대사상가들과 모든 문화적 영웅들의 역사를 다 추적해 보았지만, 일본정신과 일본문화의 장점—일본인들의 민족주의의 한계 내에서—은 너무나도 많고 그 어디에 내놓아도 손색이 없다. 오늘날 일본의 치명적인 약점은 세계적인 대사상가와 그에 걸맞는 문화적인 영웅이 없고, 또, 그리고, 세계경영에 대한 미래의 전망과 그 전략이 없는 것이라고 할 수가 있다. 좀 더 솔직하게 말한다면, 오늘날의 일본인들은 사상적으로 매우 미성숙하고, 일본정신과 일본문화의 뿌리는 너무나도 유치하고 천박하다고 할 수밖에 없는 것이다. 일본 역사 전체를 통 털어서 나처럼 세련되고 깊이 있게 공부한 사람은 단 한 사람도 없을 테지만, 그러나 그들의 무서울 정도의 근면성과 성실함은 오늘날 세계를 지배하고 있는 유태인들과 비교해도 조금도 모자람이 없을 정도이다. 진정으로 일본이 세계 속의 일본이 되려면, 마르크스, 프로이트, 베르그송, 프란츠 카프카, 아인시타인, 헨리 키신저, 스티븐 스필버그, 오펜 하이머 등과도 같은 세계적인 대석학들을 길러내야 할 것이고, 또 그렇게 하지 않으면 선무당이 사람을 잡듯이, 두 번 다시 되돌이킬 수 없는 패망의 길을 걸어가게 될 것이다. 오늘날의 일본의 국력은 대동아전쟁에서의 패전 이후, 소련과의 냉전의 구도 속에서 하나의 우연처럼 움켜진 행운에 불과하며, 따라서, 전승국가로서 그처럼 관용적이고 너그러웠던 대제국(미국)을 두 번 다시 만날 수는 없을 것이다. 일본의 군사대국화는 하룻강아지의 경거망동에 불과하며, 그 경거망동은 소위 이웃국가들인 한국과 중국과의 적대감만을 증폭시키게 된다. 과연 일본의 영원한 제국의 꿈은 우리 한국과 중국을 더욱 더 크게 끌어안고 '대동아연방'을 건설할 수가 있을 것인가? 만일, 그렇지 않다면, 우리 한국과 중국을 무력으로 정복하고 일본만의 영원한 제국을 건설할 수가 있을 것인가? 전자는 일본이 마음 먹기에 따라서 실현이 가능하지만, 후자는 우리 한국과 중국을 무력으로 정복할 수가 있다고 하더라도, 미국을 비롯한 국제사회의 견제 속에서 절대로 실현 가능하지가 않을 것이다. 새뮤얼 헌팅턴의 말대로 미국은 유럽의 일부분이며 유럽인들과는 한솥밥을 먹을 수가 있지만, 얼굴이 누런 일본인과는 그 문화적 차이로 인하여 결코 한솥밥을 먹을 수가 없다는 사실도 오늘날의 일본인들은 명심해 두지 않으면 안 된다. 일본정신과 일본문화는 극단적인 배타주의—탈아시아주의와 이민족들에 대한 배타주의—에 기반을 둔 특수한 예에 속하고, 그처럼 편협하고 속좁은 사상으로는 영원한 제국은커녕, '세계화 시대'의 낙오자가 되기가 십상일는지도 모른다. 아무튼 일본정신과 일본문화의 장점은 우연이나 행운을 바라기보다는 무서운 성실성에 기초를 둔 장인들을 탄생시켰고, 다른 한편, 한 푼을 모으고 두 푼을 모아서 세계 제2위의 경제대국을 탄생시켰다. 일본인들은 책임감이 강하고, 조국과 민족을 사랑하고, 상호 간의 명예와 신뢰를 중요시하고, 그리고 '먼지와의 전쟁'을 벌이고 있을 만큼 청결한 민족이다. 성실한 인간은 정직한 인간이며, 성실한 인간은 절대로 좀도둑질을 하지 않는다. 성실한 인간은 '국물 한 가지와 나물 한 가지'로 만족하는 인간이며, 성실한 인간은 언제, 어느 때나 '먼지와의 전쟁'을 하고 있을 만큼 청결한—기초생활

질서를 잘 지키는—인간이다. 그리고, 또, 성실한 인간은

서양에서는 육체적 용기와 도덕적 용기를 구분하였는데, 일본인들은 예로부터 그 점을 잘 알고 있었다. 더구나 무사 가문에서 태어난 이라면 어릴 적부터 '대용大勇'과 '필부지용匹夫之勇'의 차이를 구분 못하는 이가 없었다. 용기와 인내, 당참과 느긋함, 그리고 용맹스러움 같은 심성은 소년 무사의 가슴을 두근거리게 했으며, 실제적인 사례를 모범으로 삼아 어릴 적부터 훈련되고 지침이 된, 이를테면 가장 인기 있는 덕성이었다. 소년 무사들은 어머니 품에 안겨 있던 유아시절부터 전쟁 이야기를 귀에 못이 박이도록 듣고 자랐다. 혹시 힘든 일로 울음을 터뜨리기라도 하면 "그 정도도 못 참다니, 그러다가 전쟁에 나가 팔이라도 부러지면 어쩔테냐? 할복하라는 명령이라도 떨어지면 어쩔 셈이야?"라고 꾸지람을 들으며 용기를 키워나갔다.

(……)

또한 무사의 어린 자식은 한 번도 가본 적 없는 먼 곳까지 심부름을 간다든지, 엄동설한에 꼭두새벽부터 일어나 버선도 신지 않은 맨발로 서당까지 걸어가 책을 읽기도 했다. 그리고 한 달에 한두 번, 덴만구(天滿宮—학문의 신을 모신 신사) 축제가 있는 날이면 소년 몇 명이 모여 차례로 책을 낭독하며 밤을 새우는 일도 있었다. 사형장이나 무덤가, 흉가처럼 으스스하고 살벌한 장소에 가는 것도 소년들이 즐겨하던 놀이였다. 참수형이 있는 날이면 어른들은 아이들에게 그 소름끼치는 광경을 보고 오라고 했을 뿐만 아니라, 밤에 혼자 형장에 가서 잘린 목에 흔적을 남기고 돌아오게 하기도 했다.

— 니토베 이나조, 『사무라이』, 40—41면

라는 니토베 이나조의 말처럼, 사무라이식의 용기와 인내로 무장한 인간이며, 재앙에 익숙하고 재앙을 다스릴 줄 아는 인간이다. 자원빈국인 일본에서의 사치와 낭비는 일본인들의 공멸을 뜻하고, 수없이 되풀이 되는 자연의 재앙 앞에서의 부실공사는 일본인들의 공멸을 뜻한

다. 또한 영원한 제국의 길로 들어선 일본 사회에서의 부정부패 역시도 일본인들의 공멸을 뜻하고, 저 천박한 전여옥이, 예컨대,

인간은 저항하고 반항할 수 있는 유일한 생물체이다. 성수대교 사건에서 울부짖던 우리나라 사람들이 만약 고베지진을 만났다면 어떠했을까? 성수대교 붕괴는 인재이고, 지진은 천재이니까 우리도 일본인처럼 얌전히 숙명처럼 받아들였을까? 절대로 그렇지 않을 것이다. 우리나라 사람들은 성수대교 사건 때 정부를 맹공격하고 비난했듯이 천재를 내린 하늘에 대해 저항하고 항의하고 원망을 퍼부었을 것이다. 살려내라고 당당하게 요구하고 울부짖었을 것이다.

(……)

지금으로부터 4년 전에 일본의 화산지대인 운젠후겐다케에서 화산이 폭발해 약 50명 가까운 이들이 숨진 적이 있었다. 그때 일본에서 생활한 지 얼마 되지 않던 나는 아주 충격적인 경험을 했다. 숨진 이들의 시체가 모두 한 중학교 강당에 안치되었다. 하얀 보자기가 덮인 관들이 50구 정도 나란히 있는 광경이 펼쳐졌다. 그런데 내가 놀란 것은 그 완벽한 침묵이었다. 시체가 담긴 관마다 검은 상복을 입은 가족들이 앉아 있었다. 그러나 관을 붙잡고 통곡하는 사람은 단 한 명도 없었다. 모두가 조용히 앉아 있을 뿐이었다. 그저 관 앞에서 슬픔을 참고 억누르고 있었다. 마치 얼어붙은 듯 조그만 움직임도 없이 그렇게 앉아 있었다. 물론 일본의 문화는 다른 사람 앞에서 크게 울거나 웃거나 하는 것을 품위 없는 일로 생각한다. 그렇지만 인간이 죽음 앞에서 그 슬픔조차도 제대로 표현하지 않고 억눌러야만 하는 문화와 그 문화에 완전히 함몰된 일본인들에게 나는 커다란 충격을 느꼈다.

— 전여옥, 「저항하지 말자」, 『일본은 없다』, 41면

라고, 일본정신과 일본문화를 몰이해했던 것처럼, 그 자연의 재앙 앞에서 마냥 주저 앉아 대성통곡을 하는 것 역시도 고귀하고 굳센 '사무

라이 정신'의 공멸을 뜻한다. 따라서 사무라이식의 용기와 인내로 무장한 인간은 할복자살을 하는 일이 있더라도 결코 울어서는 안 되며, 그 어떠한 천재지변마저도 두 눈을 부릅뜨고 단칼에 베어버리지 않으면 안 된다. 비록, 온몸이 갈갈이 찢겨지고 불구대천의 원수들에게 원자폭탄의 세례를 받는 한이 있더라도 일본인은 어디까지나 사무라이 민족이고, 오히려, 거꾸로, 두 번 다시 기사회생할 수 없는 패배를 기록하게 되더라도 그 처절한 패배를 완성함으로써, 마침내, 끝끝내 승리를 쟁취해 내고 마는 것이 오늘날의 일본인인 것이다.

성실한 민족은 재앙을 다스리는 민족이며, 성실하지 못한 민족은 재앙을 다스리지 못하는 민족이다. 전자는 백전백승의 민족이며, 후자는 백전백패의 민족이다. 우리 한국인들은 더럽고 추한 민족이며, 이 세계에서 가장 성실하지 못한 민족이고, 그 어떠한 재난(외국)과의 싸움에서 단 한 번도 이겨본 적이 없다. 따라서 우리 한국인들의 학교, 군대, 병원, 회사, 국회, 정부, 법원 등은 부정부패의 잔치판으로 밤을 지새우게 되고, 날이면 날마다 '가음난무'로 그들의 건강과 국력을 탕진하게 된다. 초등학교에서부터 대학교까지, 대학원에서부터 국회까지, 그리고 모든 장관들과 대통령까지 속속들이 썩어버린 인간들뿐이고, 한국정신과 한국문화는 영원한 제국을 꿈꾸고 있기는커녕, 좀도둑들의 양성소로 그 명성을 떨쳐가고 있다. 부실공사, 대형아파트, 대저택, 산해진미의 진수성찬, 600만 명의 신용불량자, 불법복제와 표절과 해적판, 쓰레기 더미와 거대한 공룡 같은 서울공화국—. 무목표, 무의지, 무책임이 한국정신과 한국문화의 본질이며, 이 한국정신과 한국문화가 뿌리깊게 번성하고 있는 한, 알렉산더나 나폴레옹처럼, 영원한 제국으로 향한 '사기'를 치지는 못하고, 기껏해야 한탕주의에 물든 좀도둑들이나 탄생시키고 있을 뿐인 것이다. 나의 이 말을 확인해 보려면 속칭 평창동의 대저택가를 가보면 알게 될 것이다. 그 대저택들의 웅장하고 화려함에 반하여, 골목, 골목마다 쓰레기가 넘쳐

나는 것을 보게 될 것이고, 바로 그 지점에서, 제 돈 한 푼 들이지 않고 문어발식 기업확장을 꾀하다가, 끝끝내는 외국으로 도망을 가는 대재벌들의 행태를 이해하게 될 것이다. 우리 한국인들은 성실하지 않은 민족이며, 눈앞의 이익만을 쫓아가고 공동체 사회의 이익은 전혀 돌보지 않는 민족이다. 대영제국도 로마와 바이킹족에 의한 식민지의 역사를 간직하고 있고, 오늘날의 유럽도 로마와 바이킹족에 의한 식민지의 역사를 간직하고 있다. 인도도, 중국도, 러시아도, 일본—대동아전쟁에의 패전 이후, 일본은 미국의 식민지에 지나지 않았고, 오늘날도 일본은 미국의 식민지(보호국)에 지나지 않는다. '미일안보조약'은 대표적인 불평등 조약에 지나지 않는다—도 외세에 의한 식민지의 역사를 간직하고 있다. 전쟁에서의 패배가 兵家의 常事라면 일본에 의한 식민지배의 역사는 그처럼 대수로울 것도 없다. 하지만 요즈음의 한일관계를 생각해 본다면, 우리 한국인들은 너무나도 떼를 쓰고 있고, 마치 승자처럼, 일본의 역사를 제멋대로 쓰려고 하는 서툰 짓을 되풀이 자행하고 있다고 하지 않을 수가 없다. 일본은 미래의 일본이며 나날이 새로워지지만, 한국은 과거의 한국이며 머리에서 발끝까지 패배주의로 물들어 있다. 사계절이 분명하고 온화한 기후가 우리 한국인들을 그렇게 만들었다면, 우리 대한민국을 방풍림처럼 감싸고 있는 일본은 그들의 최악의 생존조건이 그렇게 만든 것이다. 일본인들은 언제, 어느 때나 성실하고 재앙에 익숙한 민족이고 우리 한국인들은 언제, 어느 때나 불성실하고 재앙 앞에서 울고만 있는 민족이다. 이처럼 어리석고 못났고 자그만 재앙 앞에서도 어쩔 줄을 모르면서도 오늘에 살고 오늘에 죽는 우리 한국인들(하루살이들)이여! 그대들은 언제, 어느 때, 그 울음을 뚝 그치고 모든 인간들이 제 발로 찾아오는 영원한 제국을 건설할 수가 있을 것이란 말인가! 우리 한국인들이여, 지혜를 사랑하고 또 사랑하라! 만일, 나의 말대로 그렇게만 한다면, 우리 한국인들은 가까운 시일 내에 모든 인류가 우러러 보는 고귀하고 위대한 '사상가와 예술가의 민족'이 될 수도 있을 것이다.

이 세상에서 최악의 생존조건(기후, 풍토, 물, 토지 등)이 고귀하고 위대한 민족을 탄생시켰다면, 이와는 정반대 방향에서 최선의 생존조건을 거절함으로써 자기 자신을 고귀하고 위대한 영웅으로 끌어올린 자들도 있었다고 할 수가 있다. 유태인, 노르웨이인, 게르만인, 일본인, 영국인 등은 전자의 민족에 속하고, 데카르트, 라이프니츠, 스피노자, 니체, 쇼펜하우어, 알렉산더 대왕은 후자의 인간에 해당된다. 최악의 생존조건은 고귀하고 위대한 인간의 비옥한 토양이며, '만인 대 일인의 싸움', 즉, 자기 자신을 최악의 생존조건으로 몰아넣는 방법은 문화적 영웅 탄생의 제일급의 교수법에 해당된다. 알렉산더 대왕이 마케도니아와 그리스의 대왕으로 만족하지 못하고 영원한 제국을 꿈꾸었던 것처럼, 고귀하고 위대한 인간은 자기 자신에게 영원한 제국의 꿈을 부여하고, 그 꿈을 위하여 오직 단 하나뿐인 생명까지도 바쳤던 것이다. 그리고 그 꿈을 추구하는 과정에서 "그래, 너는 정말로 훌륭한 인간이야. 이 세상에서 너만이 영원한 제국을 건설해낼 수가 있어"라고, 끊임없이 자기 확신과 그 최면요법으로 그의 의지에 기름을 부어주고, 다른 한편, 그와는 정반대 방향에서 수없이 크고 작은 실패만을 되풀이 하고 있을 때에는, "이런 바보 같으니라구, 너는 훌륭한 인간이기는커녕, 이 세상을 살아갈 만한 자격조차도 없어"라고, 자기 자신을 더욱더 가혹하게 채찍질을 하고, 그리고, 마침내, 끝끝내는 '실패의 여신'께 감사의 기도를 드리고, 그 실패를 딛고 일어서게 만든다.

헤라클레이토스(기원전 540년경—기원전 480년경)는 고대 그리스에서 가장 위대한 철학자 중의 한 사람이었지만, 그러나 그는 '어두운 사람', '수수께끼 같은 사람', 혹은 '숨어 사는 사람'으로 낙인이 찍혀버린 인물에 지나지 않는다. 그는 에페소스를 통치할 수도 있었지만, 그 자리를 동생에게 양보하고, 그리고 에페소스가 페르시아의 지배를 받게 되자 산 속으로 숨어 들어가 풀뿌리와 나무껍질만을 먹고 살았다고 한다. 어제의 나와 오늘의 내가 다르고, 어제의 생각과 오늘의 생각이 다르다. 또한 어제의 강물은 오늘의 강물이 아니고, 어제의 나무는 오늘의 나무가 아니다. 그는 이처럼 '변화와 운동'을 이 세상의 근본법칙으로 규정하고, 따라서 '투쟁은 만물의 아버지'라고 역설하게 되었던 것이다. 먼 곳에서 바라보면 바다는 넓고 푸르지만, 그러나 그 바다에는 더러운 물과 맑은 물들 간의 싸움이 있고, 그 바다 밑에는 수많은 천적들과 천적들 간의 숙명적인 싸움이 있다. 하지만 그 투쟁은 단지 무질서의 그것이 아니라, 그 투쟁 속의 조화를 이룩하고 있다는 것이 헤라클레이토스의 주장이기도 했던 것이다. 아름다운 금수강산도 투쟁 속의 조화를 이룩하고 있고, 오늘날의 현대 문명사회도 투쟁 속의 조화를 이룩하고 있다. 그리고 이밖에도 필로소피아Philosophia, 즉, '愛知'를 최초로 명명한 사람은 헤라클레이토스이었고, 그는 명실공히 최초의 철학자이었다고 해도 과언이 아니다.

이에 반하여 파르메니데스(기원전 510년경—기원전 450년경)는 페르시아 제국에게 조국을 빼앗기고 이역 만리를 떠돌아 다니다가 엘레아에 정착한 포카이아인의 후손이었고, 그는 엘레아의 법을 만든 정치인이었지만, 그러나 그의 학문을 위해서 정치인의 길을 헌신짝처럼 내다버린 철학자이기도 했다. 또한 그는 '변화와 운동'의 논리적 가능성까지도 부정한 유물론자이었고, 그 '만유불변의 법칙' 속에다가 자기 자신의 신전을 지은 철학자이기도 했다. 있는 것은 영원히 있고, 없는 것은 영원히 없다. 물도 있는 것이고, 불도 있는 것이고, 사람도 있는 것이고, 동식물들도 있는 것이다. 따라서 無에서 有가 생겨날 수도 없고, 有에서 無로 소멸되어 갈 수도 없다. 에너지 보존법칙에 의하면 사물은 형체만 바뀔 뿐, 그 에너지의 총량은 변함이 없다고 한다. 이처럼 파르메니데스는 최초의 에너지 보존법칙의 주창자이며, 데모크리토스와 플라톤의 스승이었다고도 할 수가 있는 것이다. 파르메니데스의 제자인 제논은 그의 '역설'을 통하여, 토끼는 영원히 거북이를 따라잡을 수가 없다는 것은 물론, 射手가 쏜 화살마저도 오늘날의 정지화면으로 바라보면 매순간 정지해 있기 때문에, '변화와 운동은 없다'는 것을 논리적으로 증명한 바가 있다. 파르메니데스는 헤라클레이토스의 '변화와 운동의 법칙'을 통째로 부정하고, 그 만유불변의 법칙 속에다가 자기 자신만의 사상의 신전을 지은 철학자이기도 했던 것이다.

데모크리토스(기원전460년경—기원전 370년경)는 트라키아의 압데라에서 태어났고, 그는 매우 부잣집의 아들이었다고 한다. 그는 아버지가 돌아가시자마자, 그 아버지로부터 물려받은 유산을 처분해서 그 돈으로 세계 여행을 다녔다고 한다. 그리스, 이집트, 페르시아, 인도, 그리고 심지어는 아프리카까지 여행을 다녔고, 그 여행을 통하여 탈레스의 천문학, 동양의 자연철학, 이집트의 기하학, 피타고라스 학파와 엘레아 학파의 사상, 그리고 그 밖의 예언술과 점성술까지도 배울 수가 있었다고 한다. 그는 대부분의 이 세상의 어중이 떠중이들과는 달리, 일상생활의 편안함과 안락함을 추구하지 않고, 자기 자신에게 단 하나의 목표를 부여하고, 그 목표를 향하여 끊임없이 가혹하게 채찍질을 했던 사람이었다. 요컨대 그는 자기 자신을 최악의 생존조건 속으로 몰아 넣음으로써, 끊임없이 위험하게 살아갔던 것이다.

> 데모크리토스는 정원 한 구석에 굴을 파 아지트를 만들어 놓고, 사람들의 눈을 피해 그곳에 숨기를 좋아했다. '개 버릇 남 못 준다'고, 그는 나이가 들어서도 혼자만의 상상의 공간을 갖기 위해, 오랫동안 사막에서 보내기도 했다. 심지어 그는 공동묘지의 무덤 사이에서도 시간을 보냈다.
>
> — 루치아노 데 크레센초,(서정욱, 『만화서양철학사 1』, 자음과 모음, 2003년, 235면에서 재인용)

니체는 그의 책 『서광』(도서출판 청하)에서, "다른 사람보다도 비범하고 선발되고 독창적인 정신의 소유자들이 역사의 전 과정 속에서 언제나 나쁘고 위험한 사람들이라고 느껴지고, 그뿐 아니라 그들이 자기 자신을 그렇게 느꼈다는 것에 의하여 얼마나 괴로워했는가는 전혀 짐작할 수 없다. 풍습의 윤리의 지배 하에서는 어떤 종류의 독창성도 양심의 거리낌을 느꼈다"라고 말한 바가 있듯이, 진정으로 성실한 사람은 풍습의 윤리에 반하는 사람이고, 진정으로 위험한 사람이라고 말할 수밖에 없다. 따라서 데모크리토스는 그 성실함의 결과, 최초의 원자론자가 될 수가 있었고, 그의 원자론은 오늘날 현대물리학의 가장 핵심적인 주제라고 할 수가 있다. 원자는 이 세상의 근본물질이며, 그것은 더 이상 나누어질 수 없는 가장 작은 입자이다. 이 먼지와도 같은 입자들의 결합에 의하여 새로운 별(물질)들이 생성되고, 그 원자들의 흩어짐에 의하여 수없이 많은 별들이 소멸되어간다. 원자는 "변하지 않고 단단하며, 나누어질 수 없는 영원한 하나"라는 점에서 파르메니데스의 '영원한 하나'와도 같고, 다른 한편, 그 원자의 결합과 분리에 의해서 다양한 별들이 생성되고 소멸된다는 점에서 헤라클레이토스의 사상(변화와 운동의 법칙)과도 같다. 이처럼 데모크리토스 역시도 최선의 생존조건을 거절하고 자기 자신을 최악의 생존조건 속으로 몰아 넣음으로써, 자기 자신만의 사상의 신전(원자론)을 지은 철학자가 되었다고 할 수가 있는 것이다.

진정으로 고귀하고 위대한 사람이라면 헤라클레이토스가 왕위를 버리고, 파르메니데스가 정치인의 길을 버리고, 그리고 데모크리토스가 그의 전재산에 대한 소유 욕망을 버렸듯이, 자기 자신의 최선의 생존조건을 헌신짝처럼 내다버리지 않으면 안 된다. 자기 자신의 최선의 생존조건을 헌신짝처럼 내다버릴 수 있는 사람은 호머가 그의 서사시를 완성하고, 레오나르드 다빈치가 그의 그림을 그리고, 베토벤이 그의 교향곡을 완성했듯이, 이 세상에서 가장 성실한 사람이며, 모든 인류의 문화적 영웅이라고 해도 지나친 말이 아니다. 하나님의 은총과도 같았던 출신성분에 의한 '최선의 생존조건'을 거절하고, 스스로, 자발적으로 '최악의 생존조건' 속으로 뛰어 들어갔던 헤라클레이토스, 파르메니데스, 데모크리토스―, 그러나 그들의 은둔의 삶은 얼마나 성실했고, 또한 얼마나 아름답고 풍요로웠던 삶이란 말인가? 그들은 그 아름답고 풍요로운 삶(행복)을 위하여 돈과 명예와 권력에 대한 모든 욕망을 버렸던 것이며, 오직 이 세상의 참된 진리를 탐구하는 데에서 가장 커다란 행복을 느꼈던 사람들이기도 했던 것이다. 그 결과, 헤라클레이토스는 '변화와 운동'이 이 세상의 근본법칙임을 밝혀내었고, 파르메니데스는 만유불변萬有不變의 법칙을, 그리고 데모크리토스는 헤라클레이토스와 파르메니데스 사상을 변증법적으로 종합하여 이 세상의 근본물질이 원자임을 밝혀내게 되었던 것이다. 부의 척도도 성실함의 척도이며, 행복의 척도도 성실함의 척도이다. 성실함은 거꾸로 그 주체자에게 돈과 명예와 권력을 안겨다가 주고, 또한 성실함은 그가 비록 실패만을 되풀이 하여 알거지가 되었을지라도 성공보다도 더욱더 빛나는 자긍심과 무한한 행복을 가져다가 주게 된다.

만일, 그렇다면 근면이 광기가 되고 성실함이 맹목이 되는 현대 자본주의 사회에 반하여, 어떻게 성실함을 연주하고, 또한 어떻게 그 성실함의 열매를 수확해야만 하는 것일까? 우선 성실한 자는 분명한 목표가 있어야 하고, 그리고 그 목표를 향하여 끊임없이 정진할 수 있는 삶의 의지가 있어야만 한다. 분명한 목표를 구상하는 것은 지혜가 담당을 해야 하고, 그 목표를 향한 중단 없는 정진은 용기가 담당을 해야 한다. 지혜와 용기를 가진 자는 목표와 수단을 얻은 자를 말하고, 이제 그는 하늘이 무너져내려도 두 눈 하나 깜빡거리지 않을 정도로 무서운 성실성을 연주하기만 하면 된다. '만인 대 일인의 싸움', 그 싸움을 연출해낼 수 있는 사람은 진정으로 고귀하고 위대한 사람이며, 만인들의 의사에 반하여, 무서운 성실성을 연주해 나갔던 사람이다. 그들은 모두가 다같이 고독을 모르고, 슬픔을 모르고, 불행을 모르고, 또한 어떤 두려움이나 공포도 모르고, 자기 자신의 삶을 행복한 삶으로 향유해 나갔던 사람이다. 분명한 목표가 있는 사람은 좌절하거나 우회하지 않는 사람이며, 또한 분명한 목표가 있는 사람은 부모형제, 처와 자식, 이 세상의 어중이 떠중이와도 같은 사소한 인간 관계를 위하여, 그들의 분명한 목표를 탈색시켜버린 사람이 아니다. 인간은 자기 자신의 꿈(목표)의 인간이 되어야 하지, 타인들의 꿈(목표)의 노예가 되어서는 아니된다. 헤라클레이토스, 파르메니데스, 데모크리토스 등은 자기 자신의 꿈의 인간들이며, 그러나 그들의 성실함의 열매들—'변화와 운동의 법칙', '萬有不變의 법칙', '원자론'—은 수천 년이 지난 오늘날에도 전체 인류의 이익과 행복을 위하여 얼마나 더욱더 그 아름답고 풍요로운 빛을 발하고 있단 말인가? 대부분이 진정으로 성실했던 사람들은 '만인 대 일인의 싸움'의 주인공들이며, 따라서 그들은 대부분이 현실적으로 패배(실패)를 했던 사람들이다. 그러나 그들은 그들의 고독 속에서, 그 최악의 생존조건 속에서 이 세상을 비난하거나 저주하지 않고 그저 묵묵히 자기 자신의 길을 걸어갔던 사람들이며, 궁극적으로는 전체 인류의 문맹(어리석음)과 절대빈곤으로부터 모든 인간들을 구원해 냈던 문화적 영웅들이기도 했던 것이다. 이 세상의 어중이 떠중이들은 날이면 날마다 도덕과 관습의 잣대를 들이대며 그들의 사회성을 강조하지만, 그러나 그들은 자기 자신들의 눈앞의 사소한 이익을 위하여 전체의 이익을 훼손시킨 자들에 불과하고, 진정으로 고귀하고 위대한 인간들은 날이면 날마다 도덕과 관습의 장벽을 뛰어 넘어서 개인의 자유(독창성과 천재성)를 강조하지만, 그러나 그들은 자기 자신의 눈 앞의 사소한 이익을 버리고, 언제, 어느 때나 전체의 이익만을 돌보는 문화적 영웅들이라고 할 수가 있는 것이다. 성실함은 문화적 영웅의 모태이며, 게으름은 이 세상의 어중이 떠중이들(사기꾼들)의 모태이다. 자본주의 사회는 사기꾼들의 양성소이며, 그들이 강조하는 근면은 광기가 되고, 또한 그들이 강조하는 성실함은 맹목이 된다. 성실한 자의 목표는 하늘의 태양이며, 그의 약속은 늘 푸른 소나무이다. 게으른 자(사기꾼)의 목표는 언제, 어느 때나 밤하늘의 먹구름이며, 그의 약속은 썩은 고사목枯死木의 그루터기에 지나지 않는다.

오오, 이 세상의 모든 사람들이여! 언제, 어느 때나 성실하게 생활을 하라! 근면이 광기가 되고, 성실이 맹목이 되지 않도록 유념하면서.

세계에서 제일 높은 산을
열네 번 등정한 매스너가
이 시대 최고의
알피니스트라면
십년 면벽 끝내고
더 깊은 산중으로 들어가버린
이름 모를 스님은 무엇이라 할까

평지에서도
힘들어 못살겠다고 악을 쓰는
나에게는
아무래도 그 스님이
지상에서 제일 높은 정신의 암벽을
등정한 알피니스트란 생각이 든다

정신은 오를수록
높이가 더 높을 것이니까.
— 천양희, 「알피니스트」 전문

천양희의 「그 사람의 손을 보면」은 '성자가 된 청소부'의 삶을 노래한 시라고 할 수가 있다. '구두를 닦는 사람'은 '검은 것에서도 빛'이 나게 만들고, '창문을 닦는 사람'은 '비누거품 속에서도 빛'이 나게 만든다. '청소하는 사람'은 '쓰레기 속에서도 빛'이 나게 만들고, '마음을 닦는 사람'은 '보이지 않는 것에서도 빛'이 나게 만든다. 청소부가 성자가 되고, 성자가 청소부가 된다. 다시 말해서 그토록 간절하게 아름다운 천국을 희원하는 천양희의 예술가적 자질이 그 기적을 가능하게 하고 있는 것이다. 닦고 또 닦는다는 것의 기적, 빛을 내고 또 빛을 낸다는 것의 기적, 나는 이 기적의 모태는 인간의 이상도 아니고, 예술가적인 자질도 아니고, 무서운 성실성이라고 생각한다. 무서운 성실성이 없는 이상은 맹목적이고, 또 그것이 없는 예술가의 재능은 사기에 지나지 않는다. 이 무서운 성실성은 금욕주의에 맞닿아 있고, 금욕주의는 그 어떠한 '정신의 암벽'도 극복할 수 있는 '알피니스트', 즉, 성자의 출현의 모태가 되어준다. 순수이성비판이라는 법정에서 형이상학을 공개처형하고 비판철학의 시대를 활짝 열었던 칸트, 칸트의 흠적인 현상론을 비판하고 정신형상학을 구축했던 헤겔, 헤겔의 절대 정신을 비판하고 공산주의를 역설했던 마르크스, 헤겔의 낙천주의를 비판하고 우리 인간들의 삶의 의지마저도 부정하면서 염세주의를 옹호했던 쇼펜하우어, 칸트의 비판철학을 더욱더 날카롭고 예리하게 밀고 나가면서 그 모든 가치들을 전복시켰던 니체—, 그들은 모두가 다같이 최선의 생존조건을 마다하고 최악의 생존조건 속으로 뛰어 들어갔던 사람들이며, '만인 대 일인의 싸움', 즉, 그 무서운 성실성을 통하여 자기 자신들을 신적인 위치로 끌어올린 문화적 영웅들이었던 것이다. 종교는 최고급의 지혜의 저장소이며, 보다 고귀하고 위대한 인간, 즉, 미래의 인간에 대한 삶의 기록들로 집대성되어 있다. 칸트, 헤겔, 마르크스, 쇼펜하우어, 니체, 부처, 예수, 마호메트, 시바, 제우스는 모두가 미래의 인간들이며, 이 세상에서 가장 성실했던 철학예술가들이었다. 그들은 모두가 다같이 그들의 영원한 제국(사상의 신전)을 위하여 무서운 성실성을 연주했고, 그 결과, 人神으로서 영원불멸의 삶을 얻었다고 해도 과언이 아니다.

오오, 이 세상에서 가장 성실한 철학예술가만이, 이 세상에서 가장 아름답고 찬란한 사상의 신전을 건축할 수가 있는 것이다.

더욱더 강력한 적을 찾아서 아슬아슬하게 공중곡예를 펼치는 사람들, 한 걸음 한 걸음마다 날개를 돋아나게 하고 손에 땀을 쥐게 하는 인간들, 자기 자신의 목숨을 하루살이나 파리처럼 가볍게 여기면서도 더욱더 깊이 있게 사랑하는 대담한 배짱과 용기와 인내심의 영웅들, 하늘이 낮아지고 별들이 파아란 바다에서 몸을 씻고, 그리고, 마침내 사나운 파도마저도 잠들게 하는 영웅들,

이 세상에서 그 싸움보다 더욱더 어렵고 힘든 싸움은 없다.

이 세상에서 그 싸움보다 더욱더 외롭고 고독한 싸움은 없다.

이 세상에서 그 싸움보다 더욱더 아름답고 신명나는 싸움은 없다.

이 세상에서 그 싸움보다 더욱더 성실한 자의 싸움은 없다.

이 세상에서 '만인 대 일인의 싸움'보다 더욱더 극적인 역전의 드라마는 없다.

아아, 온몸이 갈갈이 찢어져 가면서도 더욱더 행복한 영웅들이여!

아아, 거룩하고 아름다운 순혈의 핏빛으로 아침해를 떠오르게 하는 고귀하고 위대한 영웅들이여!

행복의 깊이 4

사색인의 十戒命

초판 1쇄 발행 2012년 1월 30일

지은이 반경환
펴낸이 반송림
편집디자인 김지호
펴낸곳 도서출판 지혜 | 계간시전문지 애지
주소 300-812 대전광역시 동구 삼성1동 273-6
전화 042-625-1140
팩스 042-625-1140
홈페이지 www.ejiweb.com
이메일 ejisarang@hanmail.net

ISBN : 978-89-97386-07-9 04810
ISBN : 978-89-97386-03-1 (set)
값 : 13,000